ABITUR 2014

Prüfungsaufgaben
mit Lösungen

Geographie

Grund- und Leistungskurs
Gymnasium • Gesamtschule
Nordrhein-Westfalen

2011–2013

STARK

ISBN 978-3-8490-0517-7

© 2013 by Stark Verlagsgesellschaft mbH & Co. KG
7. neu bearbeitete und ergänzte Auflage
www.stark-verlag.de

Inhalt

Vorwort

Hinweise und Tipps zum Zentralabitur

Original-Prüfungsaufgaben Abitur 2011

Grundkurs

Leistungskurs

Original-Prüfungsaufgaben Abitur 2012

Original-Prüfungsaufgaben Abitur 2013

Autoren

Rainer Koch (Hg.): Hinweise und Tipps, Lösungen Abitur (GK) 2013; Wolfgang Lage: Lösungen Abitur (GK) 2011, 2012; Torsten Wagner: Lösungen Abitur (LK) 2011 (1); Sandra Böker: Lösungen Abitur (LK) 2011 (2/3), 2012, 2013.

Vorwort

Liebe Abiturientinnen und Abiturienten,

Sie werden bald die schriftliche oder mündliche Abiturprüfung im **Fach Geographie** ablegen. Dieses Buch wird Ihnen dabei helfen, sich erfolgreich darauf vorzubereiten.

Das einführende Kapitel „**Hinweise und Tipps zum Zentralabitur**" informiert Sie über die offiziellen Rahmenvorgaben, macht Sie mit den unterschiedlichen Arbeits-anweisungen (Operatoren) vertraut und erläutert die verschiedenen Schwierigkeits-stufen (Anforderungsbereiche) innerhalb jeder Aufgabe sowie deren Bewertung. Außerdem erhalten Sie wertvolle **Tipps**, wie Sie die gestellten Aufgaben am besten lösen können. Auch über alles Wissenswerte zur **mündlichen Prüfung** im Fach Geo-graphie werden Sie informiert.

Sollten nach Erscheinen dieses Bandes noch wichtige Änderungen in der Abitur-prüfung 2014 vom Ministerium für Schule und Weiterbildung bekannt gegeben wer-den, finden Sie aktuelle Informationen dazu im Internet unter folgendem Link: *www.stark-verlag.de/info.asp?zentrale-pruefung-aktuell*

Der anschließende **Übungsteil** enthält alle Aufgaben der Abiturjahrgänge 2011, 2012 und 2013 des Zentralabitur-Haupttermins. Anhand dieser Aufgaben können Sie sich auf die **inhaltlichen Vorgaben** vorbereiten und gezielt üben. Außerdem können sie wertvolle Schlüsse auf den Inhalt und die Anforderungen der kommenden Abitur-prüfung ziehen.

Konkrete **Bearbeitungshinweise** zeigen, wie Sie am effektivsten an die Aufgaben herangehen. Die **Lösungsvorschläge** geben Ihnen die Möglichkeit, Ihre eigenen Lö-sungen damit zu vergleichen, um so Ihren Wissensstand zu kontrollieren.

Insgesamt können Sie mit diesem Buch selbstständig die im Unterricht gelernten Inhalte und Methoden wiederholen und sich **effektiv auf das Abitur vorbereiten.**

Autoren und Verlag wünschen Ihnen eine erfolgreiche Prüfung!

Hinweise und Tipps zum Zentralabitur

1 Rahmenbedingungen

1.1 Vorgaben für das Zentralabitur 2014

Seit 2007 werden in Nordrhein-Westfalen die Prüfungsaufgaben für die schriftliche Abiturprüfung zentral vom Schulministerium gestellt. Die mündlichen Prüfungsaufgaben werden weiterhin dezentral von der jeweiligen Schule entwickelt.

Die zentralen Prüfungsaufgaben orientieren sich an drei Vorgaben:
- an den gültigen Richtlinien und Lehrplänen Sekundarstufe II – Gymnasium/ Gesamtschule *(im Internet abrufbar)*,
- an den bundesweit gültigen Einheitlichen Prüfungsanforderungen in der Abiturprüfung (EPA),
- an den jährlichen Vorgaben zu den unterrichtlichen Voraussetzungen für die schriftliche Prüfung im Abitur in der gymnasialen Oberstufe *(siehe Kapitel 2!)*.

Alle für Sie wichtigen Informationen werden auf den folgenden Seiten erläutert. Sollten Sie darüber hinaus an weitergehenden Informationen (z. B. zu einzelnen Erlassen oder zur EPA) interessiert sein, so finden Sie diese im Internet:
www.standardsicherung.schulministerium.nrw.de/abitur-gost/fach.php?fach=9
www.schulministerium.nrw.de/BP/Schulrecht/RuL/index.html
www.kmk.org/bildung-schule/allgemeine-bildung/abitur/

1.2 Zeitrahmen

Die **schriftlichen Abiturprüfungen** im Fach Geographie finden am **9. Mai 2014 (Leistungskurs)** bzw. am **14. Mai 2014 (Grundkurs)** statt. Die **mündlichen Prüfungen** im vierten Fach beginnen ab dem **16. Mai 2014**.

Im schriftlichen Abitur werden Ihnen drei Aufgaben gestellt, von denen Sie eine auswählen und bearbeiten müssen. Im **Grundkurs** stehen Ihnen für Auswahl und Bearbeitung Ihrer Abituraufgabe **insgesamt 210 Minuten** zur Verfügung. Im **Leistungskurs** beträgt der Zeitrahmen **insgesamt 285 Minuten**.

1.3 Aufgabenstruktur

Jede Aufgabe stellt eine thematische Einheit dar. Diese enthält eine zwei- oder dreiteilige Arbeitsanweisung mit verschiedenen Teilaufgaben. **Grund- und Leistungskurs** unterscheiden sich im Hinblick auf den **Umfang** und/oder die **Komplexität** der vorgelegten Materialien. Ansonsten greifen sie bis auf wenige Unterschiede bei den jährlichen Vorgaben zu den inhaltlichen Schwerpunkten *(Kapitel 2!)* auf dieselben inhaltlichen und methodischen Kompetenzen zurück.

1.4 Hilfsmittel

Im Fach Geographie können Sie grundsätzlich folgende Hilfsmittel benutzen:
- den an der Schule in der Qualifikationsphase überwiegend verwendeten Atlas,
- einen Taschenrechner,
- ein Wörterbuch der deutschen Rechtschreibung.

2 Inhaltliche Schwerpunkte im Fach Geographie für das Abitur 2014

(Quelle: Ministerium für Schule und Weiterbildung Düsseldorf 2011; vgl. auch Richtlinien und Lehrpläne Erdkunde Sek. II, Seiten 12–13)

Raumstrukturen und raumwirksame Prozesse in der Wechselwirkung von natürlichen Systemen und Eingriffen des Menschen
- Ursachen und Folgen von Eingriffen in geoökologische Kreisläufe
  - landwirtschaftliche Intensivierung durch unterschiedliche Bewässerungssysteme in ariden und semiariden Räumen
  - Prozess der Bodenversalzung und mögliche Gegenmaßnahmen
- Ökologische Prinzipien und zukunftsfähige Maßnahmen in der Industrie, Land-, Forst- oder Fischereiwirtschaft im globalen ökonomischen Zusammenhang
  - Traditionelle und angepasste moderne Formen der Landwirtschaft in semiariden und ariden Räumen
  - Grundprinzipien der ökologischen Landwirtschaft
  - Energieversorgung zwischen Ökologie, Ökonomie und Nachhaltigkeit
  - Dreieck der Nachhaltigkeit
  - Syndromansatz **(nur LK)**
- Das Spannungsfeld von Landschaftszerstörung und -bewahrung im Zusammenhang mit Freizeitgestaltung
  - Standortfaktoren für unterschiedliche Tourismusformen
  - Destinationslebenszyklusmodell nach Butler
  - Vier-Phasen-Modell der raum-zeitlichen Entfaltung der Tourismuswirtschaft nach Vorlaufer **(nur LK)**

- Klima- und Vegetationszonen in ihrer unterschiedlichen Bedeutung für die Entwicklung von Räumen
  - Mechanisierung, Intensivierung und Spezialisierung als Kennzeichen einer industrialisierten Landwirtschaft in der gemäßigten Zone, den Subtropen und den Tropen

Raumstrukturen und raumwirksame Prozesse im Spannungsfeld von wirtschaftlichen Disparitäten und Austauschbeziehungen

- Ernährungspotenzial für eine wachsende Weltbevölkerung zwischen Subsistenzwirtschaft und Agrobusiness
  - Subsistenzwirtschaft versus Marktorientierung
  - Merkmale des Agrobusiness
- Wandel von Standortfaktoren in seiner Wirkung auf industrieräumliche Strukturen
  - Standortentscheidungen, -vernetzung (Cluster) im Zusammenhang mit harten und weichen Standortfaktoren
  - Hauptphasen des industriellen Strukturwandels
- Verkehrs- und Kommunikationsnetze in ihrer Bedeutung für die Verflechtung und Gestaltung von Räumen
  - Entwicklung von der Dienstleistungs- zur Informationsgesellschaft vor dem Hintergrund der Globalisierung
  - Prinzipien der Standortverlagerung und der Beschaffungslogistik
- Tertiärisierung als Motor für die räumliche Verteilung von Arbeitsplätzen und Warendistribution
  - Wirtschaftsfaktor Fremdenverkehr in seiner Bedeutung für Zielregionen
  - Merkmale von Global Cities
- Veränderung von Konsummustern und Wertorientierungen als wesentliche Voraussetzungen für nachhaltiges Wirtschaften in der Einen Welt
  - Merkmale von Fairtrade-Projekten
  - Ökobilanzierung, u. a. ökologischer Fußabdruck und ökologischer Rucksack

Raumstrukturen und raumwirksame Prozesse im Spannungsfeld von Aktionen und Konflikten sozialer Gruppen, Staaten und Kulturgemeinschaften

- Raumbedarf und Tragfähigkeit im Zusammenhang mit demographischen Prozessen
  - Demographischer Wandel (mit Modell)
  - Ursachen und Folgen von Wanderungsbewegungen

- Siedlungsentwicklung in Abhängigkeit von soziokulturellen und politischen Leitbildern
  - Grundzüge der Stadtentwicklung in Europa, Modell der europäischen Stadt
  - Stadtentwicklungsprozesse (jeweils mit entsprechenden Modellen)
    - in Nordamerika
    - in Lateinamerika (**nur LK**)
  - aktuelle Leitbilder der Stadtentwicklung
  - Zentralität als Ausdruck funktionaler Verflechtungen: von Stadt und Umland
  - Raumordnungsstrukturen und -ziele, einschließlich modellhafter Darstellungen
- Raumwirksamkeit globaler Zusammenarbeit in Abhängigkeit von soziokulturellen Rahmenbedingungen
  - globale Wirtschaftsbeziehungen und globale Disparitäten: Triade, Sonderwirtschafts- und Freihandelszonen, Wege einer gerechten Entwicklung
  - Ziele, Strukturen und Probleme multinationaler Wirtschaftsbündnisse (**nur LK**)
- Zusammenwachsen oder Desintegration von Räumen aufgrund politischer Vorgaben und kultureller Prägung
  - Transformationsprozesse in der Mitte und im Osten Europas
  - Raumordnung und Raumplanung in Europa mit Raumordnungsmodellen

3 Leistungsanforderungen

Folgende allgemeine Kenntnisse und Fähigkeiten müssen Sie bei der Bearbeitung der Abituraufgabe im Fach Geographie nachweisen:

Inhaltsbezogene Kenntnisse und Fähigkeiten
Im Mittelpunkt der Abituraufgabe steht ein bestimmter Raum. Diesen müssen Sie lokalisieren und seine geographischen und topographischen Besonderheiten kennzeichnen können. Ebenso gefordert ist die sachkundige Analyse unter dem geforderten inhaltlichen Schwerpunkt. Hierbei müssen Sie im Unterricht erworbenes Wissen anwenden.

Methodenbezogene Kenntnisse und Fertigkeiten
Sie sollten in der Lage sein, bezogen auf jede Teilaufgabe eine sinnvolle Auswahl aus den vorgelegten Arbeitsmaterialien zu treffen, alle wesentlichen Aspekte herauszuarbeiten und Ihre Erkenntnisse in Ihren Darstellungstext einzubauen. Wichtig ist eine eigene und sinnvolle gedankliche Strukturierung der Materialien sowie des Darstellungstextes.

Folgerichtige Gedankenführung und Argumentation zu den gestellten Teilaufgaben

Damit ist gemeint, dass Ihre Ausführung keine Gedankensprünge oder Widersprüche aufweisen darf und dass Sie die einzelnen Teile Ihrer Darstellung mithilfe sinnvoller Überleitungen oder Verbindungen miteinander verknüpfen.

Fach- und sachgerechte schriftliche Darstellung

Hierzu zählt der korrekte Gebrauch der deutschen Sprache ebenso wie die sichere Beherrschung der Fachsprache.

4 Anforderungsbereiche und Operatoren

Die für die gymnasiale Oberstufe wichtigen **Anforderungsbereiche (AFB) I–III** werden in den bundesweit gültigen Einheitlichen Prüfungsanforderungen in der Abiturprüfung (EPA) erläutert. Diese AFB sind sowohl für die Aufgabenstellung und die in ihnen enthaltenen **Operatoren** wichtig als auch für die Bewertung der Prüfungsleistungen. Diese drei Anforderungsbereiche entsprechen drei Leistungsstufen, die durch unterschiedliche Operatoren angesteuert werden.

In der folgenden **Übersicht** werden die AFB kurz skizziert, im Zusammenhang mit den einzelnen Operatoren erläutert und anhand eines Beispiels verdeutlicht.

Operatoren, die vorrangig Leistungen im AFB I verlangen (Reproduktion)

nennen	Informationen/Sachverhalte ohne Kommentierung wiedergeben	Nennen Sie die technischen Entwicklungen, die den Steinkohleabbau im Ruhrgebiet ermöglichten.
beschreiben	Materialaussagen/Sachverhalte mit eigenen Worten geordnet und fachsprachlich angemessen wiedergeben	Beschreiben Sie das Straßennetz der US-amerikanischen Städte.
darstellen	aus dem Unterricht bekannte oder aus dem Material entnehmbare Informationen und Sachzusammenhänge geordnet (grafisch, verbal) verdeutlichen	Stellen Sie am Beispiel des Duisburger Innenhafens den Strukturwandel im Ruhrgebiet dar.
lokalisieren	Einordnen von Fall-/Raumbeispielen in bekannte topographische Orientierungsraster	Lokalisieren Sie die Nordgrenze des Weizenanbaus auf unterschiedlichen Kontinenten.

Operatoren, die vorrangig Leistungen im AFB II verlangen (Reorganisation und Transfer)

einordnen/ zuordnen	einem Raum/Sachverhalt auf der Basis festgestellter Merkmale eine bestimmte Position in einem Ordnungsraster zuweisen	Ordnen Sie den Entwicklungsstand Costa Ricas den verschiedenen Entwicklungstheorien zu.
kennzeichnen	einen Raum/Sachverhalt auf der Basis bestimmter Kriterien begründet charakterisieren	Kennzeichnen Sie die Wirtschaftsstruktur Japans Anfang der 1950er-Jahre.
analysieren	komplexe Materialien/Sachverhalte in ihren Einzelaspekten erfassen mit dem Ziel, Entwicklungen/Zusammenhänge zwischen ihnen aufzuzeigen	Analysieren Sie die soziale Struktur des Dortmunder Stadtteils Kirchhörde.
erläutern	Sachzusammenhänge mithilfe ergänzender Informationen verdeutlichen	Erläutern Sie die Flurbereinigung in Westdeutschland.
erklären	Begründungszusammenhänge, Voraussetzungen und Folgen bestimmter Strukturen und Prozesse darlegen	Erklären Sie den Vorgang der Suburbanisierung am Beispiel von Los Angeles.
vergleichen	Gemeinsamkeiten und Unterschiede zwischen (vergleichbaren) Strukturen/ Prozessen erfassen und kriterienbezogen verdeutlichen	Vergleichen Sie die Bevölkerungspyramiden von Togo, Brasilien und Deutschland.
anwenden	Theorien/Modelle/Regeln zu konkretem Fall-/Raumbeispiel/Sachverhalt in Beziehung setzen	Wenden Sie die Standorttheorie Alfred Webers auf das Prinzip der Nassen Hütten an.

Operatoren, die vorrangig Leistungen im AFB III verlangen (Reflexion und Problemlösung)

erörtern	einen Sachverhalt unter Abwägen verschiedener Pro- und Kontra-Argumente klären und eine schlüssige eigene Meinung entwickeln	Erörtern Sie die Folgen der internationalen Arbeitsteilung am Beispiel der deutschen Autoindustrie.
(kritisch) Stellung nehmen	unter Abwägung unterschiedlicher Argumente zu einer begründeten Einschätzung eines Sachverhalts/einer Behauptung gelangen	Nehmen Sie kritisch Stellung zu der Äußerung: „Die Ausweitung des ÖPNV ist die einzige Chance, den Kollaps der europäischen Innenstädte zu verhindern."
überprüfen	(Hypo-)Thesen/Argumentationen/Darstellungsweisen auf ihre Angemessenheit/Stichhaltigkeit/Effizienz hin untersuchen	Überprüfen Sie die Aussage: „Der Tourismus ist geeignet, die Wirtschaft der Philippinen anzukurbeln."

beurteilen/ bewerten	auf der Basis von Fachkenntnissen/ Materialinformationen/eigenen Schluss- folgerungen unter Offenlegung/Refle- xion der angewendeten Wertmaßstäbe zu einer sachlich fundierten, qualifizie- renden Einschätzung gelangen/eine begründete, differenzierte eigene Mei- nung entwickeln	Beurteilen Sie, ob die Gentrifikation in der Münchner City hinter der allgemeinen Entwicklung zurückgeblieben ist.

Anmerkung: *Lokalisieren, beschreiben, darstellen und vergleichen* sind Operatoren, die je nach Komplexität des zu bearbeitenden Materials/der Zielrichtung der Teilaufgabe auf Leistungen im nächsthöheren Anforderungsbereich zielen können.

5 Tipps für die Anfertigung der Abiturklausur

5.1 Auswahl der Aufgabe

Am Tag der schriftlichen Prüfung können Sie aus **drei zur Wahl gestellten Aufgaben eine Aufgabe auswählen**. Hierfür haben Sie **30 Minuten** Zeit. Falls Sie für die Aufgabenauswahl weniger Zeit benötigen sollten, kommt Ihnen dies zugute, denn Sie dürfen auch bereits während der Auswahlzeit sofort mit der Bearbeitung beginnen. Deshalb sollten Sie sich darauf vorbereiten, nach einer sorgfältigen Prüfung von Arbeitsanweisungen und Materialteil aller gestellten Aufgaben eine zügige Entscheidung zu treffen.

Anhand der **Überschrift** wird bereits klar, um welchen **Untersuchungsraum** es sich handelt und welcher **Themenschwerpunkt** angesprochen wird (Landwirtschaft, Tourismus, Strukturwandel, Raumplanung, Stadtentwicklung etc.).

Auch wenn Sie spontan zu einer Aufgabe tendieren: Entscheiden Sie sich nicht vorschnell, **überprüfen** Sie in jedem Fall, ob Ihnen der Materialteil auch liegt!

Tipp: Überlegen Sie, ob ein ähnliches Thema – evtl. bezogen auf einen anderen Raum – bereits in einer Klausur oder in Ihrem Unterricht behandelt wurde oder ob eine der gestellten Abitur-Aufgaben einer Ihnen bekannten Übungsaufgabe in diesem Band ähnelt.

5.2 Zeiteinteilung

Beginnen Sie nicht zu früh mit der **Reinschrift**! Zunächst muss in Ihrem Kopf die Bearbeitung aller Teilaufgaben klar sein. Sie müssen anhand des Materialteils die gesamte Aufgabe gedanklich bewältigt haben und das Ergebnis muss, soweit ein solches in der letzten Teilaufgabe gefordert wird, für Sie feststehen.

Achten Sie auf die erreichbaren **Höchstpunktzahlen**, die hinter den Teilaufgaben angegeben sind, und verwenden Sie nicht zuviel Zeit auf die Teilaufgabe 1 – sie zählt bei der Bewertung weniger als die anderen Teilaufgaben *(siehe Kap. 6!)*. Je nachdem, wie viele Teilaufgaben zu bearbeiten und welche Arbeitsmaterialien auszuwerten sind, teilen Sie sich am besten die 3-stündige (Grundkurs) bzw. die 4¼-stündige Bearbeitungszeit (Leistungskurs) so ein, dass auch für die letzte Teilaufgabe ausreichend Zeit bleibt. Berücksichtigen Sie, dass Sie für Ihr abschließendes **Fazit** ebenfalls Zeit benötigen.

Für einen letzten **Korrekturgang** sollten Sie am Ende ca. 15 Minuten einplanen. Während dieser Zeit gilt es, formale Aspekte (Rechtschreibung, Zeichensetzung, Layout-Anforderungen wie Deckblattgestaltung, Seitenzahlen-Hinweise u. a.) zu überprüfen. Hier ist auch Gelegenheit, ggf. Lesehilfen in Form von Unterstreichungen und Zwischenüberschriften, soweit nicht schon beim Schreiben geschehen, nachträglich als Gliederungshilfe einzufügen *(siehe auch Kap. 5.4!)*.

5.3 Notizen beim ersten Sichten des Materialteils

Markieren Sie jeden **Operator**, rufen Sie sich ins Gedächtnis, welcher **Anforderungsbereich** hiermit gemeint ist, und halten Sie sich unbedingt daran! So vermeiden Sie Themaverfehlungen.

Arbeiten Sie beim **Sichten des Materials** mit Randanmerkungen und Textmarker, schreiben Sie sich zentrale Fachbegriffe neben das einzelne Material. Machen Sie sich eine Notiz, wo Sie den Atlas zur Unterstützung von Aussagen hinzuziehen. Markieren Sie, welches Material zu welcher Teilaufgabe passt (manche Materialien gehören zu mehreren Teilaufgaben).

Gehen Sie bei der Sichtung alle Materialien von Anfang bis Ende durch, aber arbeiten Sie die Einzelmaterialien in ihren späteren Ausführungen nicht einfach der Reihe nach ab! Denn das würde bedeuten, dass Sie keine **eigenständige gedankliche Strukturierung** vornehmen. Eine solche Strukturierung stellt jedoch eine der im Abitur geforderten Leistungen dar.

Es wird von Ihnen erwartet, dass Sie sich selbstständig im Material bewegen, entsprechend dem von Ihnen gewählten gedanklichen Argumentationsansatz. Das Material ist manchmal bewusst nicht sachlogisch aneinandergereiht, manchmal spielt auch das Format für die Unterbringung auf dem einen oder anderen Blatt eine Rolle. In jedem Fall müssen Sie Ihre methodischen, materialbezogenen Kompetenzen unter Beweis stellen, indem Sie sich von der vorgegebenen **Materialreihenfolge**, wo notwendig, lösen.

5.4 Strukturierung

Überlegen Sie, wie Sie Ihre Abiturklausur **einleiten**: Zu jeder Geographieklausur gehört eine räumliche Einordnung. Ein erster Bezug zum Thema gehört ebenfalls an den Anfang.

Folgende Fragen helfen beim Aufbau der Arbeit:
- Wo lassen sich innerhalb der Teilaufgaben *sinnvolle Abschnitte* einziehen?
- Wie lassen sich *Überleitungen* zwischen den Teilaufgaben herstellen?
- Wie wollen Sie – mit Rückbezug zum Thema – den *Schlussteil* gestalten?

Die Abituraufgaben im Fach Geographie bestehen aus **mehrteiligen Arbeitsanweisungen**. Hinter deren Reihenfolge verbirgt sich eine sachlogische gedankliche Ordnung. Insofern haben Sie hierdurch bereits die gedankliche **Grobgliederung** vorgegeben. Halten Sie sich unbedingt daran – bei jedem Operator *(siehe Kapitel 4!)* sind ganz konkrete Arbeitsanweisungen zu befolgen!

Machen Sie die Bearbeitung einzelner **Hauptgedanken** durch Zwischenüberschriften und Absätze deutlich; fügen Sie auch an mehreren Stellen sogenannte Spitzmarken ein, einzelne mit Lineal (!) unterstrichene Kernbegriffe, die alleine in einer Zeile stehen, quasi als „Unter-Untergliederung".

Unübersichtliche Endlossätze und -absätze ermüden den Leser/ Lehrer; auch das Auge benötigt zwischendurch eine Unterbrechung. Grundsätzlich verdeutlichen **Zwischenüberschriften**, **Absätze** und **Spitzmarken**, dass Ihrer Ausführung eine klare **gedankliche Ordnung** zugrunde liegt.

Tipp: Vergewissern Sie sich in regelmäßigen Abständen, wie die Themenstellung lautet! Nicht selten passiert es, dass man sich so über das gerade wie von alleine aus der Feder Fließende freut, dass man ganz aus den Augen verliert, was das eigentliche Ziel der Darstellung im Sinne von Thema und Arbeitsanweisung ist.

5.5 Hilfsfragen für die Arbeit mit dem Materialteil

Bei der Arbeit mit dem Materialteil können die folgenden Fragen hilfreich sein:
- *Aus welchem Jahr stammt die jeweilige Quelle?*
  Die Antwort macht deutlich, ob das Dargestellte noch aktuell ist oder ob eine Aussage aus einer früheren Zeit stammt.
- *Wer hat die Quelle verfasst?*
  Die Antwort hierauf kann für eine geforderte Bewertung wichtig sein, z. B. wenn eine politisch begründete Meinung gedanklich einzuordnen ist.

– *Welche Querverbindungen gibt es zwischen den einzelnen Materialien?*
Jedes Klausur-Materialpaket gleicht einem Mosaik: Seine einzelnen Bausteine gehören thematisch zueinander, fügen sich durch Ihre Bearbeitung zu einem Gesamtbild. Arbeiten Sie diese Zusammenhänge heraus und machen Sie sie sprachlich deutlich.

– *Woher stammen meine eigenen Aussagen?*
Belegen Sie, dass sich das von Ihnen Gesagte aus dem Material ergibt. Zitieren Sie, wo es wichtig ist, kurz und prägnant *(siehe Kapitel 5.6!)*.

5.6 Materialbelege und Zitate

Materialhinweise sind keine Satzglieder, schon gar keine Subjekte. Sie sind einfache Anhänge in Klammern und gehören grundsätzlich an das Ende eines Satzes oder Abschnittes. Fügen Sie solche Belege immer dann ein, wenn Sie einen neuen Sachverhalt vorstellen oder ein neues Argument vortragen – der **Klammerzusatz** macht keine Mühe, beweist aber Ihr **methodisch richtiges Vorgehen** und stellt für Sie selbst eine Rückversicherung dar, dass Ihre Aussage aufgrund des Materials richtig bzw. möglich ist.
Schreiben Sie: „Im Zeitraum von 2000 bis 2008 ist die Bevölkerung um 30 % gestiegen (M 3)". Nicht: „M 3 zeigt uns, dass die Bevölkerung ..." oder „Die Bevölkerungszunahme kann man an M 3 erkennen". So vermeiden Sie die Vermischung von Inhalts- und Formebene.

5.7 Der Schluss

Lassen Sie, um im Bild des Hausbaus und Maurers zu sprechen, mit dem letzten Satz zur letzten Teilaufgabe nicht die Kelle fallen: Zwar ist das gedankliche Gebäude vom Grundsatz her fertig und die Argumentation dicht – aber zu einer Ausführung gehört nun einmal ein Abschluss wie zu einem Haus der äußere Verputz. Jede der Teilaufgaben hatte einen eigenen Arbeitsschwerpunkt – und alle hatten etwas mit dem Thema in der Aufgabenstellung zu tun. Dieses Thema ist quasi das Dach, das alle zwei oder drei Gebäudeteile überdeckt.
Deshalb: Formulieren Sie Ihren Schlussteil unter Rückbezug auf die Themenstellung, und fassen Sie die **wesentlichen Teilergebnisse** zu einem **Fazit** zusammen, ohne hierbei bereits Gesagtes mit derselben Formulierung zu wiederholen! „Wie gesagt" gehört grundsätzlich nicht in eine Ausführung, da Sie damit eine überflüssige Wiederholung auch noch selbst ankündigen würden!

6 Bewertung der Abiturklausur

6.1 Bewertungskriterien

Insgesamt sind maximal **100 Punkte** in einer Abiturklausur im Geographie-Zentralabitur erreichbar. 80 Punkte können Sie über die inhaltlich-methodisch richtige Bearbeitung der Teilaufgaben erreichen, die jeweils mit einer bestimmten Punktezahl bewertet werden und die Sie den Angaben in der Aufgabenstellung entnehmen können. Deshalb ist es unbedingt notwendig, dass Sie **alle Teilaufgaben bearbeiten!** 20 weitere Bewertungspunkte erhalten Sie für die **Darstellungsleistung** *(siehe unten!).*

Bei der Bepunktung werden folgende **Bewertungskategorien** berücksichtigt *(siehe auch Kapitel 3!):*
– inhaltliche Leistung,
– methodische Leistung,
– Gedankenführung/Argumentation, sprachliche Leistung/Darstellungsleistung.

Für jede der gestellten Abituraufgaben gibt es einen **exakten Bewertungsschlüssel**, nach dem der korrigierende Lehrer die einzelnen Punkte vergibt. Anhand eines solchen Bewertungsschlüssels für die Aufgabe „Stadtteile mit besonderem Entwicklungsbedarf – Das Beispiel Duisburg-Hochfeld" (GK 2012-1) in diesem Band können Sie sehen, wie eine Abitur-Aufgabe bepunktet wird. In der rechten Spalte ist die max. erreichbare Punktzahl angegeben.

Kriterien für die Bewertung der Schülerleistungen

a) Inhaltlich-methodische Leistung

	Anforderungen Teilaufgabe 1	max. erreichbare Punktzahl
	Der Prüfling	
1	ordnet Duisburg-Hochfeld räumlich ein: – gehört zum Stadtbezirk DU-Mitte, 2 km von der Altstadt entfernt, – im N und NO benachbart zum Stadtteil Dellviertel, im Winkel gelegen zwischen dem Rhein im W und dem Duisburger Außenhafen im NW sowie Wanheimerort im SO, – ursprüngliche Anbindung an das ringförmige Eisenbahnnetz sowie gegenwärtig an die N-S-verlaufende A59 sowie weitere Bundes- und innerstädtische Verkehrsstraßen, – räumliche Ausdehnung $1{,}5 \times 1{,}2$ km^2 (M 1–M 3).	3

2	zeigt die **negativen ökonomischen Merkmale** dieses strukturschwachen Stadtbezirks auf: – Verlust von mit 17 000 mehr als der Hälfte der Arbeitsplätze seit den 1970er-Jahren, – Zunahme der Arbeitslosenquote auf 15,4 % und der Sozialhilfeempfänger auf 18,7 %, jeweils deutlich über dem Stadtdurchschnitt (M 2).	4
3	führt das **Absinken des Sozialniveaus** als **negativen sozialen Indikator** an, z. B.: – Rückgang der mittleren und höheren Einkommensgruppen um die Hälfte, – Rückgang des Anteils deutscher (–18 %) bei gleichzeitigem Anstieg ausländischer Bevölkerungsgruppen um +29 % zwischen 1987 und 2000, – durchschnittlich deutlich niedrigeres Bildungsniveau im Vergleich mit dem städtischen Durchschnitt (M 2).	6
4	weist hin auf die **multikulturelle Zusammensetzung** der Hochfelder Bevölkerung im Jahr 2000 mit fast 50 % Anteil türkischer Bevölkerung und vielen weiteren ethnischen Gruppen (M 2).	4
5	verdeutlicht die **negative bauliche Situation** Ende der 1990er-Jahre, z. B.: – hoher Anteil der aus der Nachkriegszeit stammenden Altbausubstanz, – große Nähe zur benachbarten Industriebrache, – Fehlen von Frei- und Grünflächen in diesem hoch verdichteten Stadtbezirk (M 2, M 3).	5
6	erfüllt ein weiteres aufgabenbezogenes Kriterium (max. 3 Punkte).	

Summe erste Teilaufgabe		**22**

	Teilaufgabe 2	
	Der Prüfling	
1	führt die negative Strukturentwicklung als Grund an für die Aufnahme von DU-Hochfeld in das **Bund-Länder-Programm „Soziale Stadt"** sowie dessen Zielsetzungen (M 2, M 4).	4
2	zeigt anhand des niedrig gebliebenen Anteils der sozialversicherungspflichtig Beschäftigten mit 31,5 % und des mit 22 % höchsten Wertes an arbeitslosen Jugendlichen im Jahr 2007, dass sich die **ökonomische Situation nicht verbessert** hat, ferner, dass der Ausländeranteil auf 46 % gestiegen ist (M 2).	6
3	stellt diesen negativen Aspekten die **positive demographische Entwicklung** gegenüber: – den geringeren Bevölkerungsrückgang im Vergleich zur Gesamtstadt bis 1998, danach den leichten Wiederanstieg der Einwohnerzahl seit 2004, – den geringeren Anteil nicht-arbeitsfähiger Bevölkerung als Hinweis auf die günstigere Altersstruktur als in Gesamt-Duisburg (M 2, M 5).	6
4	hebt die **sozialen Stadtteilentwicklungsmaßnahmen** zur Stärkung der demographischen und ethnischen Strukturen hervor, u. a. Bau und Ausbau von – Einrichtungen für die jüngeren Bevölkerungsgruppen wie Kitas, Jugendeinrichtungen und Schulen, – christlichen und islamischen Einrichtungen (M 6).	4
5	ergänzt die geplanten **Maßnahmen zur Wohnumfeldverbesserung**, wie – Anlage kleiner öffentlicher Grünflächen im Norden und Osten des Stadtteils, – Aufwertung von Straßenzügen durch Baumbepflanzungen, – Anlage von Joggingstrecken, – Sanierung und Renovierung, z. B. Hochfelder Arkaden (M 6).	4
6	stellt das **Entwicklungsprojekt „Rheinpark"** mit seinen wesentlichen Teilzielen heraus: – Mischnutzung aus Wohnen, Arbeiten und Naherholung in attraktiver Lage in der Nähe des Rheins, – Schaffung modernen Wohnraums wie Stadtvillen oder Reihen- und Doppelhäuser für Besserverdienende in der gewerbefreien Zone 1, – Schaffung gehobener Mischnutzung in der bis zu 6-geschossigen Teilzone 2 sowie hochwertiger Mischnutzung in der über 6-geschossigen Teilzone 3, – insgesamt umfangreiches Angebot an Handel, Dienstleistungen und Gastronomie, – physiognomische Besonderheit und auffällige bauliche Unterscheidung gegenüber der bisherigen Bebauung (M 6, M 7).	9

7	erfüllt ein weiteres aufgabenbezogenes Kriterium (max. 4 Punkte).	
	Hinweis: *Am Ende einer jeden Teilaufgabe sollte als Überleitung zum Folge- teil eine Art Zwischenfazit formuliert werden, das die Teilergebnis- se mit einem Oberbegriff zusammenfasst.* *Am Ende der ersten Teilaufgabe liefert die Formulierung „struktur- schwacher Stadtteil einer vom Ruhrgebietsstrukturwandel betroffe- nen Stadt" ein solches Zwischenfazit; am Ende dieses zweiten Bearbeitungsteils könnte dies die Formulierung „soziale und struk- turelle Stadtteilentwicklungsmaßnahmen" sein.*	
	Summe zweite Teilaufgabe	**33**

Teilaufgabe 3

	Der Prüfling	
1	führt aus, dass die bisher durchgeführten Maßnahmen wie Auf- lockerung des Siedlungsbildes, Verbesserung der Wohn- und Lebensbedingungen oder Ergänzungen des Infrastrukturangebotes die existierenden Probleme zwar aufgreifen, überzeugende Erfolge bis dato allerdings nicht erzielt werden konnten (M 2, M 6).	4
2	merkt an, dass die prognostizierte positive Bevölkerungsentwick- lung bis 2020 die **Probleme der Jüngeren verschärfen** kann, z. B. im Hinblick auf die Arbeitsmarktchancen (M 2, M 5).	4
3	weist auf weitere **Negativfaktoren der Zwischenbilanz 2007** hin: – den weiter gestiegenen Migrantenanteil und die damit verbunde- nen Implikationen bzgl. niedrigerer Bildungsabschlüsse und da- raus folgenden geringeren Qualifikationen für den Arbeitsmarkt, – das anhaltend negative Image des Stadtteils vor diesem Hinter- grund (M 2).	4
4	stellt dem **mögliche positive Auswirkungen des Rheinpark- Projektes** gegenüber: – die erhoffte stärkere soziale Durchmischung, – den möglichen Aufschwung von Gewerbe, Handel und Dienst- leistungen (M 6, M 7).	4
5	stellt in Frage, ob solche positiven Entwicklungen auch tatsächlich eintreten können, unter Hinweis auf – die Möglichkeit einer **Gentrifizierung** im Zusammenhang mit den hohen Mietpreisen, – die **Gefahr von sozialen Konflikten** aufgrund des engen Bei- einanders so unterschiedlicher Bevölkerungsgruppen anstelle der intendierten sozialen Durchmischung, – **starke Konkurrenz** durch Handels- und Dienstleistungsangebote in benachbarten Ruhrgebietsstädten und -kreisen (M 6, M 7).	5

6	wägt abschließend ab, in welche Richtung die angestoßene Stadtteilentwicklung wohl verlaufen wird und ob ggf. **prozessbegleitende Maßnahmen wie Stadtteilmanagement** notwendig sind, um die Chancen für das Erreichen der Ziele des „Soziale Stadt"-Programmes zu erhöhen.	4
	Hinweis: *Eine Wiederholung des bisher von Ihnen Geschriebenen ist hier nicht gemeint – es geht vielmehr darum, ein **bündiges Fazit** auf der Grundlage der von Ihnen gewichteten Argumente zu formulieren. Geeignet hierbei ist das Wiederaufgreifen **von zentralen Schlüsselbegriffen** wie „Soziale Stadt" oder „Städtebauförderprogramm".*	
7	erfüllt ein weiteres aufgabenbezogenes Kriterium (max. 3 Punkte).	
	Summe dritte Teilaufgabe	**25**
	Summe inhaltliche Leistung (Teilaufgaben 1–3)	**80**

b) Darstellungsleistung

	Anforderungen max. erreichbare Punktzahl	
	Der Prüfling	
1	strukturiert seinen Text schlüssig, stringent sowie gedanklich klar und bezieht sich dabei genau und konsequent auf die Aufgabenstellung.	5
2	bezieht beschreibende, deutende und wertende Aussagen schlüssig aufeinander.	4
3	belegt seine Aussagen durch angemessene und korrekte Nachweise (Zitate u. a.).	3
4	formuliert unter Beachtung der Fachsprache präzise und begrifflich differenziert.	4
5	schreibt sprachlich richtig (Grammatik, Syntax, Orthografie, Zeichensetzung) und stilistisch sicher.	4
	Summe der Darstellungsleistung	**20**
	Gesamtsumme Teil (a) und Teil (b)	**100**

Hinweis:

Bei deutlichen Verstößen gegen die sprachliche Richtigkeit muss die Note abschließend um ein bis zwei **Notenpunkte** gemäß § 13,2 APO-GOSt abgesenkt werden.

6.2 Anforderungen an die Darstellungsleistung

Neben dem inhaltlich-sachlichen Ertrag kommt der sprachlichen Richtigkeit eine große Bedeutung zu. Hierbei sind folgende Kriterien von Bedeutung:

– *Verwendung einer präzisen und differenzierten Sprache:* Missbrauchen Sie Hilfsverben nicht als Vollverben; benutzen Sie Synonyme statt Wiederholungen; variieren Sie beim Satzbau, wählen Sie Nebensatzkonstruktionen statt Hauptsatzketten.

– *Verwendung von Fachbegriffen:* Auch im Fach Geographie hat jedes Kind einen Namen: Belegen Sie also jedes Phänomen mit einem Fachbegriff. Zur Erinnerung: In Ihrem Geographiebuch gibt es, meist am Ende, ein Begriffs- oder Sachregister mit Erläuterungen. („City" heißt z. B. „City" und nicht „Stadt", denn „Stadt" ist anders definiert.)

– *Hypothesen/Vermutungen:* Kennzeichnen Sie ungesicherte Aussagen, Vermutungen und Hypothesen als solche, grenzen Sie diese gegen gesicherte Aussagen ab (z. B: „Es ist zu vermuten ...", „ Es könnte sein, dass ..." oder „Für eine gesicherte Aussage fehlen folgende Informationen: ...").

– *Syntaktisch korrekte Schreibweise:* Schreiben Sie in vollständigen Sätzen, achten Sie auf die richtige Wortstellung, variieren Sie Satzanfänge.

– *Stilistisch korrekte Schreibweise:* Unterlassen Sie umgangssprachliche Formulierungen, verwenden Sie ausschließlich Hoch- und Fachsprache.

– *Wissenschaftspropädeutik:* Stellen Sie Ihre Zitier- und Belegkompetenz unter Beweis.

– *Sachgerechte Strukturierung:* Zeigen Sie, dass Sie den Materialteil verstanden haben und die Einzelmaterialien gut in Ihre Argumentation einbauen können.

6.3 Formale Anforderungen

Berücksichtigen Sie bei Ihrer Ausführung die Anforderungen an die äußere Form und die sprachliche Richtigkeit. Denn: Gravierende Verstöße gegen diese Gebote führen zu Bewertungsverlusten von ein bis zwei Notenpunkten. Wenn Sie bedenken, wie viel Mühe Sie sich bezüglich des Inhaltes und der Methode geben – ein nachträgliches Abwerten z. B. von Note 2 auf 3+ oder von Note 3 auf 4+ wäre doch mehr als ärgerlich.

– *Rechtschreibung:* Beachten Sie die neue Rechtschreibung. Im Klausurraum liegt eine angemessene Anzahl von Rechtschreibduden aus: Schlagen Sie einfach darin nach, wenn Sie unsicher sind.

– *Zahlen:* Schreiben Sie die Zahlen von null bis zwölf aus und nicht als Ziffern.

- *Deckblatt-Vorgabe:* Berücksichtigen Sie die Regelung, die an Ihrer Schule getroffen wurde.
- *Layout-Vorgabe:* Beachten Sie diese – an manchen Schulen darf z. B. nur eine halbe Seite je Bogen beschrieben werden, dient der Rest als halbseitiger Rand.
- *Zeilenende:* Respektieren Sie den Rand, trennen Sie Wörter, schreiben Sie nicht über den Rand hinaus.
- *Seitenzahlen:* Fügen Sie ab Seite 2 diese am Fuß jeder Seite bei – nummerieren Sie die Seiten erst am Schluss, wenn keine Einschübe mehr erfolgen.
- *Sauberkeit:* Streichen Sie sauber durch, setzen Sie zu Streichendes in eckige Klammern oder fügen Sie eine entsprechende Fußnote zur Erklärung bei.
- *Nachträge:* Setzen Sie diese als Fußnoten durchnummeriert an den Schluss jeder Teilaufgabe oder einheitlich ganz an den Schluss, eventuell auf ein eigenes Blatt. Quetschen Sie solche Zusätze nicht nachträglich in den Text oder an den Rand.
- *Kopf- und Fußzeile:* Diese gehören zum Seitenaufbau – sie sind ebenfalls kein geeigneter Platz für Zusätze oder Nachträge.

7 Hinweise zur Benutzung dieses Buches

Zu Beginn aller in diesem Buch abgedruckten Lösungsvorschläge steht, auf welchen **inhaltlichen Schwerpunkt** sich die Aufgabe bezieht. Vor jeder Teilaufgabe finden Sie **Hinweise**, wie Sie am besten an die Aufgabe herangehen.

Strukturierungshinweise in der **Marginalspalte** am Rand helfen Ihnen dabei, die vorgeschlagene Aufgabenlösung nachzuvollziehen, und erleichtern Ihnen so das Lernen. In den ausformulierten Lösungsvorschlägen werden wesentliche Fachbegriffe durch **Fettdruck** hervorgehoben.

Die **Bewertung** Ihrer Abiturklausur können Sie anhand der Aufgabe 1 des Grundkurses 2012 (Das Beispiel Duisburg – Hochfeld) nachvollziehen.

Den besten Trainingserfolg werden Sie bei folgender Vorgehensweise erreichen:

1. Simulieren Sie die tatsächliche Klausursituation, indem Sie den vorgesehenen **Zeitrahmen** berücksichtigen und – ohne den Lösungsteil anzusehen – die Aufgabenstellung bearbeiten (GK: 3 Zeitstunden, LK: 4 ¼ Zeitstunden).

2. Überprüfen Sie die eigene Ausführung anhand des abgedruckten Lösungsvorschlages. Hierbei ist wichtig, dass Sie den Bezug zwischen der jeweiligen Materialaussage und Ihrer eigenen Auswertung kritisch nebeneinanderstellen.

3. Überarbeiten Sie die Passagen, die Ihnen beim ersten Mal nicht optimal gelungen sind. Dies kann u. a. bedeuten, dass Sie sich das eine oder andere Einzelmaterial noch einmal genau ansehen und dieses so intensiv wie nur möglich auswerten.

8   Die mündliche Abiturprüfung

Eine mündliche Abiturprüfung gibt es in jedem Fall im 4. Abiturfach. Daneben sind weitere mündliche Prüfungen im 1.–3. Abiturfach möglich, wenn die in den Abiturklausuren erzielten Noten um vier oder mehr Punkte von der Vornote (= Durchschnittsnote Q1 bis Q2) abweichen oder Sie sich für eine freiwillige mündliche Prüfung melden, z. B. um Ihren Abiturdurchschnitt zu verbessern. Für mündliche Prüfungen im 1.–3. Fach gilt, dass sie nicht dem Stoffgebiet der von Ihnen gewählten Abiturklausur entsprechen dürfen. Es gelten ansonsten grundsätzlich dieselben Kriterien für die Bewertung wie bei den schriftlichen Anforderungen, wobei der sprachlichen Darstellung aufgrund der Kommunikationssituation eine besondere Bedeutung zukommt.

Die Prüfung dauert ca. 30 Minuten und besteht aus zwei Teilen (jeweils 10 bis 15 Minuten). Inhaltlich ist der gesamte Stoff der Qualifikationsphase relevant. Im **ersten Prüfungsteil** wird Ihnen eine materialgestützte Aufgabe gestellt, die aus einer oder mehreren Teilaufgaben bestehen kann. Für die Bearbeitung in einem Vorbereitungsraum haben Sie genau 30 Minuten Zeit. Während dieser Zeit sollen Sie einen 10 bis 15 Minuten langen geschlossenen Vortrag vorbereiten. Die Kürze der Vorbereitungszeit schließt aus, dass Sie Ihren Vortrag schriftlich ausformulieren; vielmehr ist es notwendig, ähnlich wie bei der Sichtungsphase in der Klausur, durch sinnvolles Markieren und knappe Anmerkungen im Materialteil sowie auf dem Aufgabenblatt den Vortrag vorzubereiten. Beim Vortrag können Sie sich auf die Materialien sowie auf Ihre stichwortartigen Aufzeichnungen beziehen.

Im **zweiten Prüfungsteil**, der als Gespräch angelegt ist, werden Hintergrundwissen und die Fähigkeit, größere Sachzusammenhänge darzustellen, gefordert.

8.1   Der erste Prüfungsteil

Die größten Schwierigkeiten bei der mündlichen Abiturprüfung liegen erfahrungsgemäß im ersten Teil: Hier wird ein mindestens 10-minütiger zusammenhängender, gegliederter Vortrag gefordert. Da es für solch lange Vorträge kaum echte Übungsmöglichkeiten im Unterricht gibt, zumindest nicht für jeden Einzelnen, fehlt es weitgehend an konkreten Vorerfahrungen.

Tipps für die 30-minütige Vorbereitung

– *Zügige Bearbeitung:* Beginnen Sie sofort konzentriert mit der Bearbeitung.

– *Themenstellung:* Was ist die Zielrichtung der geforderten Bearbeitung? Wie lautet das Thema?

– *Operatoren:* Welche konkreten Anforderungen werden gestellt? Bei Mehrteiligkeit: Welche Gliederungshilfe bieten die Teilaufgaben?

- *Einstieg:* Nehmen Sie die räumliche Einordnung vor und verdeutlichen Sie den Themenschwerpunkt.
- *Atlas:* Welche Karten sind für die räumliche Einordnung oder für einzelne Aspekte zusätzlich hilfreich?
- *Materialteil:* Fachbegriffe an den Rand schreiben, Quellen-Anmerkungen ergänzen, Stichworte für den Vortrag festlegen; im Material wichtige Stellen oder Zahlenwerte / Verläufe markieren. Wichtige Materialien müssen Sie u. U. bei mehr als nur einer Aufgabenstellung hinzuziehen. Denken Sie nie: „Einmal benutzt = abgehakt".
- *Strukturierung:* Nummerieren Sie Ihre Markierungen, damit Sie anhand dieser Reihenfolge Ihren Vortrag gestalten können.
- *Thema / Fazit:* Themenformulierungen beinhalten häufig regelrechte Fragestellungen; bei anderen deutet die letzte Aufgabenstellung auf eine Lösung / Bewertung / Beantwortung hin. Gestalten Sie deshalb den Schluss Ihrer Ausführung mit einem klaren Fazit, in dem Sie eine eindeutig formulierte Antwort geben.

Tipps für den Vortrag

- *Zeitmanagement:* Legen Sie eine Armbanduhr neben Ihr Konzept, schreiben Sie, bevor Sie zu sprechen beginnen, den konkreten Zeitraum für Ihren Vortrag auf Ihr Konzept – so haben Sie klare zeitliche Anhaltspunkte.
- *Grobstruktur:* Nennung der Aufgabenstellung – Einleitung – Bearbeitung der Teilaufgaben – Schlussteil.
- *Leitfaden:* Nutzen Sie Ihre Anmerkungen aus dem Vorbereitungsraum.
- *Materialbezug:* Verdeutlichen Sie während des Vortrages, woher Sie Ihre Aussagen beziehen (z. B.: „Die Probleme des kernstädtischen Verkehrs werden besonders deutlich, wenn man anhand von M X das Straßennetz innerhalb der ehemaligen Stadtmauer betrachtet: Hier erkennt man ..." usw.). Damit lenken Sie Blick und Gedanken aller Anwesenden so auf den Sachverhalt, wie Sie es wünschen.
- *Sprechweise:* Sprechen Sie möglichst frei und hinreichend laut. Sprechen Sie unbedingt klar und deutlich.
- *Satzbau:* Vermeiden Sie „Endlossätze", an deren Beginn Sie sich beim Sprechen selbst nicht mehr erinnern.
- *Fachsprache:* Beweisen Sie, dass Sie Ihre „Vokabeln" gelernt haben, indem Sie diese verwenden. Die Adressaten Ihres Vortrags sind Geographie-Lehrer bzw. -Lehrerinnen, also allesamt Fachleute – bedenken Sie dies!

- *Blickkontakt:* Ein gelegentlicher Blick zu Ihrem Prüfer oder zu den anderen Kommissionsmitgliedern zeugt von souveränem Umgang mit Situation und Kommunikationsregeln.

- *Logische Verknüpfung:* Verbinden Sie Ihre Gedanken durch Konjunktionen und Subjunktionen, d. h. stellen Sie sprachlich unter Beweis, dass Sie in der Lage sind, kausale Beziehungen, Wechselbeziehungen, Abhängigkeiten, Folgen, Folgerungen, Widersprüche, zeitliches Nacheinander usw. im Rahmen Ihres Vortrages zu verdeutlichen („Und … und … und …" sind hierfür ungeeignete Satzanfänge).

- *Tafelskizze:* Manchmal ist sie geeignet, das Gesagte zu unterstützen. Dies sollte nur wenige Sekunden dauern (z. B. zwei Kurvenverläufe als Ergebnis einer vorgegebenen Tabelle). Dadurch stellen Sie Ihre methodischen Darstellungskompetenzen unter Beweis.

- *Training:* Üben Sie auch dieses Procedere mehrfach während der Qualifikationsphase – einen Teil dieser Verfahrensweisen können Sie ebenso bei Einzel- oder Gruppenvorträgen nutzen.

Training / Vorbereitung

Wenn Sie einzelne Teilaufgaben der Klausuren dieses Bandes nehmen und die hierzu passenden zwei bis vier Materialien (mehr werden es in der mündlichen Prüfung nicht sein), dann können Sie den ersten Prüfungsteil simulieren. Halten Sie die Vorbereitungszeit exakt ein, ziehen Sie zwei Kursmitglieder als fiktive Prüfungskommission hinzu und lassen Sie sich von diesen anschließend begründet rückmelden, ob sie Ihren Vortrag verstanden haben bzw. wo nicht.

8.2 Der zweite Prüfungsteil

Die zeitliche Dauer entspricht derjenigen des ersten Teils: 10–15 Minuten je nach Verlauf. In diesem zweiten Teil der Prüfung muss der Prüfer / die Prüferin das Thema aus einem anderen Kurshalbjahr der Qualifikationsphase wählen. Meistens erfolgt durch den Prüfer eine Überleitung von Ihrem Vortrag zu diesem zweiten Teil. Im weiteren Verlauf sollen Sie Ihre Kommunikationskompetenzen im Rahmen eines Fachgespräches unter Beweis stellen: Zeigen Sie sich also als gewandter Gesprächspartner, der adressatengerecht und sachkundig die Fragen und Impulse aufgreift und möglichst selbstständig und tiefgründig damit umgeht.

Tipps für das Prüfungsgespräch

- *Sprechanteil:* Je eigenständiger und umfassender Sie mit den Fragen und Impulsen umgehen, desto besser! Begnügen Sie sich nicht mit Kurzantworten, führen Sie länger aus.

- *Erfassen der Frageintention:* Achten Sie auf die Operatoren und auf fachliche Kernbegriffe! Führen Sie sinnvolle Beispiele oder Vergleiche aus dem Unterricht an, zeigen Sie Ihr Hintergrund- und Allgemeinwissen. Aber schweifen Sie nicht ab, bleiben Sie beim Thema.

- *Gesprächsaufbau durch den Prüfer:* In der Regel gestaltet der Prüfer ein solches Gespräch nach dem Prinzip „Vom Einfachen zum Schwierigen, vom Einzelfallbeispiel zum Allgemeinen/Modellhaften". Wenn Sie einen Bezug zu einer Ihnen passend erscheinenden Theorie oder zu einem aus dem Unterricht bekannten Modell selbst herstellen können: Tun Sie dies!

- *Unterrichtsbezüge:* Hintergrund aller Fragen und Impulse ist das gemeinsam aus dem Unterricht Bekannte. Stellen Sie also, wo möglich, Vergleiche zu dem im Unterricht Behandelten an, weisen Sie auf Gemeinsamkeiten und Unterschiede hin. Machen Sie somit deutlich, dass Sie den Gesprächsgegenstand der Prüfung in größere Zusammenhänge einordnen können.

- *Verständnisproblem:* Sollten Sie mit einer einzelnen Frage einmal nichts anfangen können: Verlieren Sie keine Zeit, bitten Sie an einer solchen Stelle um eine kurze ergänzende Erläuterung. Aber fragen Sie nicht bei jeder Frage nach!

- *Unterbrechungen:* Lassen Sie sich nicht irritieren. Der Prüfer möchte Ihnen entweder zurück auf den Haupt(frage)weg helfen oder den Themenschwerpunkt wechseln, was vielleicht nur daran liegt, dass die Prüfungszeit allmählich knapp wird: Werten Sie solche Unterbrechungen in jedem Fall als für Sie günstig und hilfreich.

- *Mimik und Gestik der Prüfer:* Lassen Sie sich nicht durch Äußerlichkeiten irritieren. Denken Sie daran, dass jeder Prüfer i. d. R. eine Reihe von Prüfungen nacheinander abnimmt und nehmen Sie Blicke o. Ä. nicht persönlich.

Training/Vorbereitung

Nicht jede/r aus Ihrem Geographie-Grundkurs wird Geographie als 4. Fach gewählt haben. Vereinbaren Sie mit Ihrem Kurslehrer/Ihrer Kurslehrerin mindestens einmal im Verlauf der Q2 die Simulation eines Prüfungsgespräches unter Abiturbedingungen. Ggf. können Sie mit anderen Mitgliedern Ihres Kurses wechselseitig üben; berücksichtigen Sie dabei die jeweiligen Kurshalbjahresthemen und die inhaltlichen Schwerpunkte.

Viel Erfolg!

Grundkurs Geographie (NRW) – Abiturprüfung 2011
Aufgabe 1

Thema

Jüngere Entwicklungen in Metropolregionen –
Das Beispiel Buenos Aires / Argentinien

Aufgabenstellung   Punkte

1. Lokalisieren Sie Buenos Aires und beschreiben Sie die räumliche und
   demographische Entwicklung sowie die heutige Stellung der Stadt innerhalb Argentiniens.   24

2. Erläutern Sie die sozialräumliche Differenzierung von Buenos Aires unter
   besonderer Berücksichtigung des Nordwestens der Stadt.   34

3. Nehmen Sie Stellung zu den aktuellen Stadtentwicklungstendenzen in
   Buenos Aires.   22

Zugelassene Hilfsmittel

– der an der Schule in der Qualifikationsphase überwiegend verwendete Atlas,
  in einer für alle Prüflinge gleichen Auflage
– Wörterbuch zur deutschen Rechtschreibung
– Taschenrechner

Materialgrundlage

M 1 Atlaskarten nach Wahl

M 2 Agglomeration Buenos Aires – Entwicklung der Siedlungsfläche

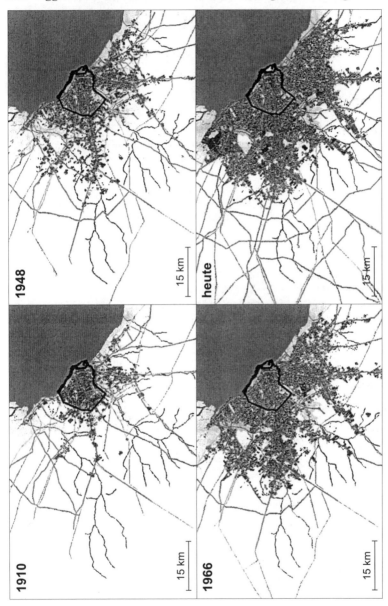

Anmerkung: Die schwarze Linie zeigt die Grenze der heutigen City of Buenos Aires.

Quelle (verändert): http://www.atlasdebuenosaires.gov.ar/aaba/index.php (Zugriff 27. 09. 2010)

M 3 Fakten zu Buenos Aires und Argentinien

- Sitz der Regierung und der größten Börse
- Firmensitze großer internationaler und der größten nationalen Unternehmen
- Abwicklung des größten Teils des Imports und Exports des Landes
- Größter Flughafen und größter Seehafen des Landes
- Anteil der City of Buenos Aires am BIP Argentiniens (2006) ca. 25 %

	Einwohner
Argentinien	39 745 613
Bevölkerungswachstum	1,0 %
Städtische Bevölkerung	89,0 %
Agglomeration Buenos Aires*	13 300 000
Agglomeration Cordoba*	1 420 000
Agglomeration Rosario*	1 280 000
Agglomeration Mendoza*	1 020 000

* Schätzung 2010

Quellen:
http://www.indec.gov.ar/ (Zugriff 27. 09. 2010)
http://www.citypopulation.de/world/Agglomerations.html (Zugriff 20. 10. 2010)

M 4 Buenos Aires – Bevölkerungsentwicklung/-prognose

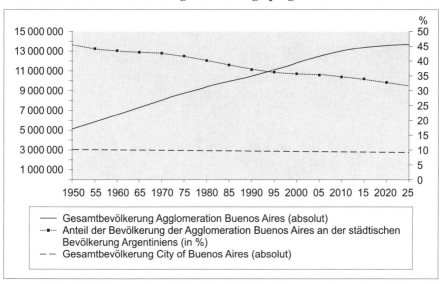

Quelle: UN World Urbanization Prospects 2009

M 5 Agglomeration Buenos Aires – soziale Differenzierung (siehe Farbabbildungen)

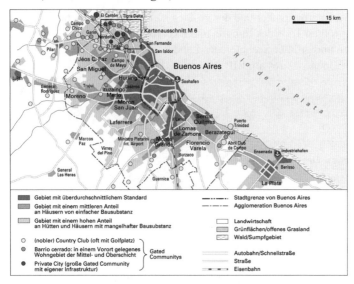

Gebiet mit überdurchschnittlichem Standard

Gebiet mit einem mittleren Anteil an Häusern von einfacher Bausubstanz

Gebiet mit einem hohen Anteil an Hütten und Häusern mit mangelhafter Bausubstanz

○ (nobler) Country Club (oft mit Golfplatz)

◉ Barrio cerrado: in einem Vorort gelegenes Wohngebiet der Mittel- und Oberschicht

● Private City (große Gated Community mit eigener Infrastruktur)

} Gated Communitys

Stadtgrenze von Buenos Aires

Agglomeration Buenos Aires

Landwirtschaft

Grünflächen/offenes Grasland

Wald/Sumpfgebiet

Autobahn/Schnellstraße

Straße

Eisenbahn

M 6 Flächennutzung und soziale Differenzierung im Nordwesten von Buenos Aires (siehe Farbabbildungen)

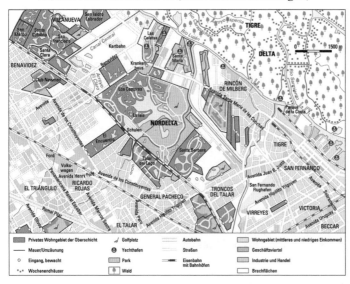

Privates Wohngebiet der Oberschicht

— Mauer/Umzäunung

○ Eingang, bewacht

°₀° Wochenendhäuser

⚐ Golfplatz

⚓ Yachthafen

Park

Wald

Autobahn

Straßen

Eisenbahn mit Bahnhöfen

Wohngebiet (mittleres und niedriges Einkommen)

Geschäftsviertel

Industrie und Handel

Brachflächen

M 7 Agglomeration Buenos Aires – soziale Situation und Kriminalität

Im Jahre 2003 lagen in Folge der beispiellosen Wirtschaftskrise (1998–2002) Armut und Arbeitslosigkeit in Buenos Aires auf einem historischen Höchststand. Obwohl die Armut in Buenos Aires seit diesem Höhepunkt stark zurückgegangen ist, lebten Ende 2005 noch immer knapp 14 Prozent unterhalb der Armutsgrenze und etwa
5 4 Prozent in extremer Armut.

Zum Ende des Jahres 2005 lag die Arbeitslosenquote bei der Stadtbevölkerung bei 7,7 Prozent. 8,8 Prozent der Einwohner waren unterbeschäftigt. Betrachtet man „Gran Buenos Aires", das Einzugsgebiet der Stadt, steigen die Quoten auf 11,1 beziehungsweise 13 Prozent. Obwohl Arbeitslosigkeit, Unterbeschäftigung und Armut
10 kontinuierlich zurückgehen, ist die schwierige soziale Situation, in der sich viele Bewohner von Buenos Aires befinden, deutlich spürbar.

Argentinien ist eines der sichersten Länder Südamerikas. Die Hauptstadt Buenos Aires galt lange Zeit ebenfalls als sicher. Seit der Wirtschaftskrise zwischen 1998 und 2002 hat die Stadt diesen Ruf jedoch verloren. Die Kriminalität steigt seit der
15 Krise, die eine große Zahl von Menschen in die Armut drängte, kontinuierlich an. Taschendiebstähle sind weit verbreitet und auch Straßenüberfälle nehmen zu.

Quelle: http://www.megacities.uni-koeln.de/documentation (Zugriff 10. 09. 2010)

M 8 Beispiel: Privatstadt Nordelta

- 1999 erster Spatenstich zum Bau der bisher größten Privatstadt
- Projektfläche: 16 km^2
- Bis 2006 ca. 1 500 Häuser für 6 000 Einwohner fertiggestellt
- Planungsstand für 2015: 80 000 Einwohner
- Bau von Privatschulen, einer Berufsakademie und einer eigenen Universität
- Bahnanschluss (40 Minuten Fahrzeit bis zur Innenstadt von Buenos Aires)
- Ausbau einer Autobahn bis vor die Tore Nordeltas
- Mehrstufiges Sicherheitskonzept, u. a. durch doppelte Einzäunung des Geländes, scharfe Zugangskontrollen, vollständige Videoüberwachung mit Übertragung zu einer privaten Sicherheitsstation

Eigene Zusammenstellung nach:
Janoschka, M.: Reich und Arm in Buenos Aires. In: Praxis Geographie 30 (2000) H. 12, S. 59–62;
Diercke International Atlas. Braunschweig: Westermann 2010, S. 151

Die Aufgabe bezieht sich auf die folgenden **inhaltlichen Schwerpunkte:**
- Raumbedarf und Tragfähigkeit im Zusammenhang mit demographischen Prozessen
  - Ursachen und Folgen von Wanderungsbewegungen
- Siedlungsentwicklung in Abhängigkeit von soziokulturellen und politischen Leitbildern
  - Zentralität als Ausdruck funktionaler Verflechtungen: Strukturen und Raumordnungsziele, einschließlich modellhafter Darstellungen

Lösungsvorschlag

Teilaufgabe 1

Der Operator „lokalisieren" (Anforderungsbereich I) fordert Sie zunächst auf, Buenos Aires nach Ihnen bekannten topographischen Orientierungsrastern einzuordnen. Danach verlangt der Operator „beschreiben" (Anforderungsbereich I) eine ausführliche Wiedergabe der Materialaussagen unter umfassender Verwendung der Fachsprache. In dieser Teilaufgabe sollen Sie zunächst die räumliche und demographische Entwicklung von Buenos Aires aufzeigen. Anschließend ist es notwendig, die wirtschaftliche und funktionale Bedeutung der Stadt innerhalb des gesamten Landes zu verdeutlichen (M 2–M 4).

Buenos Aires, die Hauptstadt Argentiniens, liegt auf 34° s. Br. und 58° w. L. im Südosten Südamerikas am trichterförmigen Rio de la Plata. Hier münden die Flüsse Rio Paraná und Rio Uruguay in den Atlantik (M 1). — Lage

1910 erstreckte sich die Stadt auf einer in etwa quadratischen Fläche von 15 km², dem Bereich der heutigen **Kernstadt, der City of Buenos Aires.** Nur entlang der Küste im NW sowie entlang dreier sternförmig auf die Stadt zulaufender Hauptstraßen fanden sich damals erste Ansätze städtischer Ausdehnung. Kurz nach dem Ende des Zweiten Weltkrieges 1948 hat die Stadt ihre Fläche in etwa vervierfacht. Die früheren **Siedlungsbänder** entlang der **Ausfallstraßen** sind geschlossen und dichter bebaut. Diese **linearen Entwicklungsachsen** reichen bis zu 20 km weit ins **Umland.** Punktuelle Siedlungskerne sind in einer Entfernung von bis zu 20 km hinzugekommen; diese weisen z. T. keine Verbindung durch Hauptstraßen zur Kernstadt auf (M 2). 1950 weist die **Agglomeration Buenos Aires** bereits 5 Mio. Einwohner auf, wovon 3 Mio. in der Kernstadt wohnen (M 4). — Räumliche Entwicklung 1910 – 1950

In den darauffolgenden Jahren wächst die Stadt im Zuge des Suburbanisierungsprozesses deutlich ins Umland hinein; 1966 erstreckt sich der geschlossene Siedlungsbereich über ca. 50 km entlang der Küste des Rio de la Plata sowie auf insgesamt ca. 1 500 km². Wie im Jahr 1910 ragen Entwicklungsachsen entlang der Hauptzufahrtsstraßen weiter ins **Hinterland**; die Bevölkerung ist um 2 auf etwa 7 Mio. gestiegen, wobei der Anteil der Kernstadt-Bevölkerung in etwa gleich geblieben ist.

Fortgesetzte Suburbanisierung

Bis zum Jahr 2010 steigt die Bevölkerung rasant um weitere 6 auf 13,3 Mio. an (M 3, M 4) bei einem damaligen jährlichen Wachstum von 1 %. Dabei geht die Kernstadt-Bevölkerung um ca. 7 % auf 2,8 Mio. (M 4) zurück, woraus insgesamt eine deutliche Bevölkerungs- und Dichtezunahme in den **suburbanen Teilräumen** resultieren. Bis 2008 hat sich die städtische Agglomerationsfläche auf 70 km entlang des Rio de la Plata ausgedehnt, sie erstreckt sich nun auf 2 000 km² Gesamtfläche. Entlang der **Hauptverkehrsachsen** ragen die Siedlungsbänder im Süden und Südwesten krakenarmartig ins Hinterland (M 2). Laut Prognose wird die Bevölkerung der Agglomeration Buenos Aires bis zum Jahr 2025 im Rahmen des fortgesetzten **Metropolisierungsprozesses** um eine weitere Million auf 14 Mio. Einwohner anwachsen, wobei die Bevölkerungsanzahl im Bereich der Kernstadt knapp unter 3 Millionen stagnieren wird (M 4).

Flächen- und bevölkerungsmäßige Entwicklung bis 2010

Als Sitz der Regierung und der größten nationalen sowie großer internationaler Firmen besitzt Buenos Aires (im Folgenden abgekürzt als B. A.) eine herausragende Bedeutung als **Metropole** und **Global City**. Der größte Teil des Außenhandels wird hier abgewickelt, wozu der größte Seehafen des Landes und der größte Flughafen beitragen. Allein die City of B. A. besitzt 25 % Anteil am **nationalen BIP**, bei einem Bevölkerungsanteil von nur 7 %. Diese herausragende Stellung und der deutliche Bedeutungsüberschuss unterstreichen auch die ca. 33,5 % städtischer Bevölkerungsanteil von B. A. an der städtischen Gesamtbevölkerung Argentiniens als **demographische Primacy**, ebenso der absolute Bevölkerungsunterschied zur nächst größeren argentinischen Agglomeration, derjenigen von Cordoba mit 1,4 Mio. Einwohnern im Jahr 2010 (M 3, M 4). Der rein quantitative Bedeutungsüberschuss von B. A. hat im Laufe des in Argentinien überstarken **Verstädterungsprozesses** (89 % im Jahr 2008) sukzessive nachgelassen, er sank vom Höchstwert 45 % im Jahr 1950 auf 35 % im Jahr 2008 und wird laut Prognose bis 2025 auf ca. 32 % absinken (M 4).

Buenos Aires: Metropole, Global City, demographische Primacy

Unabhängig hiervon bleibt jedoch die politische, wirtschaftliche, kulturelle und insgesamt funktionale Bedeutung der Hauptstadt als unumstrittenes **Megazentrum** erhalten.

Teilaufgabe 2

„Erläutern" (Anforderungsbereich II) als Operator verlangt von Ihnen, dass Sie aus dem Material entnehmbare Zusammenhänge verdeutlichen. In dieser Teilaufgabe sollen Sie eine sozialräumliche Differenzierung der einzelnen Stadtteile/ Stadtbereiche vornehmen und dabei die Strukturen im Nordwesten der Stadt schwerpunktmäßig untersuchen (M 5 – M 8).

Betrachtet man die **sozialräumliche Struktur** von B. A., so findet man eine deutliche räumliche Trennung der verschiedenen Sozialgruppen voneinander. Grundsätzlich staffeln sich die Gebiete höheren, mittleren und niedrigen Sozialstandards vom städtischen Kerngebiet in alle Richtungen konzentrisch nach außen. Allerdings wird diese systematische Anordnung punktuell unterbrochen. So findet man z. B. in dem Bereich, der an die Kernstadt angrenzt und der einen überdurchschnittlichen Standard aufweist, vor allem im Nordwesten an vielen Stellen **Aushöhlungstendenzen**, nämlich Gebiete mit einem hohen Anteil an Hütten oder Häusern mit (inzwischen) mangelhafter Bausubstanz. Möglicherweise haben hier im Zuge **rural-urbaner Migration** nach und nach Arbeits- und Wohnungssuchende ihren ersten Wohnstandort gefunden, nachdem die ursprünglich hier Wohnenden im Zuge des Suburbanisierungsprozesses weiter in die Randbereiche der Agglomeration gezogen sind. Umgekehrt haben Mitglieder der Mittel- und Oberschicht sogenannte **Gated Communitys** in Stadtteilen/Stadtvierteln errichtet, die zwischenzeitlich oder bis dato eigentlich Bewohner der unteren Mittelschicht aufwiesen, erkennbar an einfachen Häusern und einfacherer Bauweise. Eine weitgehend geschlossene Sozialstruktur weisen nur die Siedlungen entlang der Entwicklungsachsen auf wie z. B. Laferrere oder Moreno im Westen: Hier siedeln sich zunächst die überwiegend aus den ländlichen Gebieten Zuwandernden an, angezogen von der Attraktivität und den besseren Lebenschancen der Primacy. Ihre Behausungen sind gekennzeichnet durch einfache oder mangelhafte Bausubstanz; oft fehlt es an der notwendigen Infrastruktur. Solche Gebiete nehmen inzwischen flächenmäßig fast die Hälfte der Agglomeration von B. A. ein (M 5).

(Randnotiz:) Sozialräumliche Struktur

Dieser **Segregationsprozess** setzt sich in der Gegenwart weiter fort, indem an immer mehr Stellen abgeschlossene Wohngebiete der oberen Bevölkerungsschichten entstehen, sogenannte Gated Communitys unterschiedlicher Größe, die teilweise bevölkerungsmäßig die Größenordnung von Kleinstädten angenommen haben oder sich dahingehend entwickeln. Diese findet man vor allem im Nordwesten der Agglomeration, ca. 30 km von der Kernstadt entfernt. Sie sind gekennzeichnet durch eine privilegierte Lage in der Nähe von größeren Grün- und Erholungsflächen, besitzen oft Freizeit- und Sporteinrichtungen des gehobenen Standards wie Golfplätze oder Yachthäfen. Mehrere von ihnen liegen am Rand der geschlossenen Siedlungsfläche in der Nähe des Tigre Deltas, das einen hohen Besatz an Wochenendhäusern aufweist (M 6). Beispiele hierfür sind u. a. Nordelta oder Villanueva. Weitere Merkmale sind Einzäunungen und von Security-Diensten bewachte Einlässe, ferner die verkehrsmäßige Anbindung an die Kernstadt durch mindestens eine der Hauptverkehrsachsen sowie ihr räumlicher Abstand zu Gewerbe- und Industrieflächen. Diese **Abschottung** ist u. a. eine Reaktion auf die nicht zuletzt während der Wirtschaftskrise zu Beginn des 21. Jahrhunderts gestiegene Kriminalität und die gewachsene soziale Unsicherheit; dem sind auch die hohen, z. T. mehrstufigen Sicherheitskonzepte geschuldet (M 7, M 8).

Ein besonders deutliches Beispiel für eine solche Gated Community ist Nordelta im Nordwesten der Agglomeration. Diese „**Privatstadt**", die bisher größte, hat Kleinstadtcharakter; für das Jahr 2015 ist eine Bevölkerungszahl von 80 000 Einwohnern vorgesehen. Auf einer ca. $3,5 \times 4,5$ km^2 großen, doppelt ummauerten Fläche mit sechs bewachten Eingängen an allen Seiten entspricht Nordelta dem Prototyp einer **Stadt in der Stadt**. Sie besitzt eine deutlich überdurchschnittliche Wohnqualität, nicht zuletzt deshalb, weil die Hälfte des Areals Grün- und Wasserflächen aufweist. Ein Teil der Wohnungen und Häuser ist halbinselartig in die Wasserflächen integriert, die wegefreie Mitte ist somit Pkw-frei (M 6). Eigene Privatschulen, eine Universität sowie eine Berufsakademie unterstreichen den herausgehobenen sozialen Status. Die verkehrsmäßige Anbindung an die Kernstadt erfolgt in der Hauptsache durch eine Eisenbahnlinie sowie den geplanten Autobahnausbau bis unmittelbar vor die nordöstlichen Tore Nordeltas (M 6, M 8).

<aside>Sozialer Segregationsprozess</aside>

<aside>Gated Community Nordelta</aside>

Teilaufgabe 3

Der Operator „Stellung nehmen" gehört zum Anforderungsbereich III; er verlangt von Ihnen eine kritische Auseinandersetzung mit den aufgezeigten Sachverhalten. In dieser Teilaufgabe wird von Ihnen erwartet, dass Sie die aktuellen Tendenzen der Stadtentwicklung in Buenos Aires auf der Grundlage Ihrer bisherigen Ergebnisse kritisch beurteilen (M 3, M 5 – M 8).

Entstehung und Ausbau von Gated Communitys in Wohnvierteln aller Sozialschichten sind das auffälligste Merkmal der gegenwärtigen Stadtentwicklung neben dem zu vermutenden stetigen Hinzukommen von Gebieten mit schlechter Bausubstanz und mangelhafter Infrastruktur an der Peripherie der Agglomeration. Grund für Letzteres sind die zwar schwächer gewordenen, gleichwohl aber anhaltenden Zuwanderungen und damit die jährlich um 1 % steigende Bevölkerungszahl (M 3).

Zwei gegenläufige Stadtentwicklungstendenzen

Die **soziale Segregation** muss unter dem Aspekt eines funktionierenden Gemeinwesens wie dem einer Kommune kritisch gesehen werden: Die infrastrukturellen Vorzüge, z. B. in verkehrsmäßiger Hinsicht, werden von den Bewohnern der Gated Communitys in Anspruch genommen; eine Partizipation im Hinblick auf Ausbau oder Weiterentwicklung des Gemeinwesens ist nicht zu erkennen. Fraglich bleibt, wie die verwaltungsmäßige Zuordnung und Verteilung von Steuergeldern erfolgt. Die sozial schwachen Bevölkerungsgruppen tragen finanziell aufgrund fehlenden oder nur geringen Einkommens kaum oder gar nicht zum BIP bei, nehmen gleichwohl städtische Infrastruktur und öffentliche Leistungen in Anspruch. Im Zuge der Wirtschaftskrise hat sich besonders ihre ökonomische Lage weiter verschlechtert, woraus die Zunahme von Kriminalität und sozialer Unsicherheit resultiert. Dies verschlechtert die Chancen eines friedlichen sozialen Miteinanders und gefährdet die soziale Einheit der Stadt. Das räumlich enge Bei- und Nebeneinander extrem unterschiedlicher Sozialgruppen, wie z. B. im Nordwesten von einigen Country Clubs inmitten der **Marginalsiedlungen** von Jeos C. Paz oder San Miguel, birgt sozialen und politischen Zündstoff; die äußerliche Absicherung durch Sicherheitskonzepte hält dem auf Dauer eventuell nicht Stand. Die übergroßen Flächenansprüche der sich ausbreitenden Gated Communitys mit deutlich geringerer Bevölkerungsdichte stehen dabei im krassen Gegensatz zu den Dichtevierteln der sozial Schwachen.

Prozess der sozialen Segregation und seine Gefahren

In verkehrsmäßiger Hinsicht führt der anhaltende Suburbanisierungs- und Fragmentierungsprozess im Zusammenhang mit dem anhaltenden Bevölkerungswachstum zu einer weiteren Belastung in der Agglomeration: Das **Pendleraufkommen** zwischen Kernstadt und Randgebieten wird weiter steigen, die sternförmig auf die City of Buenos Aires ausgerichteten Eisen- und Autobahnen sowie Hauptstraßen verdeutlichen diese Zentrumsausrichtung (M 5). Steigendes Pendler- aufkommen

Eine zunehmende **städtische Fragmentierung** kann Funktionieren und Bestand der gesamten Agglomeration gefährden und erschwert zudem eine einheitliche Stadtplanung und -entwicklung. Der Fortbestand sowie die Weiterentwicklung einer Agglomeration wie der von B. A. sind darauf angewiesen, dass sich alle Bewohner im Rahmen ihrer je unterschiedlichen Möglichkeiten gedanklich, kulturell, finanziell und politisch einbringen. Ist dies nicht der Fall, und viele Stadtentwicklungstendenzen in B. A. lassen befürchten, dass es zu einer Zunahme **sozialräumlicher** und **sozioökonomischer Disparitäten** kommen wird, ist eine nachhaltige und soziale Stadtentwicklung stark gefährdet. Fazit

Thema

Nachhaltige Wirtschaftsentwicklung durch Ausbau von Verkehrsinfrastruktur? – Das Beispiel Jade-Weser-Port in Wilhelmshaven

Aufgabenstellung   Punkte

1. Lokalisieren Sie Wilhelmshaven und kennzeichnen Sie die sozioökonomische und demographische Entwicklung der Stadt seit Anfang der 1990er-
   Jahre.   19

2. Erläutern Sie die gegenwärtige Nutzungsstruktur im Hafen und die stand-
   örtlichen Voraussetzungen für den im Bau befindlichen Jade-Weser-Port.   31

3. Erörtern Sie Chancen und Probleme des Jade-Weser-Ports für Wilhelmshaven und das Umland.   30

Zugelassene Hilfsmittel

– der an der Schule in der Qualifikationsphase überwiegend verwendete Atlas,
  in einer für alle Prüflinge gleichen Auflage
– Wörterbuch zur deutschen Rechtschreibung
– Taschenrechner

Materialgrundlage

M 1 Atlaskarten nach Wahl

M 2 Arbeitsmarktentwicklung

Arbeitslosenquote (in %)

Jahr	Wilhelmshaven	Niedersachsen
1992	12,9	8,1
1996	18,7	12,1
2000	14,2	9,3
2004	14,3	9,6
2008	14,3	8,1

Sozialversicherungspflichtig Beschäftigte

Jahr	Wilhelmshaven	Niedersachsen
1985	29 696	2 067 027
1990	34 136	2 285 238
1995	27 604	2 396 996
2000	27 412	2 436 007
2005	25 199	2 305 451
2007	25 119	2 356 527

Anmerkung:
Wichtige Arbeitgeber in Wilhelmshaven
* Der Büromaschinenhersteller OLYMPIA beschäftigte in den 1970er-Jahren ca.
  12 000 Angestellte; vollständige Werksschließung 1993
* Aktuell 8 000 Soldaten und zivile Mitarbeiter am Marinestützpunkt Wilhelmshaven
  und ca. 6 200 direkte und indirekte Beschäftigte in der Hafenwirtschaft

Eigene Zusammenstellung nach:
http://www.wilhelmshaven.de/portal/statistik/media/5411-Z.pdf (Zugriff 22. 02. 2009);
http://www.ihk-oldenburg.de/download/ths_soz_besch_ihk.pdf (Zugriff 23. 02. 2009);
http://www.wzonline.de/index.php?id=1014&tx_ttnews[tt_news]=15534&tx_ttnews
[backPid]=1007& cHash=5c94736167 (Zugriff 23. 02. 2009);
http://hafenwirtschaft-whv.de/cms/index.php?option=com_content&task=view&id
=116&Itemid= 57&lang=de (Zugriff 23. 02. 2009);
http://www.lexikon-der-politik.de/stichwort/arbeitslosigkeit.html (Zugriff 14. 04. 2009)

M 3 Demographische Daten Stadt Wilhelmshaven

Jahr	Einwohner
1975	103 417
1980	99 230
1985	95 570
1995	90 667
2000	85 287
2005	83 552
2008	81 556

Einwohner nach ausgewählten Altersgruppen 2007 (in %)

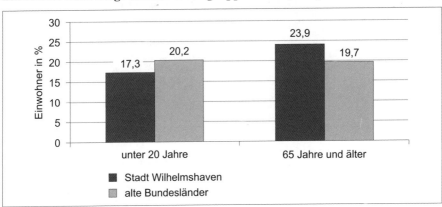

Eigene Zusammenstellung nach:
http://www.wilhelmshaven.de/portal/statistik/media/1111-Z.pdf (Zugriff 22. 02. 2009);
http://www.wilhelmshaven.de/portal/statistik/daten-und-fakten.htm (Zugriff 22. 02. 2009);
http://www.regis-online.de/daten-fakten/xml-data/df-profil-de.html?r=0034050000 (Zugriff 22. 02. 2009)

M 4 Wilhelmshaven
(siehe Farbabbildungen)

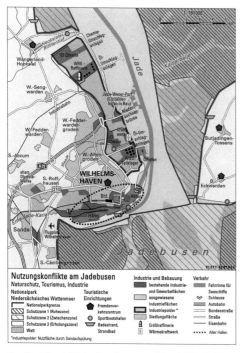

Quelle: Haack Weltatlas. Stuttgart: Klett 2008, S. 25
(verändert)

M 5 Güterumschlag Wilhelmshaven

Jahr	Gesamteingang Seeschifffahrt (in 1 000 t)	davon Mineralölerzeugnisse (in 1 000 t)	Ein- und Ausgang Seeschifffahrt (in 1 000 t)	Anzahl der Seeschiffe
2001	32 284	29 120	40 927	1 559
2003	31 036	28 515	39 530	1 429
2005	35 438	32 772	45 982	1 303
2007	33 371	30 930	42 738	1 313
2008	32 944	28 787	40 309	1 378

Quelle: http://www.wilhelmshaven-port.de/download/statistiken/rep200813.pdf (Zugriff 19. 03. 2009)

M 6 Projekt Containerhafen Jade-Weser-Port

Anmerkung: Unternehmen der hafennahen Logistik bieten Dienstleistungen von der Lagerung über die Veredelung, das Sortieren, Kommissionieren, Verpacken, die Nachbearbeitung witterungsempfindlicher Produkte, Qualitätskontrolle, Frachtmanagement, alle Abfertigungsaufgaben bis hin zur Verzollung an.

gezeitenunabhängige Wassertiefe (tiefster Seehafen Deutschlands)	18,50 m
Baubeginn	2008
Inbetriebnahme	2011
geschätzte Arbeitsplätze	1 100–1 900
Kosten für allgemeine Infrastruktur (Kaianlagen, Ufereinfassungen, Geländeaufspülung, Anschluss der Verkehrsträger etc.)	ca. 600 Mio. Euro*
Kosten für spezifische Infrastruktur (Containerbrücken, Flächenbefestigung, Immobilien etc.)	ca. 350 Mio. Euro durch Terminalbetreiber Eurogate
Containerumschlag-Kapazität pro Jahr	2,7 Mio. TEU**

* 510 Mio. Euro Land Niedersachsen, 90 Mio. Euro Hansestadt Bremen
** TEU = Twenty-foot Equivalent Unit, Einheit für einen Standardcontainer

Foto: © JadeWeserPort Realisierungs GmbH & Co. KG;
Eigene Zusammenstellung nach:
http://www.jadeweserport.de/cms/upload/downloads/JWPdeutsch1206.pdf (Zugriff 23. 02. 2009 Grafik);
http://www.jadeweserport.de/cms/index.php?idcat=28 (Zugriff 23. 02. 2009);
http://www.hafen-hamburg.de/content/view/345/81/lang.de/ (Zugriff 20. 03. 2009)

M 7 Größenentwicklung in der Containerschifffahrt

Baujahr	Länge in m	Breite in m	Tiefgang in m	Kapazität in TEU*
ab 1980	bis 295	bis 32,20	bis 13,50	bis 5 000
ab 1992	bis 318	bis 42,00	bis 14,50	bis 6 000
ab 1997	bis 350	bis 46,00	bis 14,50	bis 9 000
heute	bis 400	bis 56,00	bis 15,50	bis 12 000

* TEU = Twenty-foot Equivalent Unit, Einheit für einen Standardcontainer

Eigene Zusammenstellung nach: http://zukunftelbe.de/downloads/2009-04-16-tiefgangsskript.pdf (Zugriff 14. 08. 2009)

M 8 Containerumschlag der Nordrange*

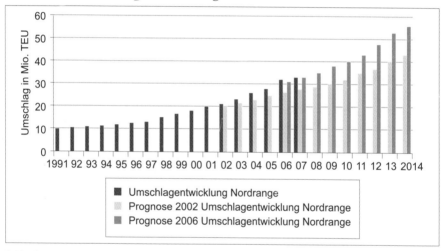

* Nordrange: Häfen von Antwerpen, Rotterdam, Jade-Weser-Port, Bremen/Bremerhaven und Hamburg

Max. Schiffstiefen	
Antwerpen	13,50 m
Rotterdam	16,65 m
Jade-Weser-Port	18,50 m
Bremerhaven	12,80 m
Hamburg	13,00 m

Eigene Zusammenstellung nach Daten von:
http://www.hypovereinsbank.de/firmenkunden/media/pdf/HVB_Ship_Container_deutsch_Druck_neu.pdf (Zugriff 23. 02. 2009);
http://www.portofantwerp.com/portal/page/portal/POA_EN/Nautical%20Acceess_EN.pdf (Zugriff 19. 03. 2009);
http://www.bremen-ports.de/664_1 (Zugriff 19. 03. 2009)

M 9 Pressemitteilung

„Der Jade-Weser-Port ist im Bau, das steht außer Zweifel. Noch nicht endgültig klar ist dagegen, wie die Warenströme beispielsweise ins Ruhrgebiet oder andernorts abfließen werden. Es ist geplant, dass täglich über die Strecke Oldenburg – Osnabrück bis zu 58 Güterzüge vorwiegend nachts rollen sollen, was ein erhebliches Plus an
5 Verkehrsaufkommen auf der einspurigen Strecke bedeuten würde."

Quelle (gekürzt): http://www.nwzonline.de/index_regionalausgaben_kreis_oldenburg_artikel.php?id= 1866166& (Zugriff 20. 03. 2009)

Die Aufgabe bezieht sich auf die folgenden **inhaltlichen Schwerpunkte:**
- Ökologische Prinzipien und zukunftsfähige Maßnahmen in der Industrie, Land-, Forst- oder Fischereiwirtschaft im globalen ökonomischen Zusammenhang
  - Dreieck der Nachhaltigkeit
- Wandel von Standortfaktoren in seiner Wirkung auf industrieräumliche Strukturen
  - Standortentscheidungen im Zusammenhang mit harten und weichen Standortfaktoren
- Verkehrs- und Kommunikationsnetze in ihrer Bedeutung für die Verflechtung und Gestaltung von Räumen
  - Zusammenhang zwischen der Modernisierung der Verkehrs- und Kommunikationsnetze und der Globalisierung
  - Prinzipien der Standortverlagerung und der Beschaffungslogistik

Lösungsvorschlag

Teilaufgabe 1

Der Operator „kennzeichnen" (Anforderungsbereich II) verlangt, dass Sie einen
Raum oder einen Sachverhalt auf der Grundlage bestimmter Kriterien begründet
charakterisieren. In dieser Teilaufgabe sollen Sie im Anschluss an die räumliche
Einordnung (Operator „lokalisieren"/Anforderungsbereich I) darlegen, welche
Entwicklung in demographischer und sozioökonomischer Hinsicht Wilhelmshaven
seit Anfang der 1990er-Jahre durchlaufen hat (M 1–M 4).

Die niedersächsische Küstenstadt Wilhelmshaven liegt im Nordwesten des Jadebusens, einer großen Meeresbucht der Nordsee, ca. 40 km westlich von Bremerhaven. Stadt und Hafen sind über die A 29, eine Personen- und eine Industriebahn sowie über den Ems-Jade-Kanal ans **Hinterland** angebunden (M 1, M 4).

Lage Wilhelmshavens

Die Einwohnerzahl der Stadt ist nicht erst seit den 1990er-Jahren zurückgegangen, der Rückgang begann bereits 1975, als die Stadt noch 103 417 Einwohner aufwies, und setzte sich über 90 667 Einwohner (1995) auf nur noch 81 556 Einwohner im Jahr 2008 fort (M 3, Tabelle). Im Hinblick auf die Leistungsfähigkeit der Bevölkerung und das ökonomische Potenzial sind als weitere **Ungunstfaktoren** der im Vergleich zum Bund niedrige Anteil junger Menschen unter 20 Jahren (17,3 % zu 20,2 %) sowie der höhere Anteil nicht mehr Erwerbstätiger mit 23,9 % gegenüber 19,7 % zu beachten (M 3, Diagramm).

Demographische Entwicklung

Diese ungünstigen **demographischen Strukturen** verwundern nicht vor dem Hintergrund der seit 1992 durchgängig deutlich höheren Arbeitslosenzahlen im Vergleich mit Niedersachsen; der negative Spitzenwert lag 1996 bei 18,7 %, die **Arbeitslosenquote** betrug 2008 immer noch 14,3 %. Sie erklären sich auch beim Vergleich der Anzahl der sozialversicherungspflichtig Beschäftigten: Nach einem Zwischenhoch 1990 mit 34 136 fiel der Wert in Wilhelmshaven kontinuierlich auf nur noch 25 119 (2007) und damit um ca. 15 % unter den Ausgangswert von 1985. Im selben Zeitraum stieg der niedersächsische Vergleichswert bis zum Jahr 2000 um 18 % an, sank danach bis 2007 nur geringfügig um 3 % und lag damit ca. 14 % höher als der Wert von 1985 (M 2).

Arbeitslosenquote

Eine der Ursachen für diese **negative wirtschaftliche Entwicklung** in Wilhelmshaven liegt im Verlust von 12 000 Arbeitsplätzen durch Werksschließung des Büromaschinenherstellers Olympia 1993 (M 2). Eine andere könnte die deutlich zu einseitige

Negative wirtschaftliche Entwicklung

und damit krisenanfällige Ausrichtung der **Beschäftigungsstruktur** auf hafenbezogene Bereiche sein, in denen ca. 25 % arbeiten, sowie auf die Marine, die ihrerseits ca. 32 % beschäftigt (M 2, M 4). Insgesamt muss Wilhelmshaven als **strukturschwach** bezeichnet werden, da es deutlich hinter der regionalen und bundesweiten demographischen und ökonomischen Entwicklung zurückgeblieben ist.

Wilhelmshaven strukturschwach

Teilaufgabe 2

Der Operator „erläutern" (Anforderungsbereich II) verlangt, dass Sachzusammenhänge anhand des Materials verdeutlicht werden. In dieser Teilaufgabe müssen Sie zunächst die aktuelle Nutzungsstruktur im Hafenbereich Wilhelmshavens aufzeigen und anschließend verdeutlichen, auf welche Standortvoraussetzungen der Ausbau des Gesamthafens im Bereich Jade-Weser-Port zurückzuführen ist (M 4–M 8).

Die gegenwärtigen Hafenareale lassen sich untergliedern in den Alten Hafen, die nördlich davon gelegene Hafenerweiterungsfläche des Industriepolders, die durch Sandaufspülung gewonnen worden ist, sowie den in etwa in deren Mitte vorgelagerten, im Bau befindlichen Jade-Weser-Port (M 4).

Hafen Wilhelmshaven

Der Alte Hafen grenzt unmittelbar an die Innenstadt am Endpunkt des Ems-Jade-Kanals an. Sowohl zu dieser Seite als auch zur Nordsee hin wird er durch Schleusen geschützt, die ihn vom **Tidenhub** unabhängig machen. Er untergliedert sich in verschiedene Hafenbecken, die überwiegend eine industrielle bzw. gewerbliche Nutzung aufweisen. Auf der gegenüberliegenden Landzunge, die den Alten Hafen vom Jadebusen trennt, befinden sich ein Strandbad und ein Sportboothafen (M 4).

Nutzung des Hafens

Verkehrsmäßig angebunden ist der Alte Hafen durch die Eisenbahn – der Endpunkt und Bahnhof befindet sich unmittelbar am mittleren Hafenbecken – sowie durch die B 210, die in ca. 7 km Entfernung in nördlicher und in westlicher Richtung zwei Auffahrten zur A 29 aufweist. Der Flugplatz Wilhelmshaven befindet sich ca. 2 km westlich des Alten Hafens nahe dem Ort Sande. Im Westen sind entlang dem Ems-Jade-Kanal zwei ca. 4 km² bzw. 2 km² große **Industrieerweiterungsflächen** ausgewiesen.

Verkehrsanschluss

Der Industriepolder erstreckt sich nördlich der Innenstadt in Nord-Süd-Richtung über eine Fläche von ca. 2 x 10 km, wovon etwa ein Drittel im Jahr 2008 industriell bzw. gewerblich genutzt wird. Die gezeitenunabhängige Fahrrinne der Jade, ausgelegt für

Lage und Verkehrsanschluss des Industriepolders

Seeschiffe mit dem aktuell größten Tiefgang (M 7, M 8), ist durch drei Umschlaganlagen mit dem Polder fest verbunden. Dieser ist durch eine Industriebahn, die sich auf dem Polder mehrfach verzweigt, an die Bahnlinie angebunden, durch die A 29, die hier beginnt, ans überregionale Straßennetz sowie durch mehrere Straßen und die B 210 an die Stadt und das Umland (M 4). Von hier gehen zudem zwei Erdölpipelines aus nach Hamburg bzw. nach Duisburg (M 1).

Der Industriepolder wird dominiert von den auf Öl- und anderen **Rohstoffimporten** basierenden Nutzungen und Weiterverarbeitungen. Hier befinden sich die WRG-Raffinerie, das NWO-Tanklager sowie mehrere Standorte der ICI Chemie. Ein Wärmekraftwerk versorgt die im Hafengebiet ansässigen energieintensiven Betriebe (M 4).

Nutzung des Industriepolders

Trotz der **Hafenerweiterung** und der damit geschaffenen **flächenmäßigen, infrastrukturellen und standortbezogenen Verbesserungen** weist die Güterumschlagsentwicklung seit 2001 nach einem kurzen Zwischenhoch 2005 im weiteren Verlauf bis 2008 einen Rückgang in etwa auf die Ausgangswerte auf. Der Gütereingang dominiert hierbei deutlich gegenüber dem Güterausgang, deren Verhältnis zueinander betrug 2008 ungefähr 4 : 1. Der Großteil der Seeschiffe verlässt demnach ohne Fracht den Industriepolder. Der Anteil der Mineralölerzeugnisse am Gütereingang lag 2008 bei 87 %, er ist in der letzten Dekade in etwa stabil geblieben. Verändert hat sich die Anzahl der den Hafen anlaufenden Seeschiffe seit 2001: Bei fast identischem **Güterumschlag** liegt deren Zahl verglichen mit 2001 im Jahr 2008 bei 88 %, was auf die größer gewordenen Schiffseinheiten hinweist (M 5).

Güterumschlagsentwicklung

Der Baubeginn des **Containerhafens** Jade-Weser-Port (CJWP) im Jahr 2008 stellt somit einen Versuch dar, den wirtschaftlichen und hafenbezogenen Rückgang zu stoppen und durch Nutzung der **Standortgunst** Attraktivität, Umsatz und Beschäftigung zu steigern. Hierbei ist die gezeitenunabhängige und für den größten Containerschifftyp ausreichende Wassertiefe mit 18,5 m, der größten in der Nordrange (M 8), das Hauptargument, die gleichzeitige Anlegemöglichkeit für drei der größten Containerschiffe an dem 1 725 m langen Kai ein weiteres, die intensive **Verkehrsanbindung** über eine 16-gleisige Bahn-Vorstellgruppe sowie deren 6-gleisige Verladeanlage neben den Straßenanschlüssen ein drittes (M 6). Schließlich gibt es erhebliche **Flächenreserven** für einen etwaigen Expansionsbedarf sowie in unmittelbarer Nähe auf dem

Containerhafen Jade-Weser-Port

dem Festland zugewandten Teil des Polders eine hafennahe Logistikzone (M 6). Letztendlich bildet Wilhelmshaven mit den anderen Häfen der Nordrange – Antwerpen, Rotterdam, Bremen/ Bremerhaven und Hamburg – aufgrund der **Fühlungsvorteile** und Kooperationsmöglichkeiten ein konkurrenzfähiges Hafenband auch in globaler Hinsicht (M 1, M 8).

Teilaufgabe 3

Der Operator „erörtern" gehört zum Anforderungsbereich III. Er verlangt von Ihnen das begründete Abwägen zwischen Pro und Contra mit dem Ziel einer eigenen Urteilsbildung am Schluss. In dieser Teilaufgabe wird von Ihnen erwartet, dass Sie beurteilen, welche Vor- und Nachteile der Bau des Jade-Weser-Ports für die Stadt Wilhelmshaven und ihr Umland mit sich bringt (M 6–M 9).

Seit 1980 weist die allgemeine Entwicklung der globalen Containerschifffahrt in jeder Hinsicht gewachsene Schiffsparameter auf; vor diesem Hintergrund kommt das Angebot des für die größten Containerschiffseinheiten geeigneten **Tiefseehafens** Wilhelmshaven zum richtigen Zeitpunkt (M 7). Und zieht man die beiden Prognosen bis 2014 hinsichtlich des deutlich steigenden Güterumschlages in der Nordrange hinzu, so lässt sich die gegenüber 2002 optimistischere Prognose im Jahr 2006 vermutlich in einen ursächlichen Zusammenhang mit dem CJWP bringen (M 8).

Entwicklung der globalen Containerschifffahrt

Die kurze Bauzeit von nur drei Jahren ist in diesem Zusammenhang sicherlich ein Plus, die fast eine Milliarde Euro Entwicklungskosten stellen hingegen eine starke finanzielle Belastung des Steuerzahlers dar (M 6). Zwar sind 1 100–1 900 geschätzte neue Arbeitsplätze grundsätzlich positiv zu werten, die diesbezügliche Schwankung der Prognose um 40 % und der geringe absolute Wert im Vergleich z. B. mit den verloren gegangenen 12 000 Arbeitsplätzen des Olympia-Werkes stehen allerdings in einem eher ungünstigen Verhältnis zu der hohen **Investitionssumme**. Zwar besteht die Möglichkeit einer **Branchendiversifizierung** im Bereich der hafennahen Logistik; letztendlich bedeutet dies jedoch eine weitere Verstärkung dieser hafenbezogenen Ausrichtung und damit eine Verstärkung der grundsätzlich zu starken Einseitigkeit (M 6).

Für und wider den Bau des Jade-Weser-Ports

Möglicherweise verbessern sich Beschäftigtenanteil und Bevölkerungsbilanz, vielleicht gewinnt der Standort Wilhelmshaven grundsätzlich an Attraktivität; doch sind neben den angeführten ökonomischen Unwägbarkeiten weitere Probleme und Schwierigkeiten in die Gesamtbewertung mit einzubeziehen.

Die Expansion der Hafenindustrie und des Öl- und Gütertransportes bei zunehmendem Schiffsverkehr steht in **Flächennutzungskonkurrenz** zu den an mehreren Stellen im Jadebusen ansässigen Fremdenverkehrs- und Naherholungseinrichtungen. Es ist nicht ausgeschlossen, dass es z. B. zu einer Verschlechterung der Wasserqualität in dieser Region kommt infolge von Verschmutzung durch die Riesentanker und großen Containerschiffe.

Nutzungskonflikt mit dem Tourismus

In ökologischer Hinsicht sind weitere Bedenken berechtigt: Der unmittelbar angrenzende **Nationalpark** Niedersächsisches Wattenmeer könnte durch Schiffshavarien, Tankerunglücke etc. in seiner Existenz gefährdet werden, das **marine Ökosystem** könnte durch die bereits erfolgten und noch anstehenden Aufspülungen bedroht werden. Ein so enges Beieinander von Hochseeschifffahrt und **labilem Ökosystem** verträgt sich eigentlich nicht (M 1, M 4).

Ökologische Bedenken

Der prognostizierte Zuwachs an Güterzugverkehr – das dürfte analog für den Transport über die Straße auch gelten – bringt eine deutliche **Emissionszunahme** im Hinblick auf Lärmbelästigung und Schadstoffbelastung mit sich, von der im Großraum Wilhelmshaven vor allem die Anwohner im Norden und Westen betroffen sein werden (M 4, M 9).

Zuwachs an Güterzugverkehr

Der CJWP wird in ökonomischer Hinsicht voraussichtlich einige Vorteile für die Region Wilhelmshaven mit sich bringen, nicht zuletzt ein höheres Steueraufkommen. Möglicherweise stellen sich auch sogenannte **Sekundäreffekte** ein, falls auch die demographische Entwicklung positiver verläuft als in den letzten 20 Jahren. Durch sorgfältige Planung, **Umweltschutzauflagen** und entsprechende Kontrollen wird es notwendig sein sicherzustellen, dass der Preis für ein wirtschaftliches Wachstum nicht durch ökologische Beeinträchtigungen gezahlt werden muss.

Fazit

Grundkurs Geographie (NRW) – Abiturprüfung 2011
Aufgabe 3

Thema

Veränderungsprozesse in der landwirtschaftlichen Produktion im globalen ökonomischen Zusammenhang – Das Beispiel des Zuckerrohranbaus in Guyana

Aufgabenstellung

	Punkte
1. Lokalisieren Sie Guyana und kennzeichnen Sie die naturräumlichen Voraussetzungen sowie die Verbreitung des dortigen Zuckerrohranbaus.	19
2. Erläutern Sie die Entwicklung des Zuckersektors sowie dessen wirtschaftliche Bedeutung für das Land seit den 1990er-Jahren.	33
3. Nehmen Sie kritisch Stellung zu den Zielen der Guyana Sugar Corporation bis 2016.	28

Zugelassene Hilfsmittel

- der an der Schule in der Qualifikationsphase überwiegend verwendete Atlas, in einer für alle Prüflinge gleichen Auflage
- Wörterbuch zur deutschen Rechtschreibung
- Taschenrechner

Materialgrundlage

M 1 Atlaskarten nach Wahl

M 2 Guyana: naturräumliche Gliederung

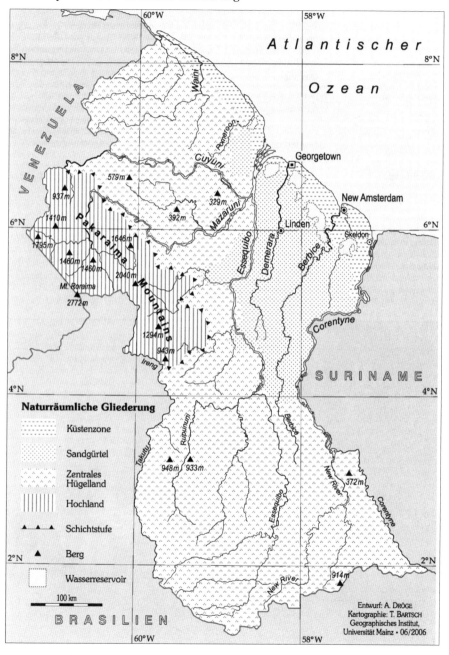

GK 2011-25

Küstenzone	v. a. in Flussnähe fruchtbare, z. T. unter Meeresniveau liegende und daher durch Dämme und Schleusen gegen das Meer abge-schirmte Schwemmlandebene; feucht-sumpfig, zahlreiche die Flüsse verbindende Kanäle als Transportadern und zur Drainage, deren Wasser zudem bei den regelmäßigen Überschwemmungen den Feldern Nährstoffe zuführt; Lebensraum für mehr als 90 % der Guyaner
Sandgürtel	bei früheren Meeresvorstößen entstandene und daher unfrucht-bare sandige Ebene
Zentrales Hügelland	Hochfläche aus (alten) Sand- und vulkanischen Gesteinen, im Norden bewaldet, hier bedeutende Bauxit- und andere Lager-stätten; im Süden Savannen mit Viehzucht
Hochland	kaum über 1 300 m hohes, durch eine deutliche Stufe von den zentralen Hügelländern getrenntes Bergland

Quellen:
Dröge, Annika B.: Süße Verlockung, bittere Erkenntnis. Zur Umstrukturierung der karibischen Zuckerwirtschaft: Das Beispiel Guyana. In: Ratter, Beate M. W. (Hrsg.): Hombre y naturaleza – Mensch-Natur-Beziehungen in Lateinamerika. Mainz: Geographisches Institut 2006, S. 62 f.;
Geographisch-Kartographisches Institut Meyer (Hrsg.): Mittel- und Südamerika [...]. Mannheim; Wien; Zürich: Bibliogr. Institut 1969, S. 196

M 3 Klimadiagramm Georgetown

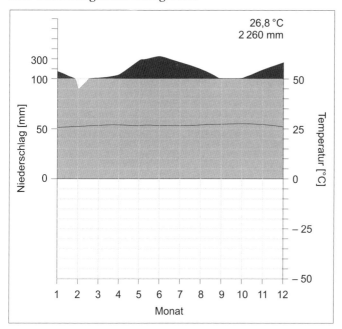

Quelle:
http://www.klimadia-
gramme.de/Samerika/
georgetown.html
(Zugriff 23. 11. 2010)

M 4 Steckbrief Zuckerrohr: ökologische Ansprüche

schilfähnliches, bis zu 6 m hohes Gras mit zuckerhaltiger Sprossachse	
Temperatur	konstant 25–28 °C, bei Temperaturen unter 20 °C verlangsamtes Wachstum
Niederschlag	über 1 200 mm/Jahr ohne Trockenzeiten
Bodenart	eher unwichtig, am besten Alluvialböden (Schwemmland) ohne Staunässe
Nährstoffe	gute Stickstoffversorgung, ansonsten mittlere Ansprüche
ökologische Stabilität	hohe Anfälligkeit gegen Schädlinge und Pflanzenkrankheiten
Ernte und Weiterverarbeitung	erste Ernte nach 12–18 Monaten; bis zu 2 Ernten pro Jahr; umgehendes Auspressen in Fabriken notwendig, da bereits nach 24 Std. Reduzierung des Zuckergehaltes im Saft auf nicht rentable Werte

Eigene Zusammenstellung nach:
Klohn, Werner; Windhorst, Hans-Wilhelm: Weltagrarwirtschaft und Weltagrarhandel. Vechta: Vechtaer
Druck und Verlag 2001, S. 68 f.;
Barthel, Fritz; Eder, Max u. a.: Diercke-Weltwirtschaftsatlas. Bd. 1. München; Braunschweig: dtv 1981,
S. 144 f.; Andreae, Bernd: Agrargeographie. Berlin; New York: de Gruyter 1983, S. 192 f.

M 5 Hauptanbaugebiete für Zuckerrohr und Zuckerfabriken in Guyana

Quelle: Dröge, Annika B.: Süße Verlockung, bittere Erkenntnis. Zur Umstrukturie-
rung der karibischen Zuckerwirtschaft: Das Beispiel Guyana. In: Ratter, Beate M.
W. (Hrsg.): Hombre y naturaleza – Mensch-Natur-Beziehungen in Lateinamerika.
Mainz: Geographisches Institut 2006, S. 62 f.

M 6 Geschichte Guyanas und des dortigen Zuckerrohranbaus

1658	Anlage erster Zuckerrohrplantagen durch die Niederländer; im Hinblick auf den Export des Zuckers Begrenzung der Raumerschließung auf die Küste
1667	Guyana wird niederländische Kolonie
1831	Guyana wird britische Kolonie: Übernahme der über 380 Zuckerrohrplantagen mit inzwischen rd. 100 000 afrikanischen Sklaven
1834/38	Abschaffung der Sklaverei: Abwanderung der Schwarzafrikaner von den Plantagen, Anwerbung von rd. 240 000 Arbeitern (bis 1917) aus der britischen Kronkolonie Indien
1966	endgültige Entlassung Guyanas in die Unabhängigkeit
1975	Guyana unterzeichnet das AKP-Abkommen, das ehemaligen Kolonien des afrikanischen, karibischen und pazifischen Raumes den Zugang zum EU-Markt erleichtert, u. a. durch subventionierte Abnahmegarantien für landwirtschaftliche Güter
1976	Enteignung der bestehenden Zuckerunternehmen und Gründung der staatlichen *Guyana Sugar Corporation* GuySuCo, in deren Händen bis heute über 90 % des Anbaus und 100 % der Zuckerindustrie liegen

Eigene Zusammenstellung nach:
Dröge, Annika B.: Süße Verlockung, bittere Erkenntnis. Zur Umstrukturierung der karibischen Zuckerwirtschaft: Das Beispiel Guyana. In: Ratter, Beate M. W. (Hrsg.): Hombre y naturaleza – Mensch-Natur-Beziehungen in Lateinamerika. Mainz: Geographisches Institut 2006, S. 59–70; Intemann, Gabriele (Hrsg.): Diercke Länderlexikon. Braunschweig: Westermann 1999, S. 295 f.

M 7 Daten zu Guyana und dem Zuckersektor

		1997	2007
Guyana	Fläche (km^2)	214 969	
	Einwohnerzahl	778 800	761 500
	BSP/Einw. (US-$)	800	1 150
	BIP (Mio. US-$) davon (in %) prim. Sektor sek. Sektor tert. Sektor	677 39 34 27	896 31 25 44
	Erwerbstätige (abs./%) prim. Sektor sek. Sektor tert. Sektor	**(1991)** 61 845 / 27,8 57 265 / 25,7 103 356 / 46,5	**(2002)** 50 911 / 22,2 55 957 / 24,4 122 497 / 53,4
Zuckerrohranbau	Erntefläche (ha)	46 400	39 700
	Produktion (Mio. t)	3,07	3,10
	t/ha	66,2	78,1
Rohzucker- produktion	Menge (1 000 t)	276,4	266,5
	Beitrag zum BSP (%)	16,2	9,2
Zuckerexport*	Menge (1 000 t)	247,6	244,9
Anteil wichtiger Güter am Gesamtexport (%)		**(1994)** Zucker 27 Gold 19 Reis 17 Bauxit 16	**(2006)** Zucker 22 Gold 21 Bauxit 12 Shrimps 12
Anzahl der Beschäftigten im Zuckersektor		**(1992)** 28 000	**(2007)** 19 000**

* Durch das Fehlen von eigenen Raffineriekapazitäten ist Guyana gezwungen, raffinierten Zucker im Wert von 2–3 Mio. €/Jahr zu (re-)importieren.

** Unter Berücksichtigung der Familienmitglieder ist jeder 6. Guyaner vom Zucker abhängig; größter Arbeitgeber und Steuerzahler (14 %) Guyanas; Versorgung der Dörfer um die Anbaugebiete mit Bildungs-, Gesundheits- und Freizeiteinrichtungen, Unterhaltung der Infrastruktur

Eigene Zusammenstellung nach:
http://www.statisticsguyana.gov.gy [mit weiterführenden Links] (Zugriff 18. 03. 2009);
Der Fischer Weltalmanach 2009. Frankfurt a. M.: Fischer 2008, S. 662 [und frühere Jahrgänge];
http://globalis.gvu.unu.edu/indicator.cfm?IndicatorID (Zugriff 19. 03. 2009)

M 8   Zucker aus Guyana für den Weltmarkt

	€/t Rohzucker (2005)	Erläuterung
Produktionskosten für Rohzucker in Guyana	380	43 % der Ernte manuell; 4 % der Ernte voll-, 53 % teilmechanisiert

Exportziel	Preis 2005 (€/t Rohzucker)	Exportanteil (%)	Erläuterung
USA	355	4,0	aufgrund langfristiger Lieferverträge aus den 1970er-Jahren, seit 2005 Importbeschränkungen wegen hoher Überschüsse in den USA
EU (Sonderpreis)	445	10,2	spezieller Preis (85 % des AKP-Preises) für 150 000 t AKP-Zuckerimporte aus der Karibik seit 1995, schon seit 2001 allmähliche Absenkung dieser Einfuhrmenge durch die EU mit dem Ziel eines endgültigen Wegfalls
EU (AKP-Preis)	524	51,1	Vorzugspreis für den zollfreien Import von etwa 1,3 Mio. t Zucker aus ehemaligen afrikanischen, karibischen (darunter Guyana) und pazifischen Kolonien, seit 2008 schrittweiser Abbau der Begünstigung der AKP-Staaten: Preissenkung für Zuckerimporte bis 2010 um 36 % aufgrund EU-eigener Überschüsse
Sonstiger Weltmarkt	165	34,7	

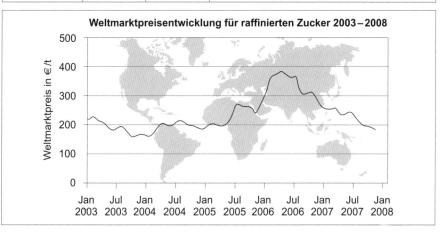

Weltmarktpreisentwicklung für raffinierten Zucker 2003–2008

Anmerkung: Der Weltmarktpreis für raffinierten Zucker liegt im Durchschnitt 10–20 % über dem Weltmarktpreis für Rohzucker.

Tabelle eigene Zusammenstellung nach:
*Der Fischer Weltalmanach 2009. Frankfurt a. M.: Fischer 2008, S. 662 [und frühere Jahrgänge];
Dröge, Annika B.: Süße Verlockung, bittere Erkenntnis. Zur Umstrukturierung der karibischen
Zuckerwirtschaft: Das Beispiel Guyana. In: Ratter, Beate M. W. (Hrsg.): Hombre y naturaleza – Mensch-
Natur-Beziehungen in Lateinamerika. Mainz: Geographisches Institut 2006, S. 59–70;
Grafik: http://www.vsz.de/contenido/cms/upload/DZZ/beilagen/BR-DZM_40_Internet.pdf (Zugriff
10. 01. 2011)*

M 9 Ziele der Guyana Sugar Corporation bis 2016

a) Veränderung des Produktionsprozesses durch
- Optimierung der Ernteabläufe auf den Feldern (47 % Voll-, 53 % Teilmechanisierung)
  → Steigerung der aus dem Rohr zu gewinnenden Zuckermenge und Senkung der Produktionskosten um bis zu 37 % (angestrebte Beschäftigtenzahl: 4 000)
- Erhöhung der Verarbeitungsgeschwindigkeit durch Modernisierung der bestehenden Fabriken
- Ausbau der Zuckerfabrik in Skeldon auf eine Leistung von jährlich 111 000 t Rohzucker

b) Umstrukturierung des Absatzes durch
- Erhöhung der Rohzucker-Exporte in die USA und nach Kanada
- Erschließung neuer Märkte für Rohzucker
- Deckung des karibischen Bedarfs an raffiniertem Zucker durch Bau einer Raffinerie (Skeldon) und zweier Verpackungsanlagen (Blairmont, Enmore), auch für den nordamerikanischen Markt

c) Beibehaltung des AKP-Systems für Exporte nach Europa durch
- Verhandlungen mit der EU

*Eigene Zusammenstellung nach:
http://www.stabroeknews.com/2008/news/local/07/13/refinde-... (Zugriff 19. 03. 2009);
Dröge, Annika B.: Süße Verlockung, bittere Erkenntnis. Zur Umstrukturierung der karibischen
Zuckerwirtschaft: Das Beispiel Guyana. In: Ratter, Beate M. W. (Hrsg.): Hombre y naturaleza – Mensch-
Natur-Beziehungen in Lateinamerika. Mainz: Geographisches Institut 2006, S. 59–70*

Die Aufgabe bezieht sich auf die folgenden **inhaltlichen Schwerpunkte:**
- Klima- und Vegetationszonen in ihrer unterschiedlichen Bedeutung für die Entwicklung von Räumen
  - Mechanisierung, Intensivierung und Spezialisierung als Kennzeichen einer industrialisierten Landwirtschaft in der gemäßigten Zone und den Tropen
- Ernährungspotenzial für eine wachsende Weltbevölkerung zwischen Subsistenzwirtschaft und Agrobusiness
  - Subsistenzwirtschaft versus Marktorientierung

Lösungsvorschlag

Teilaufgabe 1

Der Operator „kennzeichnen" (Anforderungsbereich II) verlangt, dass Sie einen Raum oder einen Sachverhalt auf der Grundlage bestimmter Kriterien begründet charakterisieren. In dieser Teilaufgabe sollen Sie im Anschluss an die räumliche Verortung („lokalisieren"/AFB I) zunächst aufzeigen, welche natürlichen Voraussetzungen für den Zuckerrohranbau in Guyana vorliegen. Anschließend wird von Ihnen gefordert, dass Sie die standörtliche/räumliche Verbreitung des Zuckerrohranbaus vor diesem Hintergrund aufzeigen (M 1–M 5).

Guyana liegt im Norden des südamerikanischen Kontinents zwischen 2 und 8 Grad nördl. Breite sowie 57 und 61 Grad westl. Länge. Es grenzt im Norden an den Atlantik, im Nordwesten an Venezuela, im Osten an Suriname sowie im Südwesten und Süden an Brasilien (M 1, M 2).

Lage

Das Land lässt sich in vier **Naturraumtypen** untergliedern, die sich vom Atlantischen Ozean wie folgt anordnen: Eine ca. 20 km breite Küstenzone (Zone 1), z. T. unter Meeresspiegelniveau liegend, eine fruchtbare **Schwemmlandebene**, in der 90 % der Einwohner leben. Die westliche Landeshälfte prägt bis ca. 6 Grad nördl. Breite das **zentrale Hügelland** (Zone 2) mit Höhen bis 500 m. Zwischen 2 und 4 Grad nördl. Breite überdeckt es das gesamte Land. Im äußersten Westen erstrecken sich die Pakaraima Mountains (Zone 3), „durch eine deutliche Stufe von den zentralen Hügelländern getrennt" (M 2), eine **Hochlandregion** um 1 300 m Höhe mit der höchsten Erhebung von 2 810 m (M 1). Ein unfruchtbarer **Sandgürtel** (Zone 4) erstreckt sich vom Essequibo-Delta mehr als 300 km weit und über eine Breite von in Küstennähe 200 km in Höhe des 4. nördl. Breitengrades noch 60 km als Folge früherer Meeresvorstöße trichterförmig ins Landesinnere (M 2).

Naturräumliche Gliederung

Der Großteil des Landes – annähernd 90 % – ist von **tropischem Regenwald** bedeckt (M 1). Zuckerrohranbau findet man in der Hauptsiedlungszone (Zone 1) (M 5): Hier herrschen konstante Temperaturen von 25 Grad C, hier fallen in allen Monaten mindestens 100 mm Niederschlag und hier gibt es die fruchtbaren **Alluvialböden** (M 2, M 3), ideale Voraussetzungen im Hinblick auf die Anbaubedingungen des Zuckerrohrs (M 4). Zwei Zentren des Zuckerrohranbaus haben sich herausgebildet: bei Georgetown, der Hauptstadt, wo sich auch der Hauptsitz der GuySuCo befindet, und bei Rosehall im Osten des Landes; in beiden Anbauregionen fin-

Räumliche Verbreitung des Zuckerrohranbaus

den sich jeweils mehrere Zuckerfabriken. Weitere kleine Anbaugebiete mit je einer Zuckerfabrik findet man im Westen in Uitvlugt
sowie bei Skeldon ganz im Osten (M 5). Da es sich bei Zucker um
eine **Cashcrop** handelt, deren **Absatz weltmarktorientiert** statt-
findet, verwundert es nicht, dass alle Aufbereitungsstandorte/
Zuckerfabriken küstenorientiert zu finden sind und sie einen direkten Meereszugang haben (M 5). Ein Verkehrsnetz ist nur par-
tiell vorhanden: Es gibt eine küstenparallele Straße sowie von den
regionalen Zentren ausgehende Stichstraßen ins Hinterland, Querverbindungen und diagonale Achsen fehlen.

Teilaufgabe 2

Der Operator „erläutern" (Anforderungsbereich II) verlangt von Ihnen, dass Sie aus
dem Material entnehmbare Zusammenhänge verdeutlichen. In dieser Teilaufgabe
sollen Sie zum einen die quantitative Entwicklung des Zuckerrohranbaus in Guyana
aufzeigen, zum anderen darlegen, welche wirtschaftliche Bedeutung der Zuckerrohr-
anbau seit den 1990er-Jahren in dem Land hat. (M 5 – M 8).

Der in **Monokultur** erfolgende Zuckerrohranbau hat in Guyana
eine lange Tradition. Bereits 1658 zur Zeit der niederländischen
Kolonialherrschaft wurden erste Zuckerrohrplantagen angelegt,
die später von den zweiten Kolonialherren, den Briten, übernom-
men und erweitert wurden. 100 000 afrikanische Sklaven bildeten
bis 1834/38, dem Zeitpunkt der Abschaffung der Sklaverei, das benötigte Arbeitskräftepotenzial. Ihnen folgten ca. 240 000 Arbeitskräfte aus der britischen Kronkolonie Indien bis 1917, nachdem
die Schwarzafrikaner die **Plantagen** verlassen hatten. Zehn Jahre
nach Guyanas Unabhängigkeitserklärung wurden alle ausländischen Zuckerunternehmen enteignet und die GuySuCo gegründet,
die **staatliche Zuckergesellschaft**, in deren Besitz sich bis zur Gegenwart fast der gesamte Anbau von Zuckerrohr und die komplette
Zuckerindustrie befinden. Nicht zuletzt die Umsetzung des **AKP-
Abkommens**, das karibischen Staaten u. a. durch subventionierte
Absatzgarantien für landwirtschaftliche Güter Erleichterungen für
den Zugang zum EU-Absatzmarkt bietet, hat zur Fortsetzung des
Zuckerrohranbaus bis in die Gegenwart geführt (M 6).

Wenngleich die wirtschaftliche Bedeutung des Zuckerrohranbaus und der Zuckerproduktion von 1994 bis 2006 zurückgegangen ist, hat Zucker für Guyana weiterhin eine hohe Bedeutung
(M 7): Jeder sechste Guyaner ist direkt oder indirekt vom Zucker

Marginalie rechts: Entwicklung des Zuckerrohranbaus

Marginalie rechts: Wirtschaftliche Bedeutung

abhängig, ca. 40 % der in der Landwirtschaft Beschäftigten arbeiteten 2002 im Zuckersektor, mit 22 % am Export hatte Zucker vor Gold 2006 immer noch die Spitzenposition inne (M 7). Insbesondere in der Küstenzone (Städte und Infrastruktur) hat der Zuckerrohranbau eine hohe Bedeutung (M 5). Der Beitrag der Landwirtschaft zum Bruttoinlandsprodukt war 2007 mit 31 % nach wie vor hoch, Zucker dürfte hieran einen erheblichen Anteil gehabt haben.

Guyanas Zuckerproduktion leidet unter **strukturellen Defiziten:** So wurden 2005 immer noch 43 % der Ernte manuell eingeholt, lediglich 4 % erfolgten vollautomatisch. Diese ungünstigen Produktionsbedingungen verursachen zwangsläufig im globalen Vergleich ungünstige, d. h. zu hohe **Produktionskosten:** Diese lagen 2005 bei 380 €/t Rohzucker und damit bis auf das erste Halbjahr 2006 durchgängig, z. T. deutlich über dem Weltmarktpreis zwischen 2003 und 2008 (M 8).

Seit 1997 lassen sich einige strukturelle Fortschritte erkennen: So stieg die Produktion bis 2007 trotz eines Rückgangs der Erntefläche um ca. 13 % auf 39 700 ha geringfügig an. Dies war nur aufgrund der Ertragssteigerung von 66,2 auf 78,1 t/ha möglich. Andererseits führten **Rationalisierungsmaßnahmen** zur Freisetzung von 9 000 Arbeitskräften, einem Drittel der Beschäftigten im Zuckersektor. Der Beitrag der Zuckerproduktion zum BSP sank deutlich von 16,2 auf nur noch 9,2 % und die jährliche Produktionsmenge an Rohzucker sowie der Zuckerexport gingen geringfügig zurück (M 7).

Ohne **Subventionen** und mittelfristig eingeräumte Sonderabnahmebedingungen durch die USA und die EU wäre der guyanische Zucker nicht wettbewerbsfähig gewesen (M 8/ Tabelle). Doch nicht nur beim Zuckerrohranbau, sondern auch bei der Aufbereitung zeigte sich die guyanische Zuckerindustrie rückständig. Da es zudem an den notwendigen Raffineriekapazitäten fehlte, musste Guyana jährlich „raffinierten Zucker im Wert von 2 – 3 Millionen Euro (re-)importieren" (M 7). So stellte sich Guyanas Zuckerindustrie im Jahr 2007 als stark gefährdet und auf dem Weltmarkt kaum noch konkurrenzfähig dar. Seit 2001 hat die EU die Einfuhr von AKP-Zucker zu Sonderkonditionen reduziert mit dem Ziel des völligen Wegfalls. Außerdem hat die EU von 2008 – 2010 die Abnahmepreise für bis dahin 1,3 Millionen Tonnen zollfreien AKP-Zuckers um 36 % aufgrund eigener Überschüsse gesenkt (M 8/ Tabelle).

Guyana produziert Zucker für den Weltmarkt: 92 % des Zuckers müssen auf dem Weltmarkt abgesetzt werden (M 7). Starke Schwankungen des **Weltmarktpreises** für raffinierten Zucker (M 8) sowie die Verringerung oder der Wegfall der genannten Handelsvergünstigungen machen sich in Guyana volkswirtschaftlich deutlich bemerkbar.

Abhängigkeit vom Weltmarktpreis

Teilaufgabe 3

/ *Der Operator „kritisch Stellung nehmen" (Anforderungsbereich III) verlangt von*
/ *Ihnen das begründete Beurteilen von Vor- und Nachteilen mit dem Ziel einer ab-*
/ *schließenden eigenen Urteilsbildung. In dieser Teilaufgabe wird von Ihnen erwartet,*
/ *dass Sie begründet darlegen, wie Sie die Zukunftsaussichten für den Zuckerrohran-*
/ *bau in Guyana im Zusammenhang mit den Zielen der Guyana Sugar Corporation*
/ *bewerten. (M 7 – M 9).*

Die staatliche Guyana Sugar Corporation hat vor dem Hintergrund der **globalen Absatzsituation** von Zucker ein Zielpaket geschnürt, das bis 2016 realisiert werden soll. Dessen drei Säulen bestehen aus (1) der Optimierung des Produktionsprozesses einschließlich der Ausweitung der Raffineriekapazitäten, (2) der Umorientierung des Zuckerabsatzes durch stärkere Ausrichtung auf Nord- und Südamerika sowie (3) in dem Versuch, die bisherigen AKP-Vergünstigungen der EU auch künftig gewährt zu bekommen (M 9).

Ziele der Guyana Sugar Corporation

Der bisher geringe **Mechanisierungsgrad** beim Ernteprozess lässt eine deutliche Kostensenkung durch Steigerung der Voll- und Teilmechanisierung auf 47 bzw. 53 % zu; durch den hierdurch möglichen Wegfall von 15 000 Arbeitsplätzen ergibt sich eine deutliche Kostenersparnis. Allerdings trifft dies die vor allem in der Küstenzone vom Zucker abhängige Bevölkerung hart, fehlen bisher doch echte Arbeitsplatzalternativen. Hingegen steigern Modernisierung und Ausbau von Zuckerfabriken die Effektivität, lassen sich durch kürzere Transportwege im **Binnenmarkt** Kosten sparen.

Arbeitsplatzverluste durch Mechanisierung

In jedem Fall wird die bisher lückenhafte **Wertschöpfungskette** geschlossen, die eine vollständige Aufbereitung des geernteten Zuckers zu raffiniertem Zucker im eigenen Land erlaubt und damit dessen umfangreichen und kostspieligen Reimport überflüssig macht. Bei einem Weltmarktpreis für raffinierten Zucker, der 10 – 20 % über dem von Rohzucker liegt, ergibt sich auch hier eine Produktionskostensenkung bzw. ein höherer Gewinn (M 8).

Schließung der Wertschöpfungskette

Ohne diese vielfältigen Kostensenkungsmaßnahmen hätte der guyanische Zucker auf dem Weltmarkt keine Absatzchancen mehr, zumal die USA als gewünschter starker Handels- und Absatzpartner bereits 2005 mit 355 €/t weniger bezahlten als der guyanische Zucker damals mit 380 €/t kostete. Auch die EU hat angekündigt, ab 2010 nur noch 336 €/t zahlen zu wollen (M 8).

Die zweite Zielsetzung muss folglich kritisch gesehen werden: Beide Handelspartner wiesen 2005 selbst eine deutliche Zuckerrübenproduktion auf, und so dürfte es für Guyana kaum möglich sein, trotz denkbarer Produktionskostenersparnis einen für die USA oder die EU attraktiven Einfuhrpreis anzubieten. Die Perspektive Südamerika kann anhand der Materialien nicht bewertet werden. Erschließung neuer Absatzmärkte problematisch

Hinsichtlich des dritten Ziels, weiterhin Sonderkonditionen aushandeln zu wollen, ist ebenfalls kein Optimismus angebracht, befindet sich doch der eigene **Agrarmarkt** dieser Staaten und Staatengruppen unter enormem Konkurrenz- und Preisdruck. Ohne ein überstaatliches Eingreifen, z. B. der WTO, dürfte die guyanische Zuckersituation sehr schwierig bleiben. Folglich ist das Land gut beraten, seinen **Diversifizierungsprozess** hinsichtlich seiner Exportstruktur weiter fortzusetzen, was seit 1994 in Teilen bereits geschehen ist (M 7). Diversifizierungsprozess notwendig

Thema

Raumentwicklung durch interregionalen Wassertransfer? –
Das Beispiel des geplanten Ebro-Projekts in Ost-Spanien

Aufgabenstellung

Punkte

1. Beschreiben Sie die klimatischen und hydrologischen Verhältnisse in der Osthälfte Spaniens.

19

2. Erläutern Sie vor diesem Hintergrund sowie den Schätzungen zum zukünftigen Wasserbedarf das geplante Ebro-Projekt und dessen wirtschaftliche Zielsetzungen.

30

3. Nehmen Sie kritisch zum Ebro-Projekt Stellung.

31

Zugelassene Hilfsmittel

– der an der Schule in der Qualifikationsphase überwiegend verwendete Atlas, in einer für alle Prüflinge gleichen Auflage
– Wörterbuch zur deutschen Rechtschreibung
– Taschenrechner

Materialgrundlage

M 1 Atlaskarten nach Wahl

M 2 Jahresniederschlag in Spanien
(siehe Farbabbildungen)

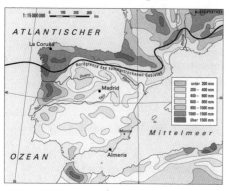

	J	F	M	A	M	J	J	A	S	O	N	D	Jahr
Santander	**68 m NN**												
T °C	9	9	12	12	14	17	19	19	18	15	12	10	14
N mm	119	89	74	82	88	66	59	84	114	134	134	155	1 198
Tortosa	**44 m NN**												
T °C	9	11	13	15	18	22	25	25	23	18	13	10	17
N mm	29	26	40	45	68	47	20	38	84	72	43	53	565
Murcia	**44 m NN**												
T °C	10	11	14	16	19	24	26	26	24	19	14	11	18
N mm	24	18	23	43	39	10	1	8	30	45	26	37	304
Almeria	**7 m NN**												
T °C	12	12	14	16	18	22	25	25	23	19	16	13	18
N mm	31	21	20	28	17	4	< 1	5	16	26	27	36	232

Quellen:
Haak Weltatlas 2008, Klett-Perthes Stuttgart, Seite 103;
Müller, Manfred J.: Handbuch ausgewählter Klimastationen der Erde. 2., verb. Auflage. Trier:
Forschungsstelle Bodenerosion der Universität Trier 1979, S. 78 – 84

M 3 Wasserbilanz der Iberischen Halbinsel (siehe Farbabbildungen)

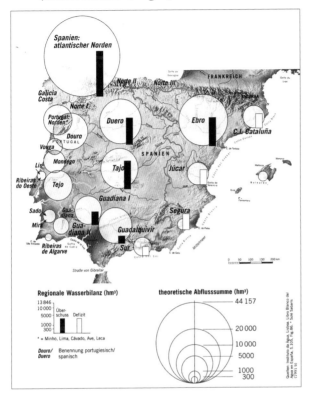

Anmerkung:1 hm³ = 1 Kubikhektometer = 1 Mrd. Liter (entsprechend dem Rauminhalt eines Würfels mit einer Kantenlänge von 100 m)

Quelle: Breuer, Toni: Iberische Halbinsel, WBG Darmstadt 2008, S. 62

LK 2011-3

M 4   Wasserwirtschaftliche Daten Spaniens (2000)

- rechnerischer Wasserverbrauch: 1 037 m^3/Person/Jahr (Italien: 975, Griechenland: 826, Portugal: 735)
- Wasserverluste durch schadhafte Leitungen: 20–50 %
- Wasserzähler in Haushalten: häufig fehlend
- vorherrschende Bewässerungsmethoden: Sprenkler- und Überflutungsbewässerung
- künstliche Bewässerung auf 3 Mio. ha Land (= 13,4 % der landwirtschaftlichen Nutzfläche)
- Beitrag der Bewässerungslandwirtschaft zum spanischen BIP: 1,25 %

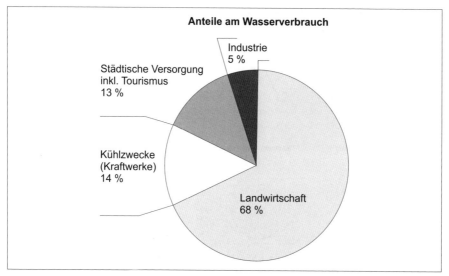

Anteile am Wasserverbrauch

Industrie 5 %

Städtische Versorgung inkl. Tourismus 13 %

Kühlzwecke (Kraftwerke) 14 %

Landwirtschaft 68 %

Quellen: Ministerio del Medio Ambiente: Libro blanco del agua en Espana 200b; S. 332
Braun, Vera: Europäische und spanische Tourismuspolitik – dargestellt am Beispiel Andalusien.
München: GRIN-Verlag 2006, S. 32
Eurostat; UN World Water Day

M 5 Das Ebro-Projekt (Planung)

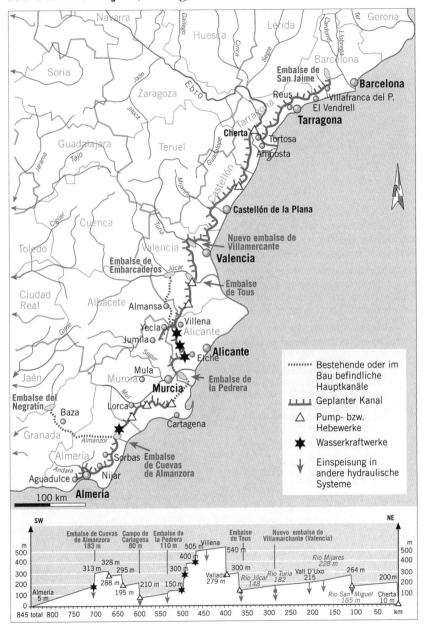

Bestehende oder im Bau befindliche Hauptkanäle

Geplanter Kanal

△ Pump- bzw. Hebewerke

★ Wasserkraftwerke

↓ Einspeisung in andere hydraulische Systeme

LK 2011-5

Anmerkung:

Embalse = Stausee;
insgesamt 889 Einzelprojekte
(Stauseen, offene Kanäle,
Pipelines, Pumpstationen);
5 % Verdunstungsverluste

- Das Ebroprojekt wurde 2001 vom spanischen Parlament verabschiedet. Es sieht ein jährliches Umleitungsvolumen von 1 050 Kubikhektometern Wasser vor. Offiziell veranschlagte Gesamtkosten 5 Mrd. € (über ein Drittel EU-Fördergelder). Inoffizielle Kostenschätzungen veranschlagen bis zu 24 Mrd. €.

- Preise für Bewässerungswasser lagen um das Jahr 2000 bei 0,12–0,30 €/m³; künftige Preise für Bewässerungswasser: lt. offizieller Regierungsprognose höchstens 0,48 €/m³, inoffizielle Prognosen schätzen bis zu 1,04 €/m³ in Murcia und bis 1,46 €/m³ in Almeria (zum Vergleich: Kosten für entsalztes Meerwasser um 0,60 €/m³).

- 2004: vorläufiger Stopp des Projekts nach einem Regierungswechsel; stattdessen Modernisierung der bestehenden und Errichtung neuer Entsalzungsanlagen.

Quellen:
Breuer, Toni: Iberische Halbinsel, WBG Darmstadt 2008, S. 72
http://www.br-online.de/bildung/databrd/lab06.htm/lab6fl.htm (Zugriff 04. 05. 2008);
http://www.3sat.de/dynamic/sitegen/bin/sitegen.php?tab=2&source=/boerse/hintergrund/126543/index.
html (Zugriff 20. 04. 2010);
WWF Position Paper: Seven reasons why WWF opposes the Spanish National Hydrological Plan [...],
o. O. 2002, S. 4 u. ö.

M 6 Der Ebro: grundlegende Informationen

Länge	928 km
Einzugsgebiet	86 000 km^2 (Gesamtfläche Spaniens: 504 788 km^2)
Abflussmenge und Abflussmerkmale	Bei Tortosa 19 340 hm^3/Jahr, an der Mündung 16 241 hm^3/Jahr; im Oberlauf vom Niederschlag, im Unterlauf auch von der Schneeschmelze in den Pyrenäen abhängig; in dieser Zeit bis zur 17-fachen Wassermenge im Vergleich mit der mittleren Wasserführung
Nutzung	• Elektrizitätsgewinnung im Oberlauf • künstliche Bewässerung von rd. 13 000 ha im Mittellauf • rd. 175 Stauseen mit insgesamt etwa 6 572 hm^3 Fassungsvermögen • im 325 km^2 großen Delta Nassreisanbau auf rd. 230 km^2; Ökotourismus, v. a. Angeln und Vogelbeobachtung: 300 Wasservogel-, seltene Amphibien- und Fischarten; 80 km^2 großer Naturpark
Brauchwasserverwendung	Landwirtschaft 91,6 % Industrie 4,4 % private Haushalte 4,0 %
Zukunftsperspektiven	seit 1980 als Folge des Klimawandels und des steigenden Bedarfs der regionalen Landwirtschaft nur in jedem vierten Jahr die zum Erhalt des Deltas notwendige Wasserführung; bei Fortschreibung des Trends im Klimawandel bis 2040: Rückgang der Wasserführung um weitere 19 %

Quellen: eigene Zusammenstellung, v. a. nach:
Jopp, Werner; Hanle, Adolf: Europa. Bd. 1. Mannheim; Zürich: Bibliographisches Institut Meyer 1971, S. 289 f.;
Matuschak, Bernhard: Ein Strom wird zum Rinnsal. In: Wiener Zeitung vom 28. 03. 2003 (online unter: http://www.wienerzeitung.at/Desktopdefault.aspx?TabID=3946&Alias=wzolexikon=.../ (Zugriff 12. 03. 2010)

M 7 Provinz Murcia: Entwicklung der Bewässerungsflächen und landwirtschaftliche Produktion

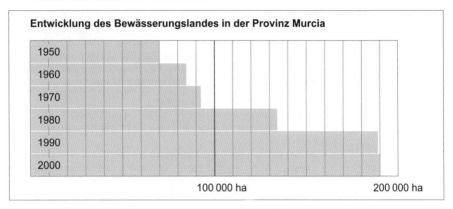

Entwicklung des Bewässerungslandes in der Provinz Murcia

1950 · 1960 · 1970 · 1980 · 1990 · 2000

100 000 ha   200 000 ha

Aktuell: offiziell unter 180 000 ha, nach Schätzungen tatsächlich wohl über 200 000 ha: in einigen Gemeinden bis zu 70 % illegal, da die bewässerte Fläche der Provinz seit 1985 nicht mehr ausgeweitet werden darf; Halbierung des Wasserbedarfs durch verbesserte Bewässerungsmethoden seit 1960 auf heute 7 000 m^3/ha/Jahr; in etwa einem Viertel der Provinz und auch in Küstennähe flächenhafte Absenkung des Grundwasserspiegels

Produktion: Auf 2,2 % der Landwirtschaftsfläche werden fast 20 % der spanischen Exportmenge an Obst und Gemüse unter Verwendung der zweieinhalbfachen Wassermenge produziert, über die die Provinz verfügt – dank eines Kanals, der seit 1978 Wasser aus dem Tajo dem Sugura zuführt; wirtschaftlicher Ertrag: größer als der Gesamterlös des Trockenfeldbaus der Provinz; 5,5-facher Ertrag eines Hektars unter Bewässerung im Vergleich mit Trockenfeldbau (meist Anbau von Oliven und Mandeln)

Quellen:
Haack Weltatlas, Gotha: Klett-Perthes Verlag 2007, S. 103;
http://www2.tu-berlin.de/fb7/ile/fg_wasserkult/Fachgebiet/PJ/Spanien/22/... (Zugriff 09. 07. 2008);
http://www.carm.des/econet/anuario/actual/anuario_tomoI_5.html (Zugriff 26. 04. 2010)

M 8 Entwicklung der Anbauflächen in der Region Andalusien

2000		2005		2009	
nicht bewässert (ha)	bewässert (ha)	nicht bewässert (ha)	bewässert (ha)	nicht bewässert (ha)	bewässert (ha)
2 653 824	872 114	2 377 104	926 389	2 671 215	935 248*

* Schwerpunkte der Bewässerungslandwirtschaft liegen in den Provinzen:
- Jaen: Produktion rd. eines Fünftels der Welt-Olivenerzeugung in überwiegend bewässerten Monokulturen: Wasserverbrauch ca. 300 Mio. m^3/Jahr
- Huelva: zweitgrößte Anbauregion der Welt für Erdbeeren; Wasserverbrauch: rd. 3 500 m^3/ha/Jahr
- Almeria: Produktion von etwa 75 % der spanischen Gemüseexporte; Anbau überwiegend in Foliengewächshäusern; hier Wasserverbrauch bis zu 5 000 m^3/ha/Jahr

Quellen:
Breuer, Toni: Iberische Halbinsel. Darmstadt: Wissenschaftliche Buchgesellschaft 2008, S. 90
http://www.juntadeandalucia.es/agriculturaypesca [mit weiterführenden Links] (Zugriff 20. 04. 2010);
http://assets.panda.org/downloads/olivefarmingde.pdf;
http://www.sueddeutsche.de/wissen/andalusien-erdbeeren-aus-der-wueste-1.911034;
http://www.tagesspiegel.de/zeitung/suendenfall-im-erdbeerparadies/812534.html;
http://www.mapa.es/estadistica/pags/encuestacultivos/boletin2009.pdf (Zugriff 14. 02. 2011)

M 9 Barcelona: Trinkwasserversorgung

Herkunft	93,5 % aus den Stauseen der Pyrenäen-Flüsse Ter und Llobregat; 6,5 % aus Grundwasser
Durchschnittsverbrauch	130 l/Person/Tag im Haushalt (BRD: 128 l)
Verbraucherpreise	etwa die Hälfte des in mitteleuropäischen Städten üblichen Preises
Versorgungssicherheit	fünf Wassernotstände seit 1990; „Jahrhundertdürre" im Frühjahr 2008: Trinkwasserversorgung der Einwohner durch Tankschiffe
Grundlagen einer Bedarfsprognose für den Raum Barcelona (für 2025)	• Bevölkerungswachstum +11 % • Anstieg des täglichen Durchschnittsverbrauchs je Person +17 % • Häuser mit Gärten und Pools Zunahme • industrielle Produktion* Wachstum • Verringerung der bisherigen Ressourcen durch Verschmutzung −35 %

* Katalonien mit der Hauptstadt Barcelona ist bereits heute mit einem Anteil von über 20 % aller spanischen Industriebeschäftigten **das** Industriezentrum des Landes.

Eigene Zusammenstellung nach: Machold, Petra: Verbrauchsorientierte Abrechnung von Wasser als Water-Demand-Management-Strategie. Eine Analyse anhand eines Vergleichs zwischen Wien und Barcelona. Wien: Institut für interdisziplinäre Studien an Österreichischen Universitäten 2005, passim

M 10 Touristische Eckdaten

Spanien 2008	Touristen	Einnahmen	BIP-Anteil	Beschäftigungsanteil
	57,2 Mio.	41,9 Mrd. €	3,8 % direkt, ca. 6 % Sekundäreffekte	ca. 10 %

Regionale Differenzierung des Hoteltourismus auf dem spanischen Festland 2002*:

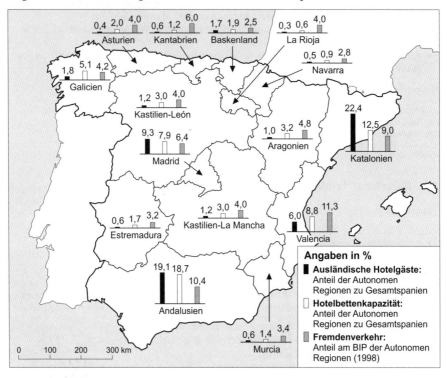

* zzgl. Übernachtungen auf Campingplätzen und in Zweitwohnsitzen; in beiden Fällen hohe
Kapazitäten an der gesamten Mittelmeerküste; Wasserverbrauch in Zweitwohnsitzanlagen
bis zu 100 % über dem gewachsener Orte – als Folge von Pools, Grünanlagen etc. sowie
von Golfplätzen: Golfplätze in Spanien: zurzeit fast 300, weitere 300 geplant oder im Bau,
v. a. im Süden des Landes; Wasserbedarf eines Golfplatzes in Südspanien: 1 hm³/Jahr (das
entspricht dem Verbrauch einer 15 000- bis 20 000-Einwohner-Stadt); Golftouristen in
Spanien/Jahr: rd. 800 000; durchschnittlicher täglicher Wasserverbrauch eines Gastes auf
einem Campingplatz 145 l, bis zu 600 l/Gast in einem Luxushotel

Entwicklung der Fremdenübernachtungen in Hotels bis 2008 (2001 = 100)	
Spanien insgesamt	121,9
Andalusien	118,0
Murcia	116,2
Region Valencia/Alicante	123,3
Katalonien	130,8

Quellen: eigene Zusammenstellung, v. a. nach:
Breuer, Toni: Iberische Halbinsel, WBG Darmstadt 2008, S. 137ff. und S. 159 (Alle Grafiken der Karte basieren auf einer Statistik der „Übernachtungen in Hotelunterkünften", berücksichtigen also z. B. weder individuelle Ferienappartements noch Camping- oder Jugendherbergsübernachtungen. Übernachtungen in sog. Apart-Hotels sind hingegen erfasst);
http://kups.ub.uni-koeln.de/volltexte/2004/1309/pdf/D.pdf (Zugriff 20. 12. 2009);
http://www.idescat.cat [mit weiterführenden Links] (Zugriff 20. 04. 2010);
http://www.ine.de.es [mit weiterführenden Links] (Zugriff 20 .04. 2010);
http://www.ine.es/prodyser/pubweb/anuarios_mnu.htm (Zugriff 08. 07. 2008);
http://www.traduc.ch/spanien/spanieninfo/zweitwohnsitz-andalusien-zahlen-von-2004 (Zugriff 20. 04. 2010);
http://www.forum.marokko.net/ubbthreads.php?ubb=showflat&Number=82258 (Zugriff 20. 04. 2010)

Die Aufgabe bezieht sich auf die folgenden **inhaltlichen Schwerpunkte:**

– Ursachen und Folgen von Eingriffen in geoökologische Kreisläufe

• Landwirtschaftliche Intensivierung durch unterschiedliche Bewässerungssysteme in ariden und semiariden Räumen

– Ökologische Prinzipien und zukunftsfähige Maßnahmen in der Industrie, Land-, Forst- oder Fischereiwirtschaft im globalen ökonomischen Zusammenhang

• Ressourcenproblematik und Alternativen/Grenzen der Tragfähigkeit

– Klima- und Vegetationszonen in ihrer unterschiedlichen Bedeutung für die Entwicklung von Räumen

• Mechanisierung, Intensivierung und Spezialisierung als Kennzeichen einer industrialisierten Landwirtschaft in der gemäßigten Zone und den Tropen sowie den Subtropen

Lösungsvorschlag

Teilaufgabe 1

Der Operator „beschreiben" ist hier aufgrund der Formulierung der Teilaufgabe dem Anforderungsbereich I zuzuordnen. Sie sollen die Materialaussagen/ Sachverhalte zum Klima und zur Hydrologie Spaniens mit eigenen Worten geordnet und fachsprachlich angemessen wiedergeben (M 1 bis M 3, M 5, M 6).

Die **Jahresniederschläge** in Spanien weisen deutliche Unterschiede auf bezüglich der Lage im Gradnetz und der jeweiligen Topographie. Was die **Lage im Gradnetz** angeht, nehmen die Niederschläge von Norden nach Süden ab. Im Norden und Nordwesten Spaniens können sie über 1 500 mm im Jahr betragen, im Südosten liegen sie zwischen 200 und 400 mm (M 2). Die **Topographie**, das heißt die Lage der Gebirge auf der Iberischen Halbinsel, beeinflusst ebenfalls die Höhe der jeweiligen Jahresniederschläge. So fällt die Niederschlagsmenge hinter dem Küstengebirge im Norden deutlich ab. Der Niederschlag in der Nordmeseta beträgt 200 bis 400 mm, genauso wenig wie in der La Mancha südlich von Madrid sowie im Südosten an der Costa Blanca und der Costa del Sol (M 2, Atlas).

Klimatische Verhältnisse in Spanien

Die **Niederschlagsverhältnisse** in Santander im Baskenland an der Nordküste, Tortosa an der Mündung des Ebros ins Mittelmeer, Murcia unweit der Costa Blanca und Almeria an der Costa del Sol unterscheiden sich deutlich (M 1, M 2). In Santander beträgt der Jahresniederschlag fast 1 200 mm, in Tortosa nur noch die Hälfte (565 mm) und in Murcia bzw. in Almeria ein Viertel (304 mm) bzw. ein Fünftel (232 mm) (M 2). Spanien ist somit **im Norden und Nordwesten humid**; **nach Süden und Osten** hin nimmt die **Aridität** deutlich zu.

Zunehmende Aridität von Norden nach Süden

In den Sommermonaten Juni, Juli und August liegt die Niederschlagsmenge in Murcia bei knapp 20 mm und in Almeria unter 10 mm (M 2). Diese Niederschlagsverteilung im Laufe eines Jahres kennzeichnet die Südostküste um Murcia und Almeria als **Winterregengebiet**.

Südostküste: Winterregengebiet

Die hydrologischen Verhältnisse werden durch die oben beschriebenen klimatischen Verhältnisse zum großen Teil hervorgerufen. Die **regionale Wasserbilanz** aller nach Osten ins Mittelmeer entwässernden Flüsse ist – bis auf den Ebro – **defizitär**. Der Ebro entspringt im Kantabrischen Gebirge, durchfließt das Ebrobecken in seiner ganzen Länge und mündet in der Nähe von Tor-

Hydrologische Verhältnisse in Spanien

tosa ins Mittelmeer (M 3). Die Nordgrenze des sommertrockenen Gebietes unterteilt das Flusseinzugsgebiet des Ebros in zwei hydrologisch unterschiedliche Regionen (M 2). Die Abflussmenge und -merkmale des Ebros sind geprägt durch die das Ebrobecken umrahmenden Gebirge, im Südwesten das Iberische Randgebirge, im Nordwesten das Kantabrische Gebirge und im Norden die Pyrenäen (Atlas). Die Abflussmenge ist im Oberlauf abhängig vom Niederschlag, besonders im Kantabrischen Gebirge, und im Unterlauf auch von der Schneeschmelze in den Pyrenäen. Durch hohe Niederschläge oder Schneeschmelze kommt es zu einem hohen Wasserüberschuss im Vergleich zur mittleren Wasserführung; die Wasserführung schwankt somit im Jahresverlauf. Aufgrund des Klimawandels und des steigenden Wasserbedarfs der Landwirtschaft erhält das Ebro-Delta nur in jedem vierten Jahr die zum Erhalt des Deltas nötige Wassermenge (M 6).

Teilaufgabe 2

Der Operator „erläutern" ist dem Anforderungsbereich II zuzuordnen: Sie sollen Sachzusammenhänge mittels ergänzender Informationen verdeutlichen. In dieser Aufgabe sollen Sie v. a. anhand der Materialien M 5 bis M 10 das Ebro-Projekt und dessen wirtschaftliche Zielsetzungen darstellen.

Der **geplante Kanal des Ebro-Projektes** soll an der Südost- und Ostküste Spaniens von Almeria bis fast nach Barcelona verlaufen und u. a. die Flüsse Segura, Jucar und Ebro hydrologisch verbinden (M 5). Die Maßnahme umfasst rund 900 Einzelprojekte, z. B. den Bau von Stauseen, offenen Kanälen, Pipelines, Pumpstationen und Wasserkraftwerken. Dabei gilt es, Höhenunterschiede von mehr als 500 m zu überwinden (M 5, Atlas). *(Das geplante Ebro-Projekt)*

Die Wasserwirtschaft Spaniens ist gekennzeichnet durch einen hohen rechnerischen **Wasserverbrauch pro Kopf der Bevölkerung** im Vergleich zu anderen Staaten in Südeuropa. Dieser hohe Wasserverbrauch wird u. a. durch schadhafte **Leitungen** hervorgerufen. Hinzu kommt, dass die vorherrschenden **Bewässerungsmethoden**, die Sprenkler- und die Überflutungsbewässerung, hohe Verdunstungsraten zur Folge haben (M 4). *(Hoher Wasserverbrauch pro Kopf)*

Mehr als zwei Drittel des verfügbaren Wassers wird von der **Landwirtschaft** Spaniens verbraucht (M 4). Dabei bestehen starke regionale Unterschiede. So wird z. B. das Brauchwasser des Ebros zu mehr als 90 % der Landwirtschaft zugeführt (M 6). Generell *(Wasserverbrauch überwiegend durch die Landwirtschaft)* wird der überwiegende Teil des Wassers in den ariden Gebieten an der Südost- und Ostküste für die Landwirtschaft verwendet. Dies führt dazu, dass das **Wasser über Hunderte von Kilometern** vom etwas feuchteren und wesentlich dünner besiedelten Inneren des Landes an die Mittelmeerküste – besonders in den Südosten – **transportiert** wird.

Beispielhaft kann der hohe Wasserverbrauch an der Entwicklung der Bewässerungsflächen und der landwirtschaftlichen Produktion in den Provinzen Murcia, Jaen, Huelva und Almeria herausgestellt werden (M 7, M 8). In der **Provinz Murcia** hat sich das **Bewässerungsland** innerhalb von 50 Jahren – von 1950 bis 2000 – von 70 000 ha auf 190 000 ha **fast verdreifacht** (M 7). Schätzungen gehen davon aus, dass zusätzliche Flächen illegal bewässert werden und die tatsächliche Fläche über 200 000 ha beträgt. Durch verbesserte Bewässerungsmethoden – z. B. drip irrigation – hat sich der Wasserbedarf pro Hektar halbiert. In Murcia werden auf 2,2 % der Landwirtschaftsfläche fast 20 % der spanischen Exportmenge an Obst und Gemüse unter Verwendung der 2,5-fachen Wassermenge produziert. Das Wasser wird vom Tajo im Innern Spaniens durch einen Kanal dem Seguro an der Südostküste zugeführt. Die Bewässerung ermöglicht einen 5,5-fach **höheren Ertrag pro Hektar** im Vergleich zum Trockenfeldbau (M 7).
Situation in Murcia

Ähnlich stellt sich die Situation in den Provinzen **Jaen, Huelva und Almeria** dar, in denen die Bewässerungsflächen ebenfalls zugenommen haben. In Jaen wird ein Fünftel der Welt-Olivenerzeugung in überwiegend bewässerten Monokulturen produziert. In Huelva liegt die zweitgrößte Anbauregion der Welt für Erdbeeren. 75 % des spanischen Gemüseexports stammen aus Almeria (M 8). Der Wasserverbrauch schwankt in den einzelnen Provinzen zwischen 3 500 m^3/ha/Jahr in Huelva, bis zu 5 000 m^3/ha/Jahr in Almeria, bis zu 7 000 m^3/ha/Jahr in Murcia und ca. 300 Mio. m^3/Jahr in Jaen (M 7 und M 8).
Situation in Jaen, Huelva und Almeria

Der Wasserverbrauch Spaniens wird aber nicht nur wegen der Entwicklung der landwirtschaftlichen Bewässerungsflächen steigen, sondern auch wegen des **Bevölkerungs- und Wirtschaftswachstums** und des Wachstums der spanischen **Tourismusindustrie** (M 9 und M 10).
Steigender Wasserverbrauch

Die Auswirkungen auf die **Trinkwasserversorgung** lassen sich am Beispiel **Barcelonas** erklären. Zu mehr als 90 % stammt das Wasser aus den Stauseen der Pyrenäenflüsse. Der Durchschnittsverbrauch liegt bei 130 l/Person/Tag im Haushalt (zum
Auswirkungen auf die Trinkwasserversorgung

Vergleich: in Deutschland liegt der Verbrauch bei 128 l). Allerdings liegt der Verbraucherpreis etwa bei der Hälfte des in mitteleuropäischen Städten üblichen Preises. Die Versorgungssicherheit schwankt seit 1990. Seitdem gab es fünf Wassernotstände inklusive der „Jahrhundertdürre" im Jahr 2008, als die Trinkwasserversorgung der Einwohner durch Tankschiffe sichergestellt werden musste.

Der tägliche „Kampf ums Wasser" wird bis zum Jahr 2025 aufgrund des **Bevölkerungswachstums** (+11 %), des **Anstiegs des täglichen Durchschnittsverbrauchs** je Person (+17 %), der Zunahme der Anzahl der Häuser und Pools, des Wachstums der **industriellen Produktion** und der Verringerung der bisherigen Ressourcen durch **Verschmutzung** (−35 %) deutlich zunehmen (M 9).

Verschärfung der Wasserproblematik

Eine weitere Ressourcenverknappung wird das **Wachstum der spanischen Tourismusindustrie** mit sich bringen. Die Entwicklung der Fremdenübernachtungen in Hotels stieg an der Südost- und Ostküste von 2001 bis 2008 um durchschnittlich 20 Punkte. An der Mittelmeerküste liegt der regionale Schwerpunkt des Fremdenverkehrs und der damit verbundenen Hotelbettenkapazität. Diese Entwicklung an sich hat schon einen höheren Wasserverbrauch verursacht, der allerdings durch den tourismusspezifischen Sonderbedarf noch verstärkt wird. So liegt der Wasserverbrauch in Zweitwohnsitzanlagen bis zu 100 % über demjenigen gewachsener Orte, als Folge der Anlage von **Pools und Grünanlagen** sowie von **Golfplätzen**. Der Wasserverbrauch eines Golfplatzes in Südspanien entspricht dem Verbrauch einer 15 000- bis 20 000-Einwohner-Stadt. Der durchschnittliche tägliche Wasserverbrauch eines Gastes auf einem Campingplatz beträgt nur 145 l/ Gast, hingegen derjenige in einem Luxushotel bis zu 600 l/ Gast (M 10).

Wasserverbrauch durch den Tourismus

Das Ebro-Projekt soll dazu beitragen, den steigenden Wasserbedarf an der spanischen Südostküste zu decken und die wirtschaftliche Entwicklung in den Bereichen Landwirtschaft, Industrie und Tourismus sicherzustellen.

Ebro-Projekt soll Wasserversorgung sicherstellen

Teilaufgabe 3

Der Operator „(kritisch) Stellung nehmen" (AFB III) verlangt unter Abwägung unterschiedlicher Argumente zu einer begründeten Einschätzung eines Sachverhalts/einer Behauptung zu gelangen. In der vorliegenden Aufgabe bedeutet dies, dass Sie die Vor- und Nachteile der möglichen Raumentwicklung durch das geplante Ebro-Projekt vorstellen und gegeneinander abwägen sollen (M 4 bis M 10).

Argumente für die Durchführung des Ebro-Projektes liefern die Bewässerungslandwirtschaft, die Bevölkerungskonzentration im Raum Barcelona und die Tourismusindustrie Spaniens. Die Bewässerung hat es der spanischen **Landwirtschaft** ermöglicht, im großen Maße für den Export zu produzieren. Dazu gehören u. a. Obst (vor allem Erdbeeren), Gemüse und Oliven (M 8). Die **Tourismusindustrie** an der ariden Südost- und Ostküste bedingt einen hohen und potenziell steigenden Wasserverbrauch. Mit Wasser werden Pools gefüllt, Grünanlagen bewässert und Golfplätze beregnet (M 10). Die touristischen Anlagen ziehen nur dann Urlauber an, wenn sie nicht staubig und vertrocknet aussehen.

Wasserbedarf der Bewässerungslandwirtschaft und der Tourismusindustrie

Die spanische Regierung hatte bereits 2004 kritisch zum Ebro-Projekt Stellung genommen, indem sie den **vorläufigen Stopp des Projektes** nach einem Regierungswechsel anordnete und stattdessen auf die Modernisierung bestehender und die Errichtung neuer **Meerwasserentsalzungsanlagen** setzte (M 5). Der Grund hierfür liegt zum einen in den inoffiziellen Prognosen zur Höhe der Preise für Bewässerungswasser. In Murcia sollen die Preise bis zu 1,04 €/m^3 und in Almeria bis 1,46 €/m^3 betragen bei Kosten für entsalztes Meerwasser von nur ca. 0,60 €/m^3 (M 5). Zum anderen liegen die inoffiziellen Kostenschätzungen für das Gesamtprogramm bei bis zu 24 Mrd €. Daraus wird deutlich, wie schwierig die Finanzierung des gesamten Projektes war und ist (M 5).

Entsalzungsanlagen als Alternative

Der erhöhte Wasserverbrauch aus dem Ebro führt zu ökologischen Veränderungen im **Ebrodelta**. Heute ist das Delta Ziel von **Ökotouristen**, die v. a. angeln und Vögel beobachten. Es gibt über 300 verschiedene Wasservogel- sowie seltene Amphibien- und Fischarten in einem 80 km^2 großen Naturpark zu sehen. Im Delta wird auf großen Flächen **Nassreisanbau** betrieben: Hier besteht die Gefahr von Verdunstungsverlusten und Versalzung. Durch eine Vielzahl von Stauseen zur Elektrizitätsgewinnung wurde bereits großräumig in die Natur eingegriffen (M 5, M 6).

Nutzung und Gefährdung des Ebrodeltas

Die Zukunftsperspektiven im Deltabereich sind wenig erfreulich. Seit 1980 enthält das Delta als Folge des Klimawandels und des steigenden Bedarfs der regionalen Landwirtschaft nur in jedem vierten Jahr die zum Erhalt notwendige Wassermenge. Hält der Trend des Klimawandels bis 2040 an, geht die **Wasserführung** um weitere 19 % zurück (M 6).

Zukunftsperspektiven

Der Steigerung der benötigten Wassermengen könnte man allerdings auch durch Maßnahmen zur Senkung des Wasserverbrauchs entgegenwirken. So könnte durch **modernere Bewässe-**

Maßnahmen zur Senkung des Wasserverbrauchs

rungsverfahren, die nicht auf der vorherrschenden Bewässerungs-
methode der Sprenkler- und Überflutungsbewässerung beruhen,
Wasser eingespart werden (M 4). Dies gilt auch für die **Modernisierung des Wassernetzes**, da 20 – 50 % der Leitungen schadhaft
sind (M 4). **Fehlende Wasserzähler** in Haushalten führen zu einem unkontrollierten Verbrauch von Wasser. Hier könnte die
Nachfrage durch neue Abrechnungsverfahren gesteuert werden
(M 4). Die **Neuausrichtung des Tourismus** weg vom Massentourismus mit seinen negativen Folgen hin zu einem ökologisch ausgerichteten Tourismus würde auch zu einer deutlichen Reduzierung des Wasserverbrauchs führen. Eine Abkehr vom geplanten
massiven Ausbau des Golftourismus würde zumindest einem massiven Anstieg des Wasserverbrauchs entgegenwirken (M 10).

Ein **Fazit** für oder gegen die Durchführung des Ebro-Projektes   Fazit
lässt sich nicht eindeutig formulieren. Je nach Sichtweise überwiegen die Vorzüge oder Nachteile. Die Vorteile lägen in einer gesi-
cherten Bereitstellung von Wasser für die Industrie, den Tourismus, die Landwirtschaft und die Siedlungen. Gegen das Projekt
sprechen die kaum vorauszusehenden ökologischen Schäden, z. B.
die Zerstörung des Ebrodeltas.

Leistungskurs Geographie (NRW) – Abiturprüfung 2011
Aufgabe 2

Thema

Transformationsprozesse im Osten Europas – Das Beispiel Györ (Ungarn)

Aufgabenstellung   Punkte

1. Lokalisieren Sie Györ und kennzeichnen Sie die Eignung der Stadt als
   Standort für das zu Beginn der 1990er-Jahre neu angesiedelte Automobilwerk.   24

2. Erläutern Sie die wirtschaftliche Entwicklung der Stadt Györ und des
   Kreises Györ-Moson-Sopron seit 1980.   32

3. Erörtern Sie die Zukunftsperspektiven des Wirtschaftsstandortes Györ.   24

Zugelassene Hilfsmittel
– der an der Schule in der Qualifikationsphase überwiegend verwendete Atlas,
  in einer für alle Prüflinge gleichen Auflage
– Wörterbuch zur deutschen Rechtschreibung
– Taschenrechner

Materialgrundlage

M 1   Atlaskarten nach Wahl

M 2 Lage des Kreises Györ-Moson-Sopron

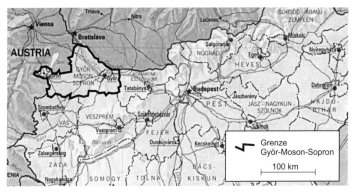

Quelle: http://www.weltkarte.com/europa/ungarn/landkarte-ungarn-reliefkarte.htm (verändert)

M 3 Eckdaten der ungarischen Wirtschaft

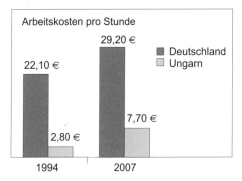

Arbeitsbedingungen
- Einfluss der Gewerkschaften gering
- Arbeitszeit pro Woche: 40 – 48 Std.
- Arbeitstage pro Woche: 7
- Arbeitsstunden/Jahr im verarbeitenden Gewerbe 2006: 2 100 (Deutschland: 1 880)
- An- und Absetzen von Arbeitsschichten kurzfristig möglich (ohne Einwilligung des Betriebsrates)
- Berufsbildungssystem ist mit dem in Deutschland vergleichbar

Eigene Zusammenstellung nach: Daten von Destatis 2008 und Schmid, S.; Grosche, P.: Vom Montagewerk zum Kompetenzzentrum – Der Aufstieg von Audis Tochtergesellschaft im ungarischen Györ. Berlin: Europäische Wirtschaftshochschule 2008, S. 3

M 4 Entwicklungen in Györ 1980/2007

Diercke Weltatlas, 1. Auflage. Braunschweig: Westermann 2008, S. 123.1 (Erläuterungen zu Industrie/Gewerbe S. 104)

Anmerkung:
Bevölkerungszahl 1980: 124 130
Bevölkerungszahl 2007: 126 107

Quelle: Angaben der Referentin für internationale Beziehungen Stadt Györ

M 5 Entwicklung des Automobilstandortes Györ

bis 1989	Produktion von Nutzfahrzeugen durch das Industriekonglomerat Rába
1990–1992	Freisetzung von ca. 20 000 Rába-Mitarbeitern nach der Öffnung des ehemaligen Ostblocks
1992	Strategische Neuausrichtung bei Audi (Erweiterung und Erneuerung der Modellpalette): Prüfung von 180 möglichen Standorten für die Errichtung eines neuen Motorenwerks, Entscheidung für Györ: Gesamtinvestitionskosten 30–40 % und Produktionskosten 60 % niedriger als in Deutschland
1993	Audi kauft Rába den Rohbau einer 100 000 m² großen Produktionshalle ab. Bekanntgabe der Gründung der Audi Hungaria Motor Kft.
1994	Ungarn befreit Audi Hungaria für fünf Jahre von der Ertrags- und Gewerbesteuer. Das Werksgelände von Audi Hungaria wird zur zollfreien Zone erklärt. Audi beginnt mit der Motorenproduktion, ausschließlich Vierzylinder-Motoren für den Audi A4, Motorenteile werden aus Deutschland geliefert.
1996	Produktionsstart von Zylindergehäusen, Audi beschließt die Produktion der gesamten Motorenpalette in Györ anzusiedeln.
1997	Audi Hungaria übernimmt die Herstellung aller Motorenkomponenten, die das Unternehmen nicht von Zulieferern bezieht.
1998	Start der Fahrzeugmontage mit dem Sportwagen Audi TT
1999	Verlängerung der Steuerbegünstigungen um weitere 5 Jahre
2001	Start der Motorenentwicklung
2004	Audi eröffnet den Györer Werkzeugbau.
2006	Montage der neuen Modelle Audi TT Coupé und Audi TT Roadster
2007	Montage des Mittelklassewagens Audi A3 Cabriolet, 6 % der Audi-Fahrzeugproduktion finden in Györ statt.
2008	Fertigung von Karosserieteilen für verschiedene Audi-Fahrzeugtypen, Werksgelände von Audi Hungaria auf 1,6 Mio. m² erweitert, Ausfuhren der Audi Hungaria: 9 % des ungarischen Exports; größter Exporteur Ungarns, Audi Hungaria ist zweitgrößtes ungarisches Unternehmen.
1993–2008	Audi-Gesamtinvestitionen in Györ: 3,3 Mrd. €, Schaffung von 12 000 Arbeitsplätzen bei Zulieferbetrieben

Eigene Zusammenstellung nach: Schmid, S.; Grosche, P.: Vom Montagewerk zum Kompetenzzentrum –
Der Aufstieg von Audis Tochtergesellschaft im ungarischen Györ. Berlin: Europäische
Wirtschaftshochschule 2008, S. 10

M 6 Beschäftigte bei Audi

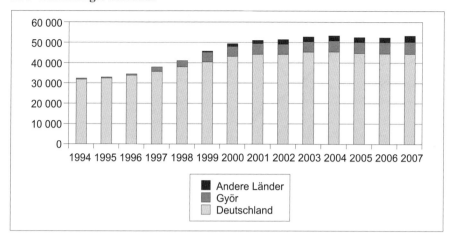

Anmerkung: Audi-Produktionsstandorte in Europa: Ingolstadt (Unternehmenszentrale); Neckarsulm, Brüssel, Györ

Darstellung nach Geschäftsberichten der Audi AG und einer Grafik der Bertelsmann Stiftung; Fundstelle: Schmid, S.; Grosche, P.: Vom Montagewerk zum Kompetenzzentrum – Der Aufstieg von Audis Tochtergesellschaft im ungarischen Györ. Berlin: Europäische Wirtschaftshochschule 2008, S. 22

M 7 Motorenproduktion von Audi Hungaria und Abnehmer (in 1 000)

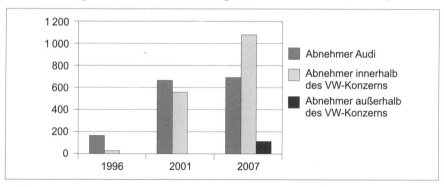

Darstellung nach Geschäftsberichten der Audi AG und einer Grafik der Bertelsmann Stiftung; Fundstelle: Schmid, S.; Grosche, P.: Vom Montagewerk zum Kompetenzzentrum – Der Aufstieg von Audis Tochtergesellschaft im ungarischen Györ. Berlin: Europäische Wirtschaftshochschule 2008, S. 14

M 8 Ökonomische und demographische Daten

BIP/Kopf in KKS 2005 – prozentualer Anteil des EU-Durchschnitts

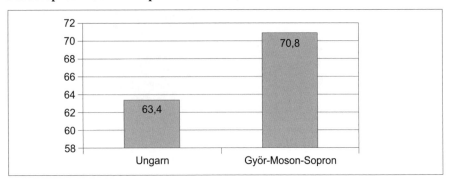

Arbeitslosenquote 2005 in %

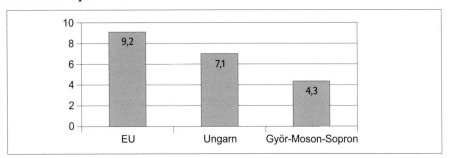

BIP-Wachstum 1995/2004 – durchschnittliche jährliche Veränderung in %

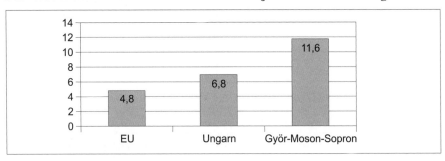

Anmerkung: Der Kaufkraftstandard (KKS) ist eine fiktive Geldeinheit, die Verzerrungen aufgrund von Unterschieden im Preisniveau verschiedener Länder ausschaltet.

Quellen: Darstellung nach Daten von Eurostat

BIP pro Kopf ausgewählter ungarischer Kreise 2006

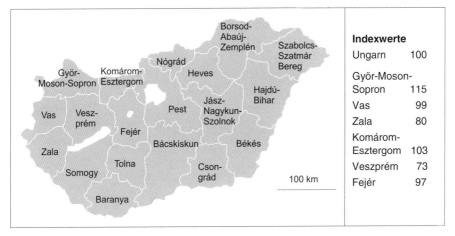

Indexwerte

Ungarn	100
Györ-Moson-Sopron	115
Vas	99
Zala	80
Komárom-Esztergom	103
Veszprém	73
Fejér	97

Anmerkung: Die Karte zeigt alle ungarischen Kreise.

Quelle: Ungarisches Zentralamt für Statistik, Budapest. www.ksh.hu

Bevölkerungsentwicklung (Indexwerte)

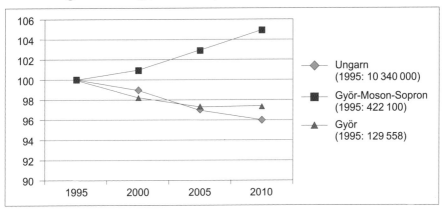

Anmerkung: Zahlen für 2010 sind Prognosen.

Quellen: eigene Zusammenstellung nach:
http://www.citypopulation.de/php/hungary-gyormosonsopron.php (Zugriff 22. 02. 2009);
Orsolya Gyarmathy, Referentin für internationale Beziehungen, Bürgermeisteramt Györ (E-Mail Februar 2009)
http://epp.eurostat.ec.europa.eu/tgm/table.do?tab=table&init=1&language=de&pcode=tps00001&plugin=0

M 9 „Magistrale für Europa"

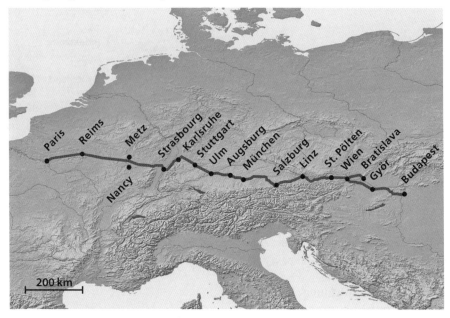

- Transeuropäisches Projekt zur Schaffung einer Eisenbahn-Hochgeschwindigkeits-strecke
- 2005: Einsatz eines EU-Koordinators zur Projektrealisierung
- 2015: geplante Fertigstellung
- Einzugsgebiet: 34 Mio. Menschen
- Auswirkungen auf Fahrzeiten Györ–München
  ohne Magistrale: 6   Stunden
  mit Magistrale: 4,5 Stunden

Quelle: Initiative Magistrale für Europa (c) 2011

M 10   Centrope – Europa Region Mitte

Das 2003 ins Leben gerufene Projekt Centrope verfolgt das Ziel, einen multilatera-
len, verbindlichen und nachhaltigen Kooperationsrahmen für die Zusammenarbeit
von Gebietskörperschaften, Wirtschaft und gesellschaftlichen Einrichtungen zu
schaffen. Weiter soll es die zukünftigen grenzüberschreitenden Aktivitäten koordinieren, vernetzen und zusätzlich neue Impulse für die Region Centrope setzen.

Anmerkung: Die einzelnen städtischen Zentren unterscheiden sich hinsichtlich ihrer Bedeutung für das
Umland, dies wird durch die Größe der weißen Kreise dargestellt.

Eigene Zusammenstellung nach: www.centrope.info (Zugriff 22. 02. 2009)

M 11 „Die Krise kommt bei Audi an"

Nach Mercedes und BMW erwischt es nun auch Audi: Die VW-Tochter beantragt zum ersten Mal seit 1993 Kurzarbeit. 25 000 Mitarbeiter in den Werken Ingolstadt und Neckarsulm sind betroffen. [...] In zwei Wochen zu Fasching und vor Ostern ruht die Produktion in Ingolstadt. In Neckarsulm werden die Schichten verkürzt. [...]
5 Audi reagiert wie die anderen großen Autobauer auf einen Rückgang der Verkäufe zu Jahresbeginn um gut ein Viertel. Im Hauptwerk Ingolstadt werden 17 000 der 32 800 Mitarbeiter kurzarbeiten. [...] In Neckarsulm werden 8 000 von 13 700 Beschäftigten in der Faschingswoche nicht arbeiten. Hier wird pro Schicht eine Stunde weniger und bis Ostern an mehreren Montagen nicht produziert. 12 500 Fahrzeuge
10 werden damit nicht gebaut. [...] Im Motorenwerk Györ werden Freizeitansprüche zu Blöcken zusammengefasst. Vor allem aber wird die ausgehandelte Lohnerhöhung um vier Prozent in Form von zehn bezahlten freien Tagen gewährt.

Quelle: Michael Kuntz; Süddeutsche Zeitung vom 19.02.2009

Die Aufgabe bezieht sich auf die folgenden **inhaltlichen Schwerpunkte:**
- Wandel von Standortfaktoren in seiner Wirkung auf industrieräumliche Strukturen
  - Standortentscheidungen im Zusammenhang mit harten und weichen Standortfaktoren
  - Hauptphasen des industriellen Strukturwandels
- Verkehrs- und Kommunikationsnetze in ihrer Bedeutung für die Verflechtung und Gestaltung von Räumen
  - Prinzipien der Standortverlagerung und der Beschaffungslogistik
- Raumbedarf und Tragfähigkeit im Zusammenhang mit demographischen Prozessen
  - Ursachen und Folgen von Wanderungsbewegungen

Lösungsvorschlag

Teilaufgabe 1

Der Operator „lokalisieren" (Anforderungsbereich I) erfordert die Einordnung des Raumbeispiels Györ in Ihnen bekannte Orientierungsraster. Anschließend sollen Sie gemäß den Anforderungen an den Operator „kennzeichnen" (AFB II) einen Raum bzw. einen Sachverhalt auf der Grundlage bestimmter Kriterien begründet charakterisieren. Hier sollen Sie aufzeigen, welche Voraussetzungen Györ zu Beginn der 1990er-Jahre als Automobilstandort erfüllte (M 1–M 5).

Die Stadt Györ liegt im **Nordwesten Ungarns** im Kreis Györ-Moson-Sopron etwa 120 km von der Hauptstadt Budapest entfernt. Im Norden grenzt der Kreis an die Slowakei, im Westen an Österreich. Der Fluss Donau markiert die nördliche Grenze des Kreises und ein Nebenarm, die Mosoner Donau, fließt durch die Stadt Györ (M 1, M 2).

Geographische Lage

Die politische Umbruchsituation in Osteuropa nach 1989 führte zu einer strategischen Neuausrichtung westeuropäischer Automobilkonzerne wie Audi. So wurde Györ 1992 aus 180 möglichen Standorten für ein neues Audi-Motorenwerk ausgewählt (M 5).

Beginnende Transformation

Für die Ansiedlung eines neuen Automobilwerks bot Györ zahlreiche **Standortvorteile**. Die Stadt liegt verkehrsgünstig in Europa und hat eine gute **Verkehrsinfrastruktur**. Eine in West-Ost-Richtung verlaufende Eisenbahnlinie führt direkt am Automobilwerk vorbei und verbindet den Standort mit den Städten Budapest und Wien und somit mit West- und Osteuropa. Eine weitere Bahnlinie nach Südwesten schafft die Verbindung ins südliche Ungarn bzw. nach Südosteuropa. Die Anbindung an Nationalstraßen, die nach Westen über Sopron nach Wien und nach Osten zur Stadt Budapest führen, stellt eine weitere günstige Verkehrsachse dar. Die Lage an der Mosoner Donau bietet eine weitere Verbindung nach West- und Osteuropa (M 1, M 2, M 4).

Verkehrsgünstige Lage

Die Tradition Györs als Standort der Automobilindustrie stellt einen bedeutenden **Gunstfaktor** dar. So konnten bereits vorhandene Produktionsstätten sowie das vorhandene Werksgelände für ein neues Automobilwerk genutzt und auf ein vorhandenes Arbeitskräftepotenzial zurückgegriffen werden, da der ungarische Nutzfahrzeughersteller Rába im Zeitraum von 1990–1992 seine Produktion in Györ eingestellt hatte. Darüber hinaus gab es genügend Flächen, um das Werk bei Bedarf zu erweitern (M 4, M 5).

Harte Standortfaktoren

Nicht zuletzt machten günstige **Rahmenbedingungen** den Standort für ein Unternehmen des produzierenden Gewerbes attraktiv. Die wöchentlichen Arbeitszeiten von 40–48 Stunden an sieben Tagen pro Woche sind im Vergleich zu Deutschland höher und machen jährlich einen Unterschied von ca. 200 Arbeitsstunden aus. Die Rechte der Arbeitnehmer sind geringer, da z. B. die Gewerkschaften weniger Einfluss haben und auch die Arbeitsschichten der Beschäftigten flexibel an- und abgesetzt werden können. Finanzielle Vergünstigungen des ungarischen Staates in Form von Steuerbefreiungen boten weitere Anreize. Die Ähnlichkeit des ungarischen und des deutschen Bildungssystems stellt, insbesondere für ein deutsches Unternehmen, einen Vorteil dar (M 3, M 5).

weiche Standortfaktoren

Aufgrund dieser **positiven Standortbedingungen** war Györ zu Beginn der 1990er-Jahre ein vielversprechender Standort für ein neues Automobilwerk.

Fazit: vielversprechender Standort

Teilaufgabe 2

Der Operator „erläutern" (Anforderungsbereich II) verlangt von Ihnen, dass Sie aus dem Material entnehmbare Zusammenhänge verdeutlichen. In dieser Teilaufgabe sollen Sie sowohl die wirtschaftliche Entwicklung der Stadt Györ als auch des Kreises Györ-Moson-Sopron aufzeigen (M 4–M 8).

Bis zur politischen Umstrukturierung in den 1990er-Jahren war der Standort Györ einseitig auf die Automobilindustrie ausgerichtet. Das Rába-Automobilwerk, das sich vom Zentrum der Stadt nach Osten entlang der Bahnlinie erstreckte, nahm den Großteil der Gewerbeflächen der Stadt ein. Durch diese **Monostruktur** waren nach der Öffnung des ehemaligen Ostblocks, im Zuge derer in Györ 20 000 Rába-Mitarbeiter freigesetzt wurden, schwerwiegende strukturelle Probleme vorprogrammiert (M 4).

Strukturelle Probleme

Infolge des politischen Umbruchs durchlief der Industriestandort einen wirtschaftlichen **Transformationsprozess** von der Plan- zur Marktwirtschaft, der mit der Gründung von Audi Hungaria am Standort Györ begann. Bis 2007 gewann Audi immer mehr an Bedeutung für den Industriestandort. Die Anzahl der Beschäftigten stieg bis zum Jahr 2000 stetig an und ist seitdem konstant geblieben. Durch die Ansiedlung von **Zulieferbetrieben** im Umkreis des Automobilstandortes wurden im Zeitraum von 1993–2008 insgesamt 12 000 Arbeitsplätze geschaffen. Die Motorenproduktion nahm ebenfalls zu. Während im Jahr 1996 200 000 Motoren für Audi und den VW-Konzern produziert wurden, waren es im Jahr

Entwicklung des Automobilstandortes

2007 ca. 1,8 Millionen. Insgesamt hat Audi im Zeitraum von 1993–2008 3,3 Mrd. € in Györ investiert und wurde 2008 zum zweitgrößten ungarischen Unternehmen, was die Bedeutung des Unternehmens als Wirtschaftsmotor und Arbeitgeber verdeutlicht (M 5–M 7).

Die positive Entwicklung des Audiwerks Györ ist auf eine zunehmende **Diversifizierung** des Standortes zurückzuführen. Nach der Gründung wurden ausschließlich Motoren produziert, deren Einzelteile in Deutschland hergestellt und nach Györ transportiert wurden. Die Produktionspalette wurde seitdem immer weiter aufgefächert und auch Bereiche der Montage verschiedener Fahrzeugmodelle sowie der Motorenentwicklung nach Györ verlagert. Darüber hinaus werden inzwischen auch Motoren für Abnehmer außerhalb des VW-Konzerns produziert (M 5, M 7).

Ausweitung der Produktion

Die Ansiedlung Audis hatte Einfluss auf die räumliche und wirtschaftliche Entwicklung der Stadt. Die Industrieflächen wurden ausgeweitet und der Automobilstandort selbst wurde im Jahre 2008 auf 1,6 Mio. m^2 erweitert. Als Folge wurden weitere Arbeitsplätze in Zulieferindustrien geschaffen. Darüber hinaus wurde Györ zum Standort der Nahrungs- und Genussmittelindustrie, wodurch zahlreiche Handelsketten, insbesondere westeuropäischer Herkunft, angezogen wurden und in den Standort **investierten**. Die Standorte des Einzelhandels konzentrieren sich auf die ehemalige Fläche der Rába Waggonbau, die somit einen **Nutzungswandel** durchlief, sowie auf ein neu geplantes Gewerbegebiet im Südwesten der Stadt. Im Zuge dieser Entwicklung fand durch den Bau einer Autobahn von Budapest nach Wien, die nordöstlich dieses Gewerbegebietes verläuft, ein weiterer Ausbau der **Verkehrsinfrastruktur** statt (M 4, M 5).

Räumliche Entwicklung

Auch die demographische Entwicklung spiegelt den wirtschaftlichen Transformationsprozess wieder. Im Zeitraum von 1995–2005 ist die Bevölkerung in Györ in gleichem Maße zurückgegangen wie in Ungarn insgesamt, was auf eine verstärkte **Abwanderung** im Nachgang des politischen Umbruchs und eine zunächst unsichere wirtschaftliche Lage zurückzuführen ist. Im Gegensatz dazu weist der Kreis Györ-Moson-Sopron im gleichen Zeitraum einen Bevölkerungszuwachs auf. Die Prognose bis 2010 setzt diesen Trend fort. Der Kreis profitiert einerseits von **Stadt-Umland-Wanderungen**, die aus dem Prozess der **Suburbanisierung** resultieren, und andererseits von **Zuwanderungen** aus anderen Kreisen (M 8).

Demographische Entwicklung

Die Daten verdeutlichen, dass sich die wirtschaftliche Bedeutung Györs positiv auf den Kreis Györ-Moson-Sopron auswirkt. So liegt das BIP pro Kopf im Kreis bei 70,8 % des EU-Durchschnitts, während der prozentuale Anteil des gesamten Landes nur bei 63,4 % liegt. Im Vergleich zu den anderen ungarischen Kreisen zeigt sich, dass das BIP pro Kopf in Györ-Moson-Sopron deutlich über dem der anderen Kreise liegt. Mit Ausnahme vom benachbarten Kreis Komárom-Esztergom liegt dieser Wert in allen anderen ungarischen Regionen unter dem Wert Ungarns, was die Wirtschaftskraft von Györ-Moson-Sopron belegt, aber auch **wirtschaftliche Disparitäten** innerhalb des Landes verdeutlicht. Ein weiterer Indikator hierfür ist die Arbeitslosenquote, die in Györ-Moson-Sopron 2005 4,3 % betrug und somit um 2,8 % niedriger als im gesamten Land war. In der EU war sie mit 9,2 % mehr als doppelt so hoch wie in Györ-Moson-Sopron (M 8).

Wirtschaftliche Bedeutung Györs

Teilaufgabe 3

Der Operator „erörtern" (Anforderungsbereich III) verlangt von Ihnen das begründete Abwägen zwischen Pro und Kontra mit dem Ziel einer abschließenden eigenen Urteilsbildung. In dieser Teilaufgabe wird von Ihnen erwartet, dass Sie beurteilen, ob die Zukunftsperspektiven für den Wirtschaftsstandort Györ eher positiv oder eher negativ einzuschätzen sind; hierbei müssen Sie ökonomische, demographische und politische Gesichtspunkte berücksichtigen (M 2–M 5, M 8–M 11).

Bei der Beantwortung der Frage nach den Zukunftsperspektiven des Wirtschaftsstandortes Györ gilt es, unterschiedliche Aspekte in den Blick zu nehmen. Die wirtschaftliche Entwicklung des Standortes nach der Ansiedlung des Audiwerkes ist als **übergeordneter Gunstfaktor** zunächst positiv zu bewerten (M 5). Die einseitige Ausrichtung des Industriestandortes vor 1989 wurde durch eine zunehmende Diversifizierung des Wirtschaftsstandortes aufgebrochen. Diese ist einerseits gekennzeichnet durch die Auffächerung der Produktionspalette innerhalb des Audi-Konzerns sowie andererseits durch die Ansiedlung der Nahrungsmittelindustrie, sodass die Krisenanfälligkeit des Standortes verringert werden konnte. Die Ansiedlung des Einzelhandels ist auf den ersten Blick ebenfalls positiv zu bewerten, da die **Auslandsinvestitionen** den Wirtschaftsstandort Györ stärken (M 4).

Die Lage Györs an der Grenze zu Westeuropa ist ein weiterer positiver Aspekt. Die wirtschaftliche Entwicklung hatte einen weiteren Ausbau der Verkehrsinfrastruktur zur Folge. Der Bau der

Positive Faktoren

Weitere Verbesserung der Lagebeziehungen

Magistrale für Europa unterstreicht dies auch in überregionaler Hinsicht. Im Rahmen dieses transeuropäischen Projektes soll Györ nach der Fertigstellung 2015 an einer Eisenbahn-Hochgeschwindigkeitsstrecke liegen, die von Budapest nach Paris führt (M 9). Des Weiteren zählt der Kreis Györ-Moson-Sopron zum Projekt *Centrope,* durch das ein nachhaltiger Kooperationsrahmen für die Zusammenarbeit von Gebietskörperschaften und gesellschaftlichen Einrichtungen geschaffen werden soll. Die Stadt Györ stellt hierbei innerhalb des Hauptstadtdreiecks Wien, Bratislava und Budapest ein bedeutendes städtisches Zentrum dar (M 10). Beide Projekte sind europapolitische Maßnahmen, die dazu beitragen, den Standort Györ weiter zu stärken und zukunftsfähig zu machen.

Bei genauerem Hinsehen müssen die beschriebenen positiven Aspekte relativiert werden. Trotz der Diversifizierung ist der Automobilsektor nach wie vor dominant, sodass sich eine Krise in dieser Branche nachteilig auswirkt. So muss der Audi-Konzern in einer globalisierten Wirtschaft bei sinkenden Absatzzahlen, wie im Zuge der Wirtschaftskrise 2009, mit Kürzungen, z. B. in Form von Kurzarbeit oder Rücknahme von Lohnerhöhungen, reagieren (M 11). Dies wirkt sich auch auf die Zulieferbetriebe aus, deren Beschäftigte ebenso mit Einschränkungen rechnen müssen. *(Krisenanfälligkeit)*

Durch geringere Löhne sinkt die Kaufkraft der Bevölkerung, sodass negative Folgen für den Einzelhandelsstandort Györ möglich wären. Die Tatsache, dass sich vor allem ausländische Unternehmen angesiedelt haben, kann sich nachteilig auswirken. Sollten die Umsatzzahlen zurückgehen, ist eine Verlagerung der Standorte in rentablere Regionen wahrscheinlich. Auf diese Weise würde der Wirtschaftsstandort Györ langfristig geschwächt. *(Mögliche Konsequenzen)*

Auch die politischen Maßnahmen sind nicht nur positiv zu bewerten. Es fällt auf, dass durch beide Projekte nur der Westen Ungarns einbezogen und so enger an Westeuropa angebunden wird, während der östliche Teil unberücksichtigt bleibt. Dies verstärkt sowohl die **wirtschaftlichen Disparitäten**, die innerhalb Ungarns bestehen (M 8), als auch diejenigen innerhalb Europas. *(Probleme der Regionalplanung)*

Da diese sich bereits auf die demographische Entwicklung des Landes auswirken, muss durch eine gezielte **Strukturpolitik** dafür gesorgt werden, dass die anderen Regionen Ungarns nicht noch rückständiger werden. Der Bevölkerungsabnahme in der Stadt Györ kann z. B. durch nachhaltige Stadtumbaukonzepte, die die Stadt auch als Wohnort attraktiv machen, Einhalt geboten werden. *(Lösungsvorschläge)*

Als Fazit lässt sich feststellen, dass der **Wirtschaftsstandort**
Györ **zukunftsfähig** ist, wenn es gelingt, ihn weiterzuentwickeln
sowie Standortvorteile, auch für andere Branchen, auszubauen und
so eine größere Diversifizierung zu erreichen. Eine traditionelle
Industrie wie die Automobilbranche ist zwar krisenanfällig, stellt
jedoch noch immer eine feste Größe im produzierenden Sektor dar.
Auf dieser Grundlage können die Projekte *Magistrale für Europa*
und *Centrope* zum Ausbau eines wirtschaftlich attraktiven und im
Prozess der Globalisierung wettbewerbsfähigen Standortes beitragen und Unternehmen langfristig binden.

Thema

Entwicklung eines geplanten Stadtteils – Das Beispiel Freiburg-Vauban

Aufgabenstellung Punkte

1. Beschreiben Sie die demographische Entwicklung der Stadt Freiburg seit 1980. 18

2. Kennzeichnen Sie vor dem Hintergrund stadtplanerischer Maßnahmen Lage, Entwicklung und Strukturen des Freiburger Stadtteils Vauban. 34

3. Erörtern Sie die Entwicklung des Freiburger Stadtteils Vauban mit Bezug auf städtebauliche Leitbilder. 28

Zugelassene Hilfsmittel

- der an der Schule in der Qualifikationsphase überwiegend verwendete Atlas, in einer für alle Prüflinge gleichen Auflage
- Wörterbuch zur deutschen Rechtschreibung
- Taschenrechner

Materialgrundlage

M 1 Atlaskarten nach Wahl

M 2 Freiburg – demographische Entwicklung

Die Altersgruppen und ihre Veränderung 2008 gegenüber 1980 in Freiburg
(jeweils 01. 01. des Jahres)

Altersgruppen von ... bis unter ... Jahren	Altersgruppen					
	1980		2008		1980–2008	
	abs.	%	abs.	%	abs.	%
unter 6	8 207	4,7	11 376	5,6	3 169	38,6
6–15	17 352	9,9	15 978	7,9	−1 374	−7,9
15–18	7 407	4,2	5 341	2,7	−2 066	−27,9
18–45	79 651	45,7	88 490	44,0	8 839	11,1
45–65	33 974	19,5	46 204	23,0	12 230	36,0
65 und älter	27 949	16,0	33 701	16,8	5 752	20,6
insgesamt	**174 540**	**100,0**	**201 090**	**100,0**	**26 550**	**15,2**

Salden der natürlichen Bevölkerungsbewegung und der Wanderungsbewegung zwischen 1995 und 2007 in Freiburg

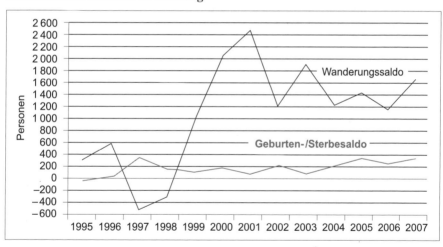

Anmerkung:
In Freiburg leben ca. 30 000 Studierende.

Quelle: Stadt Freiburg (Hrsg.): Statistisches Jahrbuch 2008. Freiburg 2008, S. 2–50

M 3 Freiburg-Vauban – Daten der Stadtteilentwicklung

1945–1992	Kasernengelände (Vauban-Kaserne, französisch)	
1993	Beginn der Entwicklungsmaßnahme zur Neugestaltung des Stadtteils	
1994	Städtebaulicher Ideenwettbewerb	
1996	Offenlegung des Bebauungsplans, Beginn der Grundstücksvermarktung im ersten Bauabschnitt	
1997	Geländesanierung und Erschließung, Bebauungsplan rechtskräftig	
1998	Baubeginn der ersten privaten Bauleute, Einzug der ersten Bewohner, Vermarktung des zweiten Bauabschnitts, Projektstart für die Quartiersarbeit zum sozialen und kulturellen Aufbau im Stadtteil	
2002	Zweiter Bauabschnitt nahezu vollständig bezogen. Der ganze Stadtteil wird zu 100 % von einem Holz-Heizkraftwerk mit Wärme und zu ca. 15 % mit regenerativem Strom versorgt.	
2003	Geländesanierung und Erschließung des dritten Bauabschnitts	
2006	Abschluss der Entwicklungsmaßnahme	

(Karte: Freiburg mit Markierung Vauban, Maßstab 1 km)

Quelle: Forum Vauban (Hrsg.): Umsetzungsbegleitung des Verkehrskonzeptes im Stadtteil Freiburg-Vauban. Freiburg 2003, S. 41

M 4 Freiburg-Vauban – Luftbilder

| 1992 | 2006 |

Quelle: © Stadt Freiburg; http://www.freiburg.de/servlet/PB/menu/1167568_l1/index.html (Zugriff 26.03.2009)

LK 2011-35

M 5 Freiburg-Vauban – demographische Entwicklung

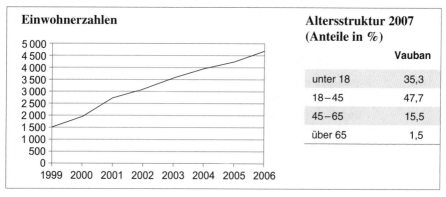

Einwohnerzahlen

**Altersstruktur 2007
(Anteile in %)**

	Vauban
unter 18	35,3
18–45	47,7
45–65	15,5
über 65	1,5

*Quelle: Stadt Freiburg (Hrsg.): Statistischer Infodienst – Die Neubaugebiete Rieselfeld und Vauban.
Freiburg 2007, S. 2–4*

M 6 Strukturmerkmale des Freiburger Stadtteils Vauban 2007

Personen pro Haushalt (Anteile in %)

	1	2	3	4	5 und mehr
Vauban	41,4	20,4	14,2	16,9	7,1
Freiburg	53,1	25,1	10,7	7,7	3,4

Einwohner je ha besiedelter Fläche

Vauban	120,7
Freiburg	48,1

Bewohner nach ihrer Herkunft

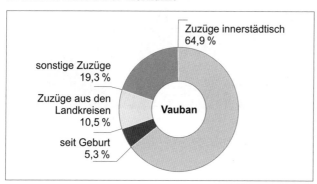

Zuzüge innerstädtisch
64,9 %

sonstige Zuzüge
19,3 %

Zuzüge aus den
Landkreisen
10,5 %

seit Geburt
5,3 %

Vauban

*Quelle: Stadt Freiburg
(Hrsg.): Statistischer
Infodienst – Die Neubau-
gebiete Rieselfeld und
Vauban. Freiburg 2007*

LK 2011-36

Durchschnittliche Abweichung der Miethöhe nach Wohnlage in Freiburg

Stadtteile	Zu-/Abschlag gegenüber Freiburger Durchschnitt
Altstadt	+6 %
Umlandkommunen	−13 %
Vauban	−7 %

Quelle: Stadt Freiburg (Hrsg.): Mietspiegel 2009, S. 14

Anteil der Bildungsabschlüsse im Stadtteil Vauban (in %)

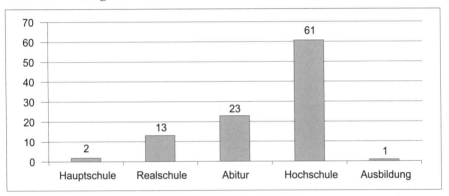

Daten nach: Statistisches Landesamt Baden Württemberg; Fundstelle: Ökoinstitut Freiburg (Hrsg.): Nachhaltige Stadtteile, Freiburg 2007, S. 41

M 7 Verkehrskonzept für den Freiburger Stadtteil Vauban

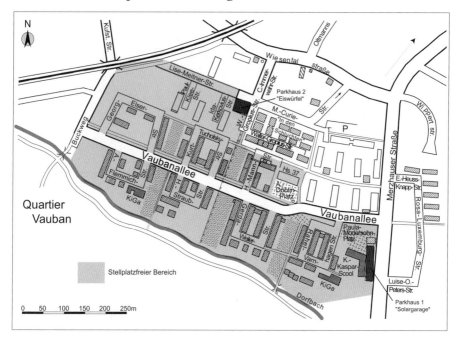

Die Besonderheit des Verkehrskonzeptes ist die Kombination von zwei Ansätzen:
- dem stellplatzfreien Wohnen und
- dem autofreien Wohnen.

Das „Nebeneinander" der Wohnformen sieht folgendermaßen aus: Wer ein Auto hat, parkt dieses am Rand des Stadtteils in einer Sammelgarage. Haushalte ohne Auto garantieren ihre autofreie Lebensweise in einer Autofrei-Erklärung und sind vom Kauf eines teuren Stellplatzes befreit.

Quelle: Forum Vauban (Hrsg.): Umsetzungsbegleitung des Verkehrskonzeptes im Stadtteil Freiburg-Vauban. Freiburg 2003, Anhang

M 8 Kraftfahrzeugbestand

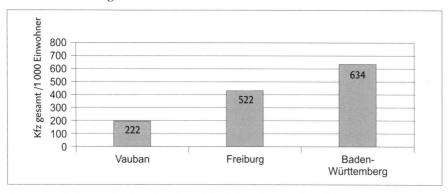

Quelle: Stadt Freiburg (Hrsg.): Statistisches Jahrbuch 2008. Freiburg 2008, S. 93 und S. 211

M 9 Mobilitätsverhalten im Freiburger Stadtteil Vauban

BahnCard-Haushalte (in %)

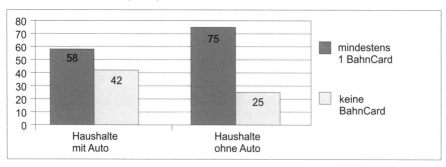

Anmerkung: 10 % aller Deutschen besitzen eine BahnCard.

Carsharing-Haushalte (in %)

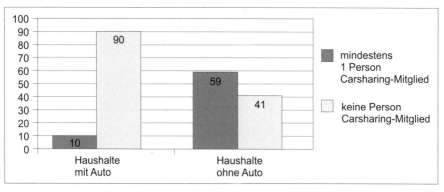

Verkehrsmittelwahl auf dem Weg zur Arbeit

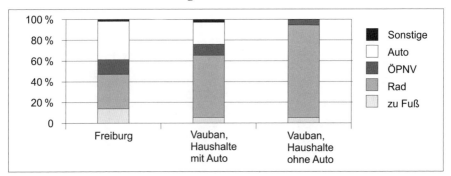

Verkehrsmittelnutzung im Vergleich zu der Zeit vor dem Umzug nach Vauban

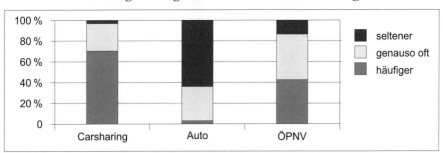

Anmerkung: Sämtliche Daten stammen aus einer Befragung aus dem Jahr 2003, das derzeitige Mobilitätsverhalten hat sich im Wesentlichen nicht verändert.

Quelle: Nobis, Claudia; Sperling, Carsten: Das Quartier Freiburg-Vauban 2003, S. 18–24

M 10 Mitbestimmung der Einwohner in Freiburg-Vauban

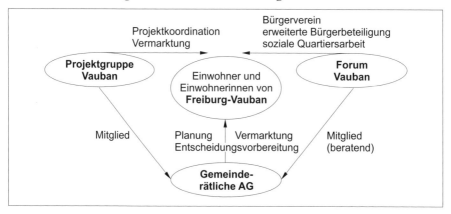

Forum Vauban: Bürgerinitiative
Projektgruppe Vauban: Bündelung der Kompetenzen auf Verwaltungsebene
Gemeinderätliche AG: Sonderausschuss des Stadtparlaments, sorgt für die Einbeziehung der Kompetenzträger in die politische Entscheidungsfindung

M 11 Situation des Freiburger Stadtteils Vauban

Diercke Weltatlas. 1. Auflage. Braunschweig: Westermann 2008, S. 71.5

Anmerkung: Der Alfred-Döblin-Platz ist Standort eines Wochenmarktes. Entlang der Vaubanallee werden die Gebäude zunehmend wirtschaftlich genutzt (z. B. Supermarkt, Bioladen, Bäckerei, Fahrradladen, Bank, Apotheke, Drogerie, Arztpraxen)

Die Aufgabe bezieht sich auf die folgenden **inhaltlichen Schwerpunkte:**
– Raumbedarf und Tragfähigkeit im Zusammenhang mit demographischen Prozessen
 • Ursachen und Folgen von Wanderungsbewegungen
– Siedlungsentwicklung in Abhängigkeit von soziokulturellen und politischen Leitbildern
 • Leitbilder der Stadtentwicklung: Gartenstadt sowie Agenda 21
– Ökologische Prinzipien und zukunftsfähige Maßnahmen in der Industrie, Land-, Forst- oder Fischereiwirtschaft im globalen ökonomischen Zusammenhang
 • Dreieck der Nachhaltigkeit

Lösungsvorschlag

Teilaufgabe 1

Der Operator „beschreiben" (Anforderungsbereich I) verlangt von Ihnen, die Aussagen der Materialien mit eigenen Worten geordnet und fachsprachlich angemessen wiederzugeben. In dieser Teilaufgabe sollen Sie darstellen, wie die Stadt Freiburg sich seit 1980 demographisch entwickelt hat (M 2).

Im Zeitraum von 1980 bis 2008 hat die Bevölkerung in der Stadt Freiburg zugenommen. Der **Bevölkerungszuwachs** hat vor allem in den Gruppen der unter 6-Jährigen, der 45- bis 65-Jährigen sowie der über 65-Jährigen stattgefunden. Die Gruppe der unter 6-Jährigen ist im angegebenen Zeitraum um 38,6 % auf 3 169 Personen gewachsen, die der 45- bis 65-Jährigen um 36,0 % auf 46 204 Personen und die der über 65-Jährigen um 20,6 % auf 33 701 Personen. In der mittleren Altersgruppe der 18- bis 45-Jährigen ist eine Zunahme um 11,1 % zu verzeichnen, während in der Gruppe der 6- bis 15-Jährigen ein Rückgang von 7,9 % und in der Gruppe der 15- bis 18-Jährigen von 27,9 % festzustellen ist. Insgesamt ist die Bevölkerung seit 1980 um 26 550 Personen, d. h. um 15,2 %, gewachsen.

Diese Bevölkerungszunahme hat auch eine Veränderung der **Altersstruktur** mit sich gebracht. Während die Altersgruppen der unter 6-Jährigen, der 45- bis 65-Jährigen sowie der über 65-Jährigen ihren Anteil an der Gesamtbevölkerung Freiburgs vergrößert haben, hat sich der Anteil der 6- bis 15-Jährigen um 2 % und der 15- bis 18-Jährigen um 1,5 % verringert. Insbesondere die Gruppe der 45- bis 65-Jährigen fällt mit einer Steigerung des prozentualen Anteils von 3,5 % auf. Trotz der beschriebenen Bevölkerungszunahme in der Gruppe der 18- bis 45-Jährigen ist der Anteil dieser Gruppe an der Gesamtbevölkerung um 1,7 % gesunken.

Im Vergleich der Salden der **natürlichen Bevölkerungsbewegung** mit der **Wanderungsbewegung** wird deutlich, dass die natürliche Bevölkerungsbewegung im Gegensatz zu den Wanderungsbewegungen im Zeitraum von 1995 bis 2007 nur geringen Schwankungen unterlag. Nach einem **negativen Wanderungssaldo** in den Jahren 1997 und 1998 hat sich das Wanderungssaldo positiv entwickelt, z. B. lag es 2001 bei + 2 500 Personen. Seitdem zeigt die Bilanz zwar Schwankungen, bewegt sich aber immer im positiven Bereich zwischen knapp unter 1 200 und 1 900 Personen.

Randnotizen:
- Bevölkerungszuwachs
- Altersstruktur
- Zuwanderung als zentrale Ursache für die Bevölkerungszunahme

Es wird deutlich, dass die Bevölkerungszunahme in der Stadt Freiburg weniger auf natürliche Bevölkerungsbewegungen zurückzuführen ist, sondern die **Zuwanderung** die zentrale Ursache ist.

Vor dem Hintergrund dieser demographischen Entwicklung ist die Stadt Freiburg als wachsende Stadt mit zunehmendem Wohnraumbedarf einzustufen (M 2).

Zunehmender Wohnraumbedarf

Teilaufgabe 2

Der Operator „kennzeichnen" (Anforderungsbereich II) erfordert, einen Raum oder Sachverhalt auf der Basis bestimmter Kriterien begründet zu charakterisieren. In dieser Teilaufgabe sollen Sie die Lage, die Entwicklung und die Struktur des Freiburger Stadtteils Vauban unter Berücksichtigung stadtplanerischer Maßnahmen aufzeigen (M 3–M 8, M 11).

Der Stadtteil Vauban liegt im Süden der Stadt Freiburg im Südwesten Deutschlands (M 1, M 3). Mit diesem Stadtteil entstand ein neues Wohngebiet mit Mehrfamilienhäusern auf einem ehemaligen Kasernengelände, es umfasst auch ein Studentendorf. 1993 wurde mit der Entwicklungsmaßnahme zur Neugestaltung des Stadtteils begonnen; infolgedessen fand ein städtebaulicher Ideenwettbewerb statt. Gemäß Bebauungsplan wurden die Flächen in drei Abschnitten saniert und erschlossen. Die Neugestaltung beinhaltete neben der reinen Bebauung die Durchführung von Projekten zum sozialen und kulturellen Aufbau im Stadtteil sowie die Umsetzung eines auf alternativen Energien beruhenden Konzeptes zur Wärme- und Stromversorgung. Im Jahr 2006 wurde diese Entwicklungsmaßnahme abgeschlossen (M 3, M 4, M 11).

Lage des Stadtteils Vauban

Mit der Vollendung der einzelnen Bauabschnitte nahm die Einwohnerzahl kontinuierlich zu. So betrug sie 1999, ein Jahr nach Baubeginn der ersten privaten Bauleute, 1 500. Zum Abschluss der Entwicklungsmaßnahme 2006 lag sie bei ca. 4 700 Einwohnern.

Kontinuierliche Zunahme der Einwohnerzahl in Vauban

Die Art und Weise der Neugestaltung hat in Bezug auf die Bevölkerung einige strukturelle Besonderheiten hervorgerufen, da bestimmte Bevölkerungsgruppen durch das Entwicklungskonzept angesprochen wurden. Die **Altersstruktur** besagt, dass die jüngeren Altersgruppen drei Viertel der Gesamtbevölkerung des Stadtteils ausmachen. Die unter 18-Jährigen hatten im Jahr 2007 einen Anteil von 35,3 % und waren im Vergleich zu Freiburg insgesamt überproportional vertreten. Die Gruppe der 18- bis 45-Jährigen

Altersstruktur in Vauban

wies einen Anteil von 47,7 % auf. Dies lässt auf einen hohen Anteil von Familien und Studenten schließen (M 5).

Mehr als die Hälfte der Einwohner Vaubans leben in **Mehr-Personen-Haushalten** (58,6 %), in Freiburg insgesamt sind es dagegen 46,9 %. Auffällig ist, dass der Anteil der Haushalte mit drei oder vier Personen fast doppelt so hoch ist wie im übrigen Stadtgebiet; das Gleiche gilt für Haushalte mit fünf Personen oder mehr. Im Vergleich dazu liegt der Anteil der Zwei-Personen-Haushalte ca. 5 % unter dem Freiburgs. Dies wirkt sich auch auf die **Bevölkerungsdichte** aus, die in Vauban bei 120,7, in Freiburg insgesamt dagegen nur bei 48,1 Einwohnern je ha liegt. Der Großteil der Bewohner, nämlich 64,9 %, ist aus anderen Stadtteilen Freiburgs zugezogen. Die übrigen 35,1 % verteilen sich auf Zuzüge aus den Landkreisen (10,5 %), aus anderen Regionen (19,3 %) und auf Einwohner, die seit ihrer Geburt dort leben (5,3 %). Auch das **Mietniveau** unterscheidet sich vom Freiburger Durchschnitt: es liegt in Vauban 7 % darunter. Im Vergleich dazu liegt es in der Altstadt Freiburgs 6 % über dem Durchschnitt, im Freiburger Umland dagegen um 13 % unter dem durchschnittlichen Mietniveau. Darüber hinaus fällt der hohe Anteil an Einwohnern mit höheren **Bildungsabschlüssen** auf. Die Akademiker stellen mit 61 % den größten Teil der Bevölkerung. Weitere 23 % der Einwohner haben Abitur, während lediglich 15 % einen Real- oder Hauptschulabschluss besitzen (M 6).

Das **Verkehrskonzept** des neuen Stadtteils beruht auf einer Kombination aus stellplatzfreiem und autofreiem Wohnen. Dieses Konzept beinhaltet, dass die Bewohner, die ein Auto besitzen, dieses außerhalb des Wohngebiets parken. Hierfür stehen zwei Parkhäuser am nördlichen und östlichen Rand des Stadtteils zur Verfügung. Bewohner, die kein Auto haben, verpflichten sich zu einer „autofreien Lebensweise" und werden folglich vom Kauf eines Stellplatzes entbunden. Auf diese Weise wird ein Teil des Wohngebiets autofrei gehalten. Das beschriebene Verkehrskonzept spiegelt sich auch in der Verkehrsinfrastruktur wider. Es verläuft lediglich eine größere Straße, die Vaubanallee, von Westen nach Osten, die den Stadtteil an das Straßennetz der Stadt Freiburg anbindet und die mit maximal 30 Stundenkilometer befahren werden darf. Die Erreichbarkeit der Wohneinheiten wird durch verkehrsberuhigte Straßen sowie Fuß- und Radwege gewährleistet. Die Anbindung an den ÖPNV ist durch eine entlang der Vaubanallee verlaufende Straßenbahnlinie sowie eine Buslinie, die nach Nordosten ins Stadtzentrum führt, gegeben (M 7, M 11).

Das **Mobilitätsverhalten** der Bevölkerung Vaubans zeigt, dass dieses Verkehrskonzept angenommen wird. Es wird deutlich, dass in Haushalten ohne Auto die Nutzung des ÖPNV sowie Car-Sharing einen größeren Stellenwert haben als in Haushalten mit Auto. Immerhin 58 % der Haushalte mit Auto besitzen zusätzlich auch eine BahnCard. Das Fahrrad ist sowohl in Haushalten mit als auch ohne Auto ein wichtiges Verkehrsmittel, um zur Arbeit zu kommen. In Haushalten mit Auto wird es von ca. 60 % der Bewohner Vaubans für diesen Zweck genutzt, in Haushalten ohne Auto von ca. 90 %. Die meisten Bewohner geben an, dass sie im Vergleich zu der Zeit vor dem Umzug nach Vauban das Auto jetzt seltener nutzen (ca. 60 %), während Alternativen wie Car-Sharing von fast 70 % und ÖPNV von ca. 40 % häufiger als früher genutzt werden. Der Kraftfahrzeugbestand in Vauban spiegelt diesen Trend wider: so kommen auf 1 000 Einwohner in Vauban nur 222 Kfz, während es in Freiburg insgesamt 522 und in Baden-Württemberg 634 sind (M 8, M 9).

Neben dem Verkehrskonzept zeichnet sich der Stadtteil Vauban durch weitere **ökologische Entwicklungsprinzipien** aus: So sind alle Häuser in **energiesparender Bauweise** gebaut worden. Der Großteil der Häuser weist den Standard eines Niedrigenergie-hauses auf, vereinzelt gibt es Passivhäuser. Ergänzend dazu werden **regenerative Energien** genutzt. Zahlreiche Häuser verfügen über eine Solaranlage; im östlichen Teil gibt es eine Solarsiedlung, die aufgrund ihrer positiven Energiebilanz auch Strom in das öffentliche Netz einspeist. Auf diese Weise wird der Stadtteil zu 15 % mit regenerativen Energien versorgt. Die Wärmeversorgung erfolgt vollständig durch ein Holz-Heizkraftwerk. Des Weiteren befinden sich im Wohngebiet zahlreiche Grünflächen. Südlich des ehemaligen Kasernengeländes verläuft ein Bach, der von Biotop-flächen umgeben ist. Beides trägt zur ökologischen Aufwertung des Stadtteils bei (M 3, M 7, M 11).

Der während der Entwicklung des Stadtteils durchgeführte Aufbau der **sozialen und kulturellen Struktur** spiegelt sich in der **öffentlichen Infrastruktur** wider. So gibt es neben Bildungsein-richtungen wie Schule und zwei Kindergärten auch ein Bürgerzen-trum, das in der Mitte des Stadtteils liegt, sowie zahlreiche Spiel-plätze. Der Platz um das Bürgerzentrum ist Standort eines Wochen-marktes. Die Gebäude an der Vaubanallee werden zunehmend wirtschaftlich genutzt. Diese Nutzung umfasst Einzelhandel sowie Gesundheitsdienstleistungen und eine Bank, sodass der tägliche Bedarf der Bevölkerung durch eine **wohnortnahe Versorgung** gedeckt wird (M 11).

Der neu entstandene Stadtteil Freiburg-Vauban hat sich hinsichtlich **sozialer, ökologischer** und **ökonomischer** Aspekte für bestimmte Bevölkerungsgruppen zu einem attraktiven, innenstadtnahen Wohnstandort entwickelt.

Vauban: attraktiver Wohnstandort

Teilaufgabe 3

Der Operator „erörtern" (Anforderungsbereich III) verlangt von Ihnen das begründete Abwägen zwischen Pro und Kontra mit dem Ziel einer abschließenden eigenen Urteilsbildung. In dieser Teilaufgabe sollen Sie die Entwicklung des Freiburger Stadtteils Vauban beurteilen und dazu Ihnen aus dem Unterricht bekannte städtebauliche Leitbilder hinzuziehen (M 4–M 11).

Zur abschließenden Beurteilung der Entwicklung des Freiburger Stadtteils Vauban müssen in erster Linie die Aspekte **Ökologie, Soziales** und **Ökonomie** genauer betrachtet werden. Diese Aspekte bilden die drei Dimensionen der **Nachhaltigkeit**, die für **städtebauliche Leitbilder** seit den 1990er-Jahren vorrangig zugrunde gelegt werden. Das Konzept der **kompakten Stadt** als Bestandteil einer nachhaltigen Stadtentwicklung muss ebenfalls berücksichtigt werden.

Städtebauliche Leitbilder der 1990er-Jahre

Folgende Zielsetzungen dieser Leitbilder wurden bei der Entwicklung von Freiburg-Vauban umgesetzt: die Erhöhung der Baudichte, um dem Prozess der Suburbanisierung entgegenzuwirken, die Intensivierung der Nutzungsmischung in Bezug auf funktionale, soziale und bauliche Verflechtung sowie die stärkere Beteiligung der Bevölkerung am Planungsprozess (M 4, M 7, M 10, M 11).

Stadtentwicklung im Sinne der Agenda 21

Einige positive Ergebnisse der Stadtentwicklung in Vauban sind im Sinne der **Agenda 21** erzielt worden. Hervorzuheben sind im Zusammenhang mit dem Aspekt **Ökologie** vor allem der verantwortungsvolle Umgang mit Ressourcen durch die Nutzung von regenerativen Energien, das energieeffiziente Wohnen durch energiesparende Bauweise der Häuser und das ökologisch ausgerichtete Verkehrskonzept (M 7, M 9, M 11). Im Bereich **Soziales** sind das vergleichsweise günstige Mietniveau und der Aufbau einer sozialen Infrastruktur positiv zu bewerten. Hierzu konnte die Implementation demokratischer Prinzipien beitragen, denn über die

Bürgerinitiative „Forum Vauban" wird den Bewohnern eine politische Mitbestimmung in ihrem Stadtteil ermöglicht. Die Mitglieder dieses Bürgervereins können so einerseits einen Beitrag zur sozialen Quartiersarbeit leisten und andererseits in beratender Funktion politische Entscheidungsprozesse begleiten. Dieses geschieht über die Gemeinderätliche AG, die einen Sonderausschuss des Stadtparlaments zur Einbeziehung der Kompetenzträger in politische Entscheidungen darstellt (M 6, M 10, M 11). Der Bereich **Ökonomie** beschränkt sich auf die Entwicklung des Einzelhandels und vereinzelter Dienstleistungen zur wohnortnahen Versorgung der Bewohner und ist als solche positiv zu sehen (M 11).

Diesen positiven Ergebnissen sind einige kritische Aspekte gegenüberzustellen: Die demographische Struktur des Stadtteils zeigt nur eine **geringe soziale Durchmischung** und eine geringe Integration bildungsferner Schichten. Der Stadtteil ist vor allem für sozial Höhergestellte, z. B. Akademiker, sowie jüngere Altersgruppen wie Studenten und junge Familien attraktiv. Sozial schwächere Bevölkerungsgruppen und Ältere scheint der Stadtteil nicht anzusprechen. Dieses kann einerseits auf das Mietniveau zurückgeführt werden, das zwar unter dem Durchschnitt Freiburgs liegt, aber deutlich über dem des Umlandes. Andererseits spricht das Entwicklungskonzept nicht alle Bevölkerungsgruppen an. Die **innenstadtnahe Lage** bedingt einen weiteren negativen Aspekt. Es wurde zwar durch den Erhalt von **Grünflächen** versucht, dem Wunsch nach „Wohnen im Grünen" nachzukommen, doch steht diesem die relativ hohe Wohnraumdichte entgegen. Diese Aspekte relativieren die positiven Ansätze einer nachhaltigen Stadtentwicklung (M 6, M 9, M 11).

Die Neugestaltung des Stadtteils Freiburg-Vauban spiegelt die aktuelle Entwicklung städtebaulicher Leitbilder wider. Es wurde nicht nur Wohnraum geschaffen, um dem Bedarf der wachsenden Stadt Freiburg zu begegnen, sondern es wurde ein städtebauliches Konzept realisiert, das ökologische, soziale und ökonomische Aspekte berücksichtigt und so **innenstadtnahes Wohnen mit hoher Wohnqualität** ermöglicht. Trotz einiger kritischer Aspekte ist die Entwicklung des Stadtteils daher eher positiv zu bewerten.

Probleme

Fazit

Thema
Stadtteile mit besonderem Entwicklungsbedarf –
Das Beispiel Duisburg-Hochfeld

Aufgabenstellung Punkte

1. Lokalisieren Sie den Stadtteil Duisburg-Hochfeld und kennzeichnen Sie
die ökonomische, soziale und bauliche Situation am Ende der 1990er-Jahre. 22

2. Erläutern Sie die bisherige und geplante Stadtteilentwicklung im Rahmen
des Programms „Soziale Stadt". 33

3. Nehmen Sie kritisch Stellung zu Chancen und Problemen dieser Entwicklung. 25

Zugelassene Hilfsmittel
– der an der Schule in der Qualifikationsphase überwiegend verwendete Atlas,
in einer für alle Prüflinge gleichen Auflage
– Wörterbuch zur deutschen Rechtschreibung
– Taschenrechner

Materialgrundlage

M 1 Atlaskarten nach Wahl

M 2 Steckbrief Duisburg-Hochfeld

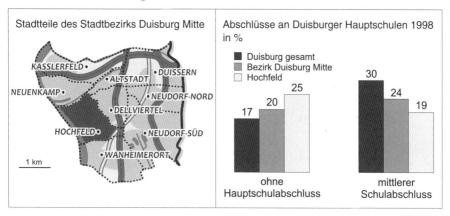

Bevölkerungshöchststand Ende der 1960er-Jahre	33 000 Einwohner
Bausubstanz (2000)	hoch verdichtet; 56 % vor 1948, 38 % zwischen 1949 und 1968, 6 % nach 1968 errichtet
Entwicklung der Zahl der Arbeitsplätze seit den 1970er-Jahren bis 2000	–17 000
Entwicklung der Bevölkerungsanteile mit mittlerem und hohem Einkommen von 1970 bis 2000	– 50 %
Haushalte mit Sozialhilfebezug je 1 000 Haushalte (2000)	187 (städtischer Durchschnitt: 91)
Entwicklung des Anteils deutscher Bevölkerung 1987 bis 2000	–18 %
Entwicklung des Anteils ausländischer Bevölkerung 1987 bis 2000	+ 29 %
Arbeitslose je 1 000 Einwohner im erwerbsfähigen Alter (2000)	154 (städtischer Durchschnitt: 96)
Anteil der sozialversicherungspflichtig Beschäftigten (2007)	31,5 % (drittschlechtester Wert in Duisburg; städtischer Durchschnitt: 44 %)
Anteil der bei der Arbeitsagentur als arbeitslos gemeldeten Jugendlichen von 16 – 24 an der Altersgruppe (2007)	22,2 % (höchster Wert in Duisburg; städtischer Durchschnitt: 12,1 %)
Ausländeranteil 2000	36 % (davon 49 % Türken, 15 % ehemaliges Jugoslawien, 12 % Griechen)
Ausländeranteil 2009	43 % (städtischer Durchschnitt: 15,2 %)
Durchschnittsalter der Einwohner (2007)	38,1 Jahre (städtischer Durchschnitt: 42,3 Jahre)

Eigene Zusammenstellung nach:
Ausbildung in Duisburg – Ausbilden im Stadtteil. Eine Studie des Rhein-Ruhr-Instituts für Sozialforschung und Politikberatung an der Universität Duisburg-Essen im Rahmen des JOBSTARTER-Projektes „Ausbilden im Stadtteil" (2007);
http://www.soziale-stadt.nrw.de/ programmhintergrund/index.php (verändert) (Zugriff 03. 08. 2011);
http://www.duisburg.de/micro/eg-du/medien/D_HochfeldKonzeptEGDU.pdf (Zugriff 03. 08. 2011);
Karte: Wikipedia

M 3 Duisburg-Hochfeld Ende der 1990er-Jahre (siehe Farbabbildungen)

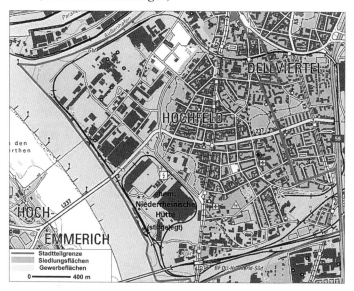

Quelle verändert nach: http://www.tim-online.nrw.de/timonline/initParams.do; jsessionid=579B106DADA5A98D036B40277E9EDDEF (Zugriff 03. 08. 2011)

M 4 Duisburg-Hochfeld und das Bund-Länder-Förderprogramm „Soziale Stadt"

Im Jahr 2000 wurde Duisburg-Hochfeld als „Stadtteil mit besonderem Entwicklungsbedarf" in das Bund-Länder-Förderprogramm „Soziale Stadt" aufgenommen. Das Städtebauförderungsprogramm „Stadtteile mit besonderem Entwicklungsbedarf – Soziale Stadt" des Bundesministeriums für Verkehr, Bau und Stadtentwicklung (BMVBS) und der Länder wurde im Jahr 1999 mit dem Ziel gestartet, die „Abwärtsspirale" in benachteiligten Stadtteilen aufzuhalten und die Lebensbedingungen vor Ort umfassend zu verbessern. Leitidee ist es, vorhandene Kräfte zu mobilisieren, um positive Veränderungsprozesse anzustoßen. Ziel ist es, in den Quartieren stabilisierende Entwicklungen und selbsttragende Prozesse in Gang zu bringen.

Quelle nach: http://www.soziale-stadt.nrw.de/programmhintergrund/index.php (Zugriff 03. 08. 2011)

M 5 Daten zur demographischen Entwicklung

Duisburg-Hochfeld Einwohnerentwicklung

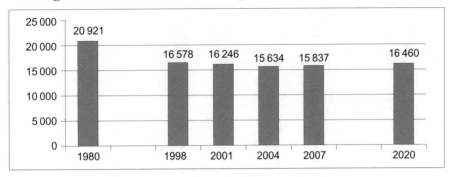

Stadt Duisburg Einwohnerentwicklung

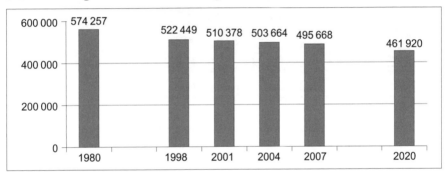

Altersstruktur

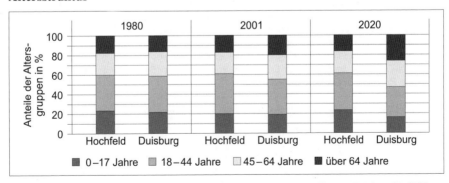

Eigene Zusammenstellung nach: Richter, Roland: Die Bevölkerungsentwicklung in Duisburg bis 2027.
Ergebnisse der Bevölkerungsvorausberechnung 2008. Herausgegeben von der Stadt Duisburg, Amt für
Statistik, Stadtforschung und Europaangelegenheiten. Duisburg: November 2008

M 6 Stadtteilentwicklung im Rahmen des Programms „Soziale Stadt" (siehe Farbabbildungen)

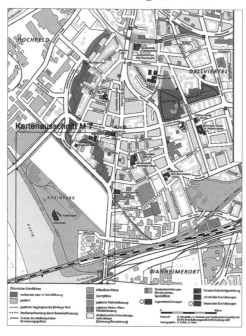

Quelle: Atlas der Metropole Ruhr, Emons Verlag, Köln 2009, S. 151

M 7 Entwicklungsprojekt Rheinpark Duisburg

Quelle: © Loidl / Topos, Stadt Duisburg

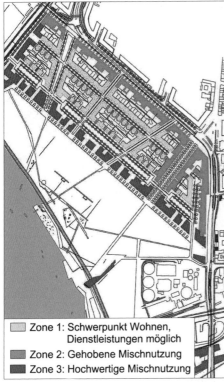

Zone 1:	**Innenbereich des Baugebietes**
Nutzung:	Schwerpunkt Wohnen, Dienstleistungen möglich
Bauweise:	2 bis 4 Geschosse
Bautypen:	Doppelhäuser, Stadtvillen, Reihenhäuser
Zone 2:	**Randzonen des Baugebietes**
Nutzung:	Gehobene Mischnutzung, Gewerbe, Dienstleistungen, Einzelhandel, Gastronomie, anteilig Wohnen
Bauweise:	bis 6 Geschosse
Zone 3:	**Randzonen im Nordwesten und Südwesten des Baugebietes**
Nutzung:	Hochwertige Mischnutzung, Dienstleistungsfunktionen des gewerblichen Sektors, Firmenvertretungen, Hotelnutzungen, Gastronomie, Einzelhandel, hochwertiges Wohnen
Bauweise:	über 6 Geschosse

Zone 1: Schwerpunkt Wohnen, Dienstleistungen möglich
Zone 2: Gehobene Mischnutzung
Zone 3: Hochwertige Mischnutzung

Quelle: © Loidl / Topos, Stadt Duisburg

Die Aufgabe bezieht sich auf die folgenden **inhaltlichen Schwerpunkte:**
- Wandel von Standortfaktoren in seiner Wirkung auf industrieräumliche Strukturen
  - Standortentscheidungen im Zusammenhang mit harten und weichen Standortfaktoren
  - Hauptphasen des industriellen Strukturwandels
- Siedlungsentwicklung in Abhängigkeit von soziokulturellen und politischen Leitbildern
  - Aktuelle Leitbilder der Stadtentwicklung

Lösungsvorschlag

Teilaufgabe 1

Der Operator „kennzeichnen" (Anforderungsbereich II) verlangt, dass Sie einen Raum oder einen Sachverhalt auf der Grundlage bestimmter Kriterien begründet charakterisieren. In dieser Teilaufgabe sollen Sie im Anschluss an die räumliche Einordnung darlegen, in welcher ökonomischen, sozialen und baulichen Situation sich der Stadtteil Duisburg-Hochfeld am Ende der 1990er-Jahre befunden hat (M 1–M 3, M 5).

Der Stadtteil Hochfeld gehört zum Stadtbezirk Duisburg-Mitte; er liegt im Winkel zwischen dem ihn begrenzenden Rhein im Westen und dem Duisburger Außenhafen im Nordwesten, zwischen den Stadtteilen Neuenkamp im Nordwesten und Wanheimerort im Südosten. Der ca. 1,5 mal 1,2 km^2 große Stadtteil grenzt im Norden und Nordosten in 2 km Entfernung von der Altstadt an den Stadtteil Dellviertel. Der gesamte an Rhein und Außenhafen anschließende Bereich bot früher Platz für die inzwischen stillgelegte und abgebaute **Niederrheinische Hütte**, die über eine ringförmige Güter- und Industriebahnanlage an das im Süden des Stadtteils verlaufende Eisenbahnnetz angebunden war. Weitere Verkehrsanbindungen stellen die Richtung Nord-Süd verlaufende A59 im Osten, die westlich über eine Rheinbrücke nach Moers führende L237 sowie die K2, L60 und K5 dar (M 1–M 3). Lage des Stadtteils Hochfeld

Die unmittelbar an das ehemalige, seit Ende der 1990er-Jahre **brachliegende Hüttengelände** angrenzende **Altbausubstanz** stammt zu mehr als der Hälfte aus der unmittelbaren Nachkriegszeit; nur 6 % der Häuser sind jünger als 40 Jahre. Dichte Bebauung mit wenigen Frei- und Grünflächen kennzeichnen den Stadtteil Hochfeld im Inneren; lediglich im unmittelbaren Übergangsbereich zum Hüttenwerk befand sich ein schmaler Grünzug. Das nahe gelegene Hüttenwerk und die zahlreichen Verkehrsträger verursachten neben der allgemeinen **Standortdichte** enorme **Luft- und Lärmbelastungen** (M 3).

Mit Stilllegung und Abriss des Hüttenwerkes im Zuge des **Ruhrgebiets-Strukturwandels** ging ein ökonomischer, bevölkerungsmäßiger und sozialer Abstieg des Stadtteils bis zum Ende der 1990er-Jahre einher: Die Bevölkerungszahl in diesem wenig attraktiven Stadtteil sank um fast die Hälfte von 33 000 Einwohnern am Ende der 1960er-Jahre auf unter 17 000 im Jahr 1998, im Vergleich zu Gesamt-Duisburg ein überproportionaler Schwund (M 5). Struktur-schwacher Stadtteil

Von 1970 bis 2000 ging die Zahl der Arbeitsplätze um 17 000 zurück, der Anteil der Arbeitslosen lag 2000 mit 15,4 % um fast 6 % über dem städtischen Durchschnitt, derjenige der Sozialhilfeempfänger war mit 18,7 % sogar mehr als doppelt so hoch. Auch das **Sozialniveau** sank bis Ende der 1990er-Jahre: Der Anteil mittlerer und einkommensstarker Bevölkerungsgruppen ging seit 1970 um die Hälfte zurück, der Anteil der deutschen Bevölkerung von 1987 bis 2000 um 18 %, während der **Ausländeranteil** um fast ein Drittel auf 36 % Anteil an der Hochfelder Bevölkerung anstieg. Die Wohnbevölkerung war bereits 2000 multikulturell zusammengesetzt, wobei Türken fast genau die Hälfte der ausländischen Einwohner ausmachten. Neben Ex-Jugoslawen (15 %) und Griechen (12 %) setzte sich der ausländische Bevölkerungsanteil zu 24 % aus weiteren Nationen zusammen (M 2). In Korrelation zu dieser **Bevölkerungszusammensetzung, Schichtenzugehörigkeit und Beschäftigungssituation** lag 1998 auch das **Bildungsniveau** Hochfelds deutlich unter dem der Gesamtstadt: Während in Duisburg der Bevölkerungsanteil ohne Hauptschulabschluss bei 17 % lag, betrug er in Hochfeld 25 % und lag damit noch 5 % über dem Durchschnittswert von Duisburg-Mitte. Umgekehrt stand einem mittleren Schulabschluss von 30 % der Duisburger Bevölkerung nur der Wert von 19 % in Hochfeld gegenüber (M 2).

Insgesamt wies Duisburg-Hochfeld Ende der 1990er-Jahre typische und sehr stark ausgeprägte Merkmale eines äußerst **strukturschwachen Stadtteiles** einer vom Strukturwandel betroffenen Stadt auf.

Teilaufgabe 2

Der Operator „erläutern" (Anforderungsbereich II) verlangt von Ihnen, dass Sie aus dem Material entnehmbare Zusammenhänge verdeutlichen. In dieser Teilaufgabe sollen Sie aufzeigen, welche Entwicklungen im Stadtteil Duisburg-Hochfeld im Zusammenhang mit den Zielsetzungen des Programms „Soziale Stadt" seit Beginn des Jahrtausends bereits stattgefunden haben und welche weiteren noch geplant sind (M 2–M 7).

Vor dem Hintergrund dieser **negativen Strukturmerkmale** Ende der 1990er-Jahre wundert es nicht, dass Duisburg-Hochfeld im Jahr 2000 als „Stadtteil mit besonderem Entwicklungsbedarf" in das **Bund-Länder-Förderprogramm „Soziale Stadt"** aufgenommen worden ist. Dieses Förderprogramm hat sich zum Ziel gesetzt,

Förderprogramm
Soziale Stadt

„die ‚Abwärtsspirale' in benachteiligten Stadtteilen aufzuhalten und die Lebensbedingungen vor Ort umfassend zu verbessern" (M 4).

Bis zum Jahr 2007 hat sich die ökonomische Situation nicht verbessert, wie u. a. der mit nur 31,5 % sehr niedrige Anteil der sozialversicherungspflichtig Beschäftigten – im Unterschied zu durchschnittlich 44 % in ganz Duisburg – beweist oder der mit 22,2 % negative Spitzenwert bei den arbeitslosen Jugendlichen zwischen 16 und 24 Jahren; dieser Wert war 2007 fast doppelt so hoch wie der gesamtstädtische (M 2). Ökonomische Situation

In **demographischer Hinsicht** jedoch lassen sich positive Entwicklungsansätze erkennen: So ging die Bevölkerung Hochfelds im Vergleich zu Duisburg seit 1998 relativ geringer zurück; seit 2004 ist sogar ein leichter Wiederanstieg der Einwohnerzahl festzustellen mit anhaltend positiver Prognose bis 2020. Dieser gegenläufige positive Trend wird gestärkt durch eine relativ günstige **Altersstruktur** mit einem insgesamt geringeren Anteil an nichtarbeitsfähiger Bevölkerung. Laut Prognose soll dieser positive Unterschied zu Duisburg bis 2020 weiter zunehmen (M 2, M 5). Demographische Entwicklung

Ungünstiger hat sich die **ethnische Zusammensetzung** entwickelt: Der Ausländeranteil ist von 2000 bis 2009 um 7 % auf 43 % gestiegen und lag damit fast dreimal so hoch wie in der Gesamtstadt (M 2).

Als Unterstützungsmaßnahmen zur Realisierung der Zielsetzungen „Soziale Stadt" sind **Stadtteilentwicklungsmaßnahmen** zu bewerten. Dazu zählen der erfolgte Bau und Ausbau von Kindergärten, Jugendeinrichtungen und Schulen sowie von religiösen Einrichtungen für die jeweiligen ethnischen Gruppen – hiermit trägt man den vorhandenen demographischen und ethnischen Gegebenheiten Rechnung. Weitere dieser Maßnahmen, die sich über den gesamten Stadtteil erstrecken, sind geplant (M 6). Auch Maßnahmen zur **Wohnumfeldverbesserung** sind seit 2000 neben den sozialen Projekten im Zuge des **Städtebauförderprogramms** in Hochfeld bereits durchgeführt worden: Hierzu zählen die Anlage kleinerer öffentlicher Grünflächen, schwerpunktmäßig in der nördlichen Stadtteilhälfte und im Osten, vor allem aber das zentrale Planungsvorhaben „Rheinpark" unmittelbar am Rhein auf der Fläche des ehemaligen Hüttenwerks. Zur allgemeinen Wohnumfeldverbesserung hat man Straßenaufwertung durch Baumbepflanzungen sowie gezielte Sanierungs- und Renovierungsmaßnahmen vor allem in Hochfeld-Mitte durchgeführt (M 6). Stadtteilentwicklungsmaßnahmen

Zentraler Baustein der weiteren Stadtteilentwicklung ist das Entwicklungsprojekt **„Rheinpark Duisburg"** auf dem Areal der früheren Niederrheinischen Hütte, ein **städtebauliches Großprojekt**, das eine **Mischnutzung aus Wohnen, Arbeiten und Naherholung** vorsieht. Es gliedert sich grundsätzlich in eine „grüne", an den Rhein angrenzende Hälfte, die der Naherholung und Freizeitgestaltung dienen soll, sowie ein flächenmäßig gleichgroßes Baugebiet, das sich in drei Zonen unterschiedlicher Bausubstanz und Nutzung unterteilt. Zone 1, im Inneren des Baugebietes gelegen, weist eine 2–4-geschossige Bebauung in Form von Reihen- und Doppelhäusern sowie Stadtvillen auf mit fast ausschließlicher Wohnfunktion ohne Gewerbe. Für die nördlich zur Stadtteilmitte gelegene Zone 2 sind eine „gehobene Mischnutzung" vorgesehen sowie Gebäude bis zu einer Höhe von 6 Geschossen. Die zur Grünanlage und zum Rhein gelegene Zone 3 soll frei stehende, z. T. mehr als 6-geschossige Häuser mit hochwertigen Mietwohnungen aufweisen, dazu eine „hochwertige Mischnutzung" einschließlich Dienstleistungen, Hotelnutzung, Gastronomie und Einzelhandel. Das gesamte Baugebiet wird von Grün durchzogen sein. Das Bauvorhaben im Rheinpark Duisburg unterscheidet sich **physiognomisch** deutlich von der bisherigen Stadtteilbebauung und zielt unter Nutzung der attraktiven Rheinlage auf höhere Einkommensschichten (M 6, M 7).

Teilaufgabe 3

/ *„Stellung nehmen" (Anforderungsbereich III) verlangt eine reflektierte Auseinan-*
/ *dersetzung mit den von Ihnen aufgezeigten Sachverhalten. In dieser Teilaufgabe*
/ *wird von Ihnen erwartet, dass Sie die bisher schon durchgeführten und die noch vor-*
/ *gesehenen Stadtentwicklungsmaßnahmen in Duisburg-Hochfeld auf der Grundlage*
/ *ihrer Ergebnisse zu den Teilaufgaben 1 und 2 im Hinblick auf Erfolgsaussichten und*
/ *denkbare Probleme kritisch beurteilen (M 2–M 7).*

Die im bisher bewohnten Bereich des Stadtteiles durchgeführten stadtplanerischen Maßnahmen berücksichtigen die existierenden Probleme. Durch Auflockerungen des Siedlungsbildes, Verbesserung der Wohnbedingungen oder Ergänzung des **Infrastrukturangebotes** sollte eine **Aufwertung** stattfinden.

Die bisher erzielten Erfolge halten sich in Grenzen: Lediglich im Hinblick auf die Bevölkerungsentwicklung und -prognose gibt es ansatzweise Positives zu berichten. Allerdings könnte das prognostizierte Bevölkerungswachstum bis 2020 die Probleme der jungen Bevölkerungsgruppen, z. B. bezüglich der Chance eine Arbeit zu finden, weiter verschärfen, da die Beschäftigungssituation insgesamt als prekär zu bezeichnen ist (M 2, M 5). Der weiter gestiegene übergroße **Migrantenanteil** bietet auch keine Aussicht auf soziale und ökonomische Stabilisierung, gehören ausländische Bevölkerungsgruppen doch statistisch zu den eher bildungsfernen Schichten, was wiederum unterdurchschnittliche Aussichten auf künftige Beschäftigungsmöglichkeiten nach sich zieht.

Es bleibt abzuwarten, ob das Ziel einer **sozialen Durchmischung** durch das qualitativ hochstehende und damit hochpreisige Wohn-/Mietangebot tatsächlich erreicht werden kann, oder ob es innerhalb des Stadtteiles Hochfeld zu einer **räumlich-sozialen Segregation** kommen wird – der Unterschied zwischen der Ausgangsstruktur und dem Rheinpark-Vorhaben scheint doch ziemlich krass zu sein.

Gefahr der räumlich-sozialen Segregation

Ob die Ansiedlung von dienstleistungsbezogenem Gewerbe und insgesamt eine Ausweitung des Arbeitsplatzangebotes im **tertiären Sektor** einschließlich Tourismus gelingt, wird die Zukunft zeigen. Hier befindet sich der Stadtteil Duisburg-Hochfeld in Konkurrenz mit Stadtplanungsmaßnahmen in anderen Stadtteilen.

Neue Arbeitsplätze im tertiären Sektor

Statt **Integration** und **Revitalisierung** können auch **soziale Konflikte** und **Gentrifizierung** die Folge sein; gegebenenfalls muss hier ein **Stadtteilmanagement** unter intensiver Bürgerbeteiligung den ökonomischen Wandel und den sozialen Verschmelzungsprozess begleiten.

Fazit

Thema
Die Hightech-Branche als Entwicklungsmotor? –
Das Beispiel der Region Cambridge, Großbritannien

Aufgabenstellung   Punkte
1. Lokalisieren Sie Cambridge und beschreiben Sie die gegenwärtige sozioökonomische Struktur der Region.   20

2. Erläutern Sie die Entwicklung und räumliche Verteilung der Hightech-
   Branche in der Region Cambridge.   32

3. Erörtern Sie Chancen und Probleme des Wirtschaftsstandortes Region
   Cambridge.   28

Zugelassene Hilfsmittel
– der an der Schule in der Qualifikationsphase überwiegend verwendete Atlas,
  in einer für alle Prüflinge gleichen Auflage
– Wörterbuch zur deutschen Rechtschreibung
– Taschenrechner

Materialgrundlage

M 1 Atlaskarten nach Wahl

M 2 Region Cambridge – sozioökonomische Daten

	Region Cambridge			Groß-britannien
	Ins-gesamt	Cambridge City	Übrige Distrikte	
Bevölkerung (2009) *Bevölkerungs-prognose (für 2016)*	607 000 *676 600*	121 100 *139 000*		60 003 100 *64 975 400*
Anteil der Bevölkerung mit hochschulähnlichem Abschluss (2010)	36,2 %	60,5 %	South Cambridgeshire: 38,5 % East Cambridgeshire: 30,8 % Fenland: 15,7 % Huntingdonshire: 32,2 %	31,3 %
Sozialhilfe-empfänger (2010)	9,0 %	7,7 %	South Cambridgeshire: 6,8 % East Cambridgeshire: 8,1 % Fenland: 15,7 % Huntingdonshire: 9,1 %	14,5 %
Bruttowochenlohn für Vollzeit-beschäftigte (2010)	£ 547,8	£ 556,5	South Cambridgeshire: £ 593,0 East Cambridgeshire: £ 523,5 Fenland: £ 440,6 Huntingdonshire: £ 563,2	£ 500,4
Beschäftigungs-struktur (2008)				
Produktion	12,0 %	4,2 %		10,2 %
Baugewerbe	4,2 %	1,7 %		4,8 %
Dienstleistungen, davon:	83,0 %	93,8 %		83,5 %
Distribution, Hotels, Gaststätten	21,6 %	17,8 %		23,4 %
Transport, Kommunikation	4,0 %	3,2 %		5,8 %
Finanzen, IT	22,8 %	25,5 %		22,0 %
öffentliche Verwaltung, Bildung, Gesundheit	30,7 %	43,5 %		27,0 %
andere Dienstleistungen	3,9 %	3,8 %		5,3 %

Fenland

East Cambs

Huntingdonshire

Cambridge City

South Cambs

20 km

Anmerkungen:
Cambridge City ist die Distriktbezeichnung für die Stadt Cambridge; Cambs = Cambridgeshire

Eigene Zusammenstellung nach:http://www.nomisweb.co.uk (Labour Market Profile. Cambridge und Cambridgeshire; Zugriff 29. 06. 2011);
http://www.cambridgeshire.gov.uk (CambridgeReport09_part1.pdf; Zugriff 29. 06. 2011);
http://www.nomisweb.co.uk/reports/lmp/la/1967128579/report.aspx (Zugriff 19. 04. 2011);
http://www.neighbourhood.statistics.gov.uk/ (Zugriff 29. 06. 2011);
http://www.cambridgeshire.gov.uk (Zugriff 22. 07. 2010)

M 3 Cambridge City – Wissenschaft und Wirtschaft

Universität	• eine der ältesten Universitäten Europas • 31 *Colleges* (= Institute) mit 6 Schwerpunkten: Geisteswissenschaften, Biowissenschaften, Klinische Medizin, Sozialwissenschaften, Naturwissenschaften, Technologie • ca. 10 000 Beschäftigte, ca. 20 000 Studierende • *Trinity College:* das reichste *College;* seine Ländereien umfassen den Besitz des *Cambridge Science Park*
Wissenschaftsparks und Inkubatoren[1]	• u. a. *Cambridge Science Park, St John's Innovation Centre, Babraham Research Campus, Granta Park, IQ Cambridge* • oft auf Flächen, die seit Jahrhunderten im Besitz der Universität sind • Angebot an Büro- und Laborräumen sowie diversen Einrichtungen insbesondere für *Start-ups*[2], *Spin-offs*[3] und multinationale Tochtergesellschaften
1960	• Zwei junge Cambridge-Absolventen gründen die Firma *Cambridge Consultants* (Technologietransfer), „um das Wissen der Cambridge Universität der britischen Industrie zur Verfügung zu stellen".
1970	• Gründung des *Cambridge Science Park* durch das *Trinity College* • bis zum Ende des Jahrzehnts Ansiedlung von 25 Firmen hauptsächlich für Telekommunikation und Lasertechnik
1980er-Jahre	• Errichtung von *Starter Units*[4] und des *St John's Innovation Centre* • Entstehung von *Spin-outs*[5] der angesiedelten Firmen • erste Kooperationen verschiedener Firmen des *Cambridge Science Park*
1990er-Jahre	• neue Niederlassungen, weiterhin eine Mischung aus *Spin-outs* sowie britischen Tochtergesellschaften multinationaler Unternehmen • seit 1996 verstärkt aktive Unterstützung zur Kommerzialisierung der Forschungsergebnisse • *Cambridge Science Park* mit 64 Firmen und ca. 4 000 Arbeitsplätzen (1999) hauptsächlich im Bereich von Telekommunikation und Biowissenschaften
seit 2000	• Gemeinschaftsunternehmen zwischen *Trinity College* und *Trinity Hall* (Besitzer eines Grundstücks von ca. 90 000 m^2 Industriebrache) • Seit 2001 hat die Universität geistiges Eigentumsrecht über Forschungsinhalte, die im Rahmen von Projekten entstanden sind, die durch die Universität finanziert wurden.
2010	• Cambridge ist eine der 5 wettbewerbsfähigsten Städte Großbritanniens.

1 Inkubatoren: Einrichtungen bzw. Institutionen, welche Existenzgründer im Rahmen der Unternehmensgründung unterstützen

2 *Start-ups:* junge, wissensbasierte Firmen im Anfangsstadium

3 *Spin-off:* ein Unternehmen, das unmittelbar aus der Hochschulforschung und -entwicklung hervorgeht

4 *Starter Units:* flexible Büroräume für *Start-ups* (siehe auch Inkubator)

5 *Spin-out:* Firmenausgründung: eine Art *Spin-off*, wobei sich ein Teil einer Firma „abspaltet" und ein eigenständiger Betrieb wird

Eigene Zusammenstellung nach: Info Universität: http://www.cam.ac.uk/univ/ (Zugriff 15. 09. 2011); http://www.cambridgesciencepark.co.uk/about/history (Zugriff 15. 09. 2011); http://www.kooperation-international.de/countries/themes/international/clusterlist/cluster-cambridge/ (Zugriff 11. 04. 2010)

M 4 Technologiefelder in der Region Cambridge

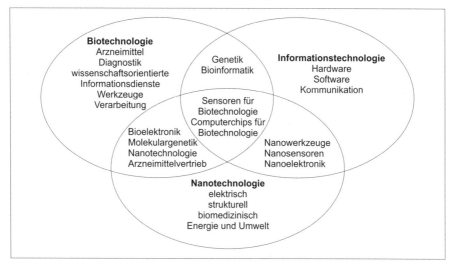

Biotechnologie
Arzneimittel
Diagnostik
wissenschaftsorientierte
Informationsdienste
Werkzeuge
Verarbeitung

Genetik
Bioinformatik

Informationstechnologie
Hardware
Software
Kommunikation

Sensoren für
Biotechnologie
Computerchips für
Biotechnologie

Bioelektronik
Molekulargenetik
Nanotechnologie
Arzneimittelvertrieb

Nanowerkzeuge
Nanosensoren
Nanoelektronik

Nanotechnologie
elektrisch
strukturell
biomedizinisch
Energie und Umwelt

Quelle: Clemens Philipp, Internationales Büro des BMBF, VDI Technologiezentrum GmbH (Hrsg.);
(Grafik nicht mehr aktuell > http://www.kooperation-international.de/clusterportal/cluster-cambridge.
html)

M 5 Cambridge City – Hightech-Branche (siehe Farbabbildungen)

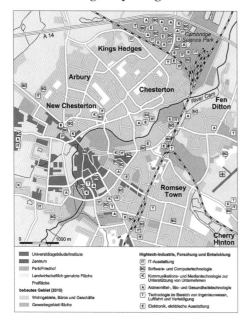

Quelle: © cartomedia, Karlsruhe

M 6 Region Cambridge – Betriebs- und Beschäftigtenzahlen in der Hightech-Branche

Insgesamt

	1991	1995	1999	2002	2004	2006	2008
Beschäftigte	30 934	36 423	42 527	46 224	44 525	44 374	48 099
Betriebe	1 083	1 225	1 426	1 539	1 540	1 420	1 379

Nach Distrikten

Anteil der Beschäftigten (in % der Gesamtbeschäftigten in der Region Cambridge)							
Distrikt / Jahr	1991	1995	1999	2002	2004	2006	2008
Cambridge City	41,8	39,2	38,4	35,8	36,2	37,2	34,5
East Cambridgeshire	3,3	3,8	3,6	3,8	3,6	3,3	3,5
Fenland	1,7	1,5	1,6	1,6	1,7	1,8	1,7
Huntingdonshire	16,4	16,9	16,0	17,4	17,4	17,3	18,4
South Cambridgeshire	36,8	38,6	40,4	41,4	41,1	40,4	41,9

Quelle: SQW, Cambridgeshire County Council (Hrsg.): http://www.cambridgeshire.gov.uk/NR/rdonlyres/ B7DD1792-2659-4494-9C29-F45A188B1190/0/ CambridgeclusterreportFINAL210311.pdf (veröffentlicht im März 2011; Zugriff 08. 06. 2011)

M 7 Verkehrsaufkommen

Eine Studie von 2008 zeigt:
* Kosten durch Verkehrsstaus für die regionale Wirtschaft bereits über £ 1 Mrd. pro Jahr.
* Bei ausbleibenden Gegenmaßnahmen Steigerung der Kosten bis 2021 auf über £ 2 Mrd.

Pendlerprognose (2021):
* South Cambridgeshire und Cambridge City sind zwei der – bezogen auf die Bevölkerung – am schnellsten wachsenden Distrikte.
* Bis 2021 prognostiziert man knapp 20 000 weitere Pendler in die Distrikte South Cambridgeshire, Cambridge City und Huntingdonshire.

Eigene Zusammenstellung nach: http://www.centreforcities.org/808.html (Zugriff 12. 12. 2011); http://www.eeda.org.uk/files/Final_report_Exec_Sum_4.pdf (Zugriff 12. 12. 2011); http://media.ft.com/cms/441f91c2-36e5-11df-bc0f-00144feabdc0.pdf (Zugriff 12. 12. 2011)

M 8 Entwicklung der Immobilienpreise

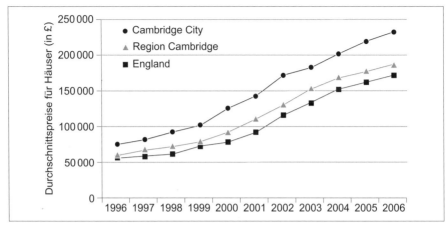

Eigene Darstellung nach:
http://www.cambridgeshirehorizons.co.uk/documents/shma/ch_27_identifying_housing_need_2009.pdf

Die Aufgabe bezieht sich auf die folgenden **inhaltlichen Schwerpunkte:**
- Wandel von Standortfaktoren in seiner Wirkung auf industrieräumliche Strukturen
  - Standortentscheidungen im Zusammenhang mit harten und weichen Standortfaktoren
- Verkehrs- und Kommunikationsnetze in ihrer Bedeutung für die Verflechtung und Gestaltung von Räumen
  - Zusammenhang zwischen der Modernisierung der Verkehrs- und Kommunikationsnetze und der Globalisierung
  - Prinzipien der Standortverlagerung und der Beschaffungslogistik

Lösungsvorschlag

Teilaufgabe 1

✎ *Der Operator „beschreiben" (Anforderungsbereich I) erfordert eine ausführliche*
✎ *Wiedergabe der Materialaussagen unter umfassender Verwendung der Fach-*
✎ *sprache. In dieser Teilaufgabe sollen Sie im Anschluss an die räumliche Einordnung*
✎ *die gegenwärtige sozialräumliche Struktur der Region Cambridge aufzeigen und*
✎ *hierbei auch auf die teilräumlichen Unterschiede eingehen (M 1–M 4).*

Die **Region Cambridge** liegt im Südosten Englands westlich von Suffolk, ca. 80 km nördlich der Hauptstadt London, mit der sie durch eine Autobahn und eine Haupteisenbahnlinie verbunden ist. Sie untergliedert sich in die fünf Distrikte Fenland (N), Huntingdonshire (W), East Cambridgeshire (O), South Cambridgeshire (S) und Cambridge City, die Distrikt-Hauptstadt, inmitten des sie umgebenden Distriktes South Cambridgeshire gelegen. Die Nord-Süd-Ausdehnung beträgt ca. 85 km, die West-Ost-Ausdehnung ca. 75 km. Der östliche Teil der Region weist Höhen von 100–200 m auf, ca. 80 % sind Flachland unter 100 m NN (M 1, M 2).

Geographische Lage

Als eine der fünf wettbewerbsfähigsten Städte Großbritanniens (M 3) beeinflusst Cambridge City auf positive Weise die an sich schon überdurchschnittliche ökonomische und soziale Struktur der Region. So liegt der Anteil der Bevölkerung **mit hochschulähnlichem Bildungsabschluss** um ca. 5 % über dem Landesdurchschnitt, derjenige der alten Universitätsstadt Cambridge City ist mit 60,5 % fast doppelt so hoch. So erstaunt es nicht, dass das durchschnittliche Lohnniveau ca. 10 % über dem Durchschnitt Großbritanniens liegt, in South Cambridgeshire sogar fast 20 %. Andererseits gibt es auch Teildistrikte wie Fenland, die einen sehr geringen Bevölkerungsanteil mit Hochschulabschlüssen und deutlich niedrigere sozioökonomische Indikatoren aufweisen. Während der Anteil der Sozialhilfeempfänger in der Region Cambridge um ca. ein Drittel unter dem Großbritanniens liegt – was auf die überdurchschnittlich guten Beschäftigungsmöglichkeiten für Menschen mit hohen Bildungsabschlüssen zurückzuführen ist –, beträgt er in Cambridge City sogar nur die Hälfte. Hintergrund dieser überdurchschnittlichen **Sozialstandards** ist der hohe Anteil der im **tertiären Sektor** Beschäftigten, wobei vor allem die gehobenen und höherwertigen **Dienstleistungen** dominieren in den Bereichen Finanzen/IT sowie öffentliche Verwaltung/Bildung/Gesundheit. Bei all diesen Dienstleistungen weist Cambridge City regionsintern

Sozioökonomische Struktur

wie auch im Vergleich mit Großbritannien die eindeutig höchsten Werte auf (M 2). Ein weiteres **ökonomisches Kennzeichen** der Region Cambridge ist der Besatz mit Unternehmen zahlreicher **Technologiefelder** wie Biotechnologie, Informationstechnologie oder Nanotechnologie (M 4).

Die Region Cambridge ist als **hochentwickelte Wirtschafts-region** zu bezeichnen, deren ökonomischer Schwerpunkt regional in den beiden Süddistrikten liegt. Während die beiden in der Mitte liegenden Distrikte Huntingdonshire und East Cambridgeshire in etwa dem Regionsdurchschnitt entsprechen, fällt der nördliche Distrikt Fenland in jeder Hinsicht deutlich ab und beeinträchtigt damit statistisch die Regionsdurchschnittswerte erheblich (M 2).

Hochentwickelte Wirtschaftsregion

Teilaufgabe 2

Der Operator „erläutern" (Anforderungsbereich II) verlangt von Ihnen, dass Sie die aus dem Material entnehmbaren Zusammenhänge verdeutlichen. In dieser Teilaufgabe sollen Sie aufzeigen, in welcher zeitlichen Abfolge sich die Hightech-Branche in der Region Cambridge entwickelt und wie sie sich räumlich verteilt hat. Hierbei ist ein besonderes Augenmerk auf die Bedeutung der vorhandenen Bildungs-einrichtungen zu richten (M 3 – M 6).

Die **Hightech-Branche** besitzt in der Region Cambridge und vor allem in Cambridge City eine überragende Bedeutung weit über den Distrikt hinaus. Dies drückt sich sowohl in den Beschäftigten- und Betriebszahlen dieser Branche aus als auch in den Forschungs-schwerpunkten der Universität Cambridge sowie ihren **assoziier-ten Wissenschaftsparks und Inkubatoren** (M 3).

Bedeutung der Hightech-Branche

Die Anfänge dieser Entwicklung gehen zurück auf eine Firmengründung zweier Hochschulabsolventen im Jahr 1960, die sich der Universität und der heimischen Industrie verbunden fühlten und eine Verbindung zwischen Wissenschaft und Forschung einerseits sowie ökonomischer Umsetzung/Verwendung andererseits herstellten. Aus dieser Anfangsidee entwickelte sich binnen zehn Jahren die Keimzelle des **Cambridge Science Parks**, der ca. 2,5 km nordöstlich der Innenstadt am Stadtrand gelegen ist. Gründer war diesmal ein College, das seinen Arbeitsschwerpunkt im Bereich Telekommunikation und Lasertechnik besaß. Um Anreize für Hochschulabsolventen und Jungunternehmer zu schaffen, wurden in diesem **Technologiepark** finanzielle und logistische Start-hilfen geboten, die dazu führten, dass sich innerhalb von weiteren

Entwicklung der Hightech-Branche

zehn Jahren viele Hightech-Firmen ansiedelten. Diese Firmen wuchsen, lagerten einen Teil ihrer Produktion und Weiterentwicklung aus und gingen untereinander Kooperationen im Zuge von **Spezialisierungs- und Diversifizierungsvorgängen** ein (M 3, M 4).

Während sich diese Entwicklung am Anfang schwerpunktmäßig in Cambridge City konzentriert hatte, dehnte sie sich bis zum Beginn der 1990er-Jahre schnell auf South Cambridgeshire und Huntingdonshire aus: Von den 30 934 Beschäftigten in 1 083 Betrieben wies die Distrikthauptstadt im Jahr 1991 ca. 42 % auf, South Cambridgeshire 37 % und Huntingdonshire 16 %. East Cambridgeshire und Fenland blieben von dieser Entwicklung weitestgehend ausgeschlossen, was sich bis zur Gegenwart nicht geändert hat. Bis 2002 stieg die Beschäftigtenzahl in der Hightech-Branche stetig bis auf über 46 000 an und lag nach einem Rückgang auf 44 000 im Jahr 2008 bei 48 000. Hingegen lässt sich bei der Anzahl der Betriebe seit 2002 ein Rückgang von gut 10 % auf nur noch 1 379 im Jahr 2008 beobachten (M 6).

Räumliche Schwerpunkte

Seit 1991 hat Cambridge City ca. 7 % Bedeutungsanteil an South Cambridgeshire abgeben müssen, welches nunmehr mit 42 % zu 35 % dominiert. In dieser Zeit haben die Bildungseinrichtungen die Weiterentwicklung der Hightech-Branchen in vielfältiger Weise unterstützt und gefördert: Flächen und Gebäude wurden – verteilt über den gesamten Kernstadtbereich – bereitgestellt, finanzielle Unterstützung „zur Kommerzialisierung der Forschungsergebnisse" (M 3) wurden gewährt, Kooperationen wie die zwischen Trinity College und Trinity Hall wurden eingegangen, u. a. hierdurch auch Fachkräfte bereitgestellt. Als Folge davon wuchs die Bedeutung der Hightech-Branche ständig, und außer britischen Unternehmern beteiligten sich seit den 1990er-Jahren auch **multinationale Unternehmen** hieran. Nach und nach entstand ein räumliches und **clusterartiges Netzwerk**, in dem sich einzelne Betriebe auf die verschiedenen **Technologiefelder** sowie deren Forschungs- und Produktionsschwerpunkte spezialisieren konnten. So arbeiteten bereits 1999 im Cambridge Science Park 4 000 Beschäftigte überwiegend in den Bereichen Telekommunikation/Informationstechnologie und Biowissenschaften/Biotechnologie (M 3, M 4). Diese Netz- und Clusterstruktur verdichtet sich zunehmend, da bei fortschreitender Spezialisierung und Diversifizierung Überschneidungen/**Schnittstellen zwischen den einzelnen Technologiefeldern** entstehen, z. B. bei der Entwicklung von

Räumliches und clusterartiges Netzwerk

Sensoren oder Computerchips für biotechnologische Produkte, wofür Knowhow und Zulieferprodukte aller drei Technologiefelder benötigt werden (M 4).

Das heutige **Standortmuster in der Region Cambridge** wird geprägt von einem engen räumlichen Nebeneinander von wissenschaftlichen Instituten sowie Unternehmen der Hightech-Industrie innerhalb der Kernstadt von Cambridge City und dem inzwischen auf eine Fläche von $2,5 \times 1,5$ km^2 angewachsenen, infrastrukturell sehr gut angebundenen Cambridge Science Park, ferner zahlreichen weiteren Unternehmensstandorten in der südlichen Hälfte der Region (M 5, M 6).

Heutiges
Standortmuster

Teilaufgabe 3

/ *Der Operator „erörtern" (Anforderungsbereich III) verlangt von Ihnen das begrün-*
/ *dete Abwägen zwischen Pro und Kontra mit dem Ziel einer eigenen abschließenden*
/ *Urteilsbildung. In dieser Teilaufgabe wird von Ihnen ein Urteil erwartet bezüglich*
/ *der Frage, ob die vorhandene „spezialisierte" Branchenstruktur in der Region Cam-*
/ *bridge Grundlage einer künftig positiven Entwicklung sein kann (M 2 – M 8).*

Die Region Cambridge gehört aufgrund ihres hohen Anteils an **wissensbasierten Wachstums- und Zukunftsindustrien** und deren Vernetzung sowie des Vorhandenseins sehr qualifizierter Arbeitskräfte zu den wettbewerbsfähigsten Städten Großbritanniens. Ihre Betriebe sind gekennzeichnet durch einen hohen Flexibilitäts- und Innovationsgrad, wie die breite Branchenpalette innerhalb der Hightech-Branche sowie die Betriebsstrukturentwicklung beweisen (M 2, M 4, M 6). Eine Region mit einem solch positiven infrastrukturellen und ökonomischen Image übt **Ansiedlungs- und Investitionsanreize** auf in- und ausländische Unternehmen aus, zumal sowohl in Cambridge City als auch in der gesamten Region hinreichend **räumliche Expansionsmöglichkeiten** bestehen (M 1, M 5). Die Entwicklung bis 2010 beweist, dass die Hightech-Branche selbst in Zeiten weltwirtschaftlicher Rezession nur marginal betroffen ist (M 6).

Positive
Entwicklung

Eine solche **Hightech-Boomregion** hat auch einige Schattenseiten: Die Dominanz des tertiären Sektors mit besonderen Anforderungen an sehr gut ausgebildete und hochqualifizierte Arbeitskräfte sowie entsprechend hohem Lohnniveau und Lebensstandard führt zu einem Anstieg der Lebenshaltungskosten, wie exemplarisch anhand der **Immobilienpreise** zu sehen ist. Im Vergleich mit

Probleme

England sind diese – ausgehend von demselben Preisniveau im Jahr 1996 – in der Region Cambridge bis 2006 um ca. 10 % stärker gestiegen, in Cambridge City, wo sie bereits 1996 durchschnittlich bei 75 000 € und damit 20 000 € über dem Landesdurchschnitt lagen, sind sie wie in der Region um das Dreifache gestiegen, was absolut gesehen eine Verteuerung um 30 000 € bedeutet (M 8). In Anbetracht der Wirtschaftsstruktur ist es zudem für weniger Qualifizierte schwierig, einen Arbeitsplatz zu finden und mit dem geringeren Einkommen die Lebenshaltungskosten im Kernraum zu bestreiten (M 2).

Aufgrund dieser Einkommens- und Preisunterschiede ist bis 2008 **das Pendleraufkommen** stark gewachsen, da viele zwar ihren Arbeitsplatz in Cambridge City haben, ihren Wohnort jedoch in einem anderen Distrikt mit niedrigeren Immobilienpreisen. Die Folge sind regelmäßige Verkehrsstaus zu den **Rush-Hours**. Der volkswirtschaftliche Schaden war bereits im Jahr 2008 mit über 1 Mrd. engl. Pfund erheblich. Vor dem Hintergrund der anzunehmenden wirtschaftlichen Weiterentwicklung und der damit einhergehenden Bevölkerungszunahme in den wirtschaftlich führenden Distrikten erwartet man eine Zunahme des täglichen Pendleraufkommens um weitere 20 000 Personen. Ohne den notwendigen Ausbau des Straßen- und ÖPNV-Netzes in den drei betroffenen Distrikten werden, so die Prognosen, die Staus zunehmen und die **volkswirtschaftlichen Kosten** steigen, und zwar auf mehr als das Doppelte bereits im Jahr 2021 (M 7).

Die einerseits spezialisierte, andererseits zunehmend diversifizierte Hightech-Branche ist bisher ohne Frage Motor der Entwicklung in der Region Cambridge gewesen. Bei anhaltender Innovations- und Investitionsbereitschaft wird der **Hightech-Cluster** auch künftig eine allgemeine positive Weiterentwicklung ermöglichen. Damit eine Partizipation möglichst aller Bevölkerungsschichten hieran erfolgen kann, bedarf es begleitender stadt- und raumplanerischer Maßnahmen, u. a. im Bereich der Verkehrsinfrastruktur. Fazit

Thema

Zukunftsfähige Entwicklung durch Bewässerungsprojekte? –
Das Beispiel Toshka/Ägypten

Aufgabenstellung Punkte

1. Lokalisieren Sie das Toshka-Projekt; erläutern Sie seine Struktur und
   Zielsetzung vor dem Hintergrund der naturräumlichen, demographischen
   und wirtschaftlichen Situation Ägyptens. 50

2. Erörtern Sie, inwiefern das Toshka-Projekt als Beitrag zur zukunftsfähigen Entwicklung Ägyptens angesehen werden kann. 30

Zugelassene Hilfsmittel

– der an der Schule in der Qualifikationsphase überwiegend verwendete Atlas,
   in einer für alle Prüflinge gleichen Auflage
– Wörterbuch zur deutschen Rechtschreibung
– Taschenrechner

Materialgrundlage

M 1 Atlaskarten nach Wahl

M 2 Klima Assuan

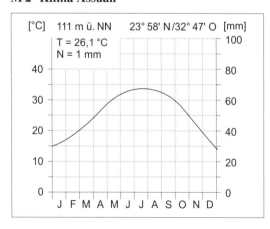

Eigene Darstellung nach:
www.klimadiagramme.de;
Universität zu Köln:
Sonderforschungsbereich 389.
Teilprojekt E1

M 3 Daten zur Bevölkerung und Landwirtschaft in Ägypten

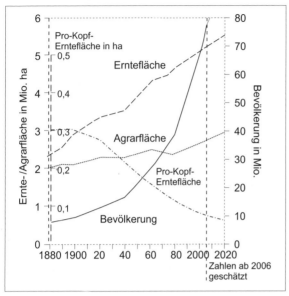

Jährliches Wasserangebot pro Kopf (in m³)	
1955	2 385
1990	1 046
2025	605
2050	502

Anmerkung:
Die Erntefläche kann aufgrund mehrerer Ernten pro Jahr größer sein als die Agrarfläche, bei einer Ernte pro Jahr sind Agrar- und Erntefläche identisch.

Quelle: Ibrahim, Fouad N./ Ibrahim, Barbara: Ägypten. Geographie, Geschichte, Wirtschaft, Politik. Darmstadt, WBG 2006

M 4 Ägypten: Bevölkerungsdichte, Landnutzung, Wirtschaft um 1990

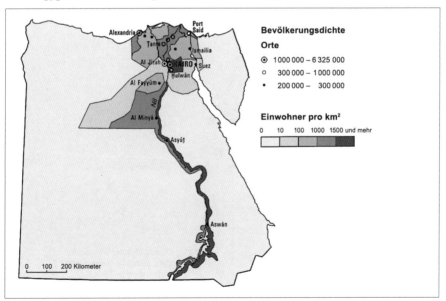

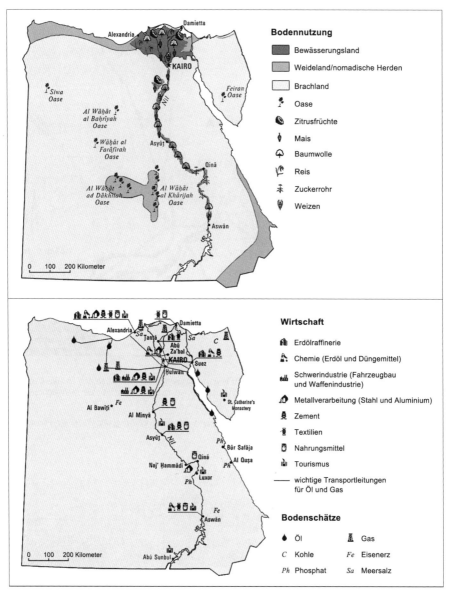

Bodennutzung

- Bewässerungsland
- Weideland/nomadische Herden
- Brachland
- 🌱 Oase
- 🍊 Zitrusfrüchte
- 🌾 Mais
- 🌼 Baumwolle
- 🌿 Reis
- 🎋 Zuckerrohr
- 🌾 Weizen

Wirtschaft

- 🏭 Erdölraffinerie
- ⚗ Chemie (Erdöl und Düngemittel)
- ⚒ Schwerindustrie (Fahrzeugbau und Waffenindustrie)
- ⚙ Metallverarbeitung (Stahl und Aluminium)
- 🏺 Zement
- 🧵 Textilien
- 🥫 Nahrungsmittel
- 🏛 Tourismus
- — wichtige Transportleitungen für Öl und Gas

Bodenschätze

- ◆ Öl
- 🜍 Gas
- *C* Kohle
- *Fe* Eisenerz
- *Ph* Phosphat
- *Sa* Meersalz

Anmerkung: Aswān = Assuan

Eigene Darstellung nach: http://www.weltkarte.com/afrika/aegypten.htm (Zugriff 07. 02. 2011)

M 5 Toshka-Projekt: Lage

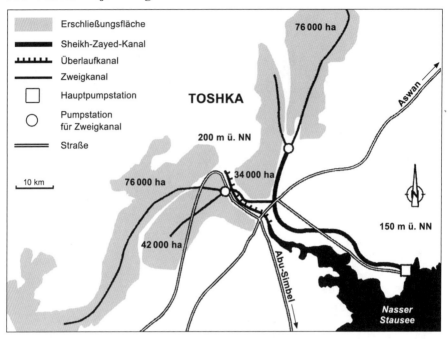

Anmerkung:
Der Sheikh-Zayed-Kanal sollte nach ursprünglichen Planungen auch die nordwestlich des Toshka-Gebietes liegenden Oasensenken miteinander verbinden, die konkreten Ausbaupläne beschränken sich jedoch auf das Toshka-Gebiet.

Eigene Darstellung nach: Meyer, Günther: Toshka. Megaprojekt zur Eroberung der Wüste Ägyptens. In: Praxis Geographie 31 (2001) H. 7– 8, S. 19

Hauptpumpstation am Nasser-Stausee

Anmerkung:
24 vertikale Pumpen, von denen 18 permanent in Betrieb sind, heben das Wasser des Nasser-Stausees.

Quelle: http://www.wikipedia.de (Zugriff 17. 08. 2011)

M 6 Toshka-Projekt: Daten

Auslöser für das Projekt	In niederschlagsreichen Jahren verdunstete überschüssiges Wasser des Nasser-Stausees ungenutzt in der Toshka-Senke.
Bauzeit	1997–2017
Geplanter Ablauf des Bewässerungsprojekts	Der landwirtschaftlichen Inwertsetzung sollen Industrialisierungsmaßnahmen und touristische Projekte folgen.
Arbeitsplätze pro Hektar Bewässerungsland (Plan)	4 (Landwirtschaft), 8–10 (Folgeeffekte)
Inbetriebnahme der Großpumpen zur Anhebung des Nilwassers	2003
Hauptkanal	„Sheikh Zayed", 6 m tief, 30 m breit, 50,8 km lang, offene Betonrinne, Kosten 2 Mrd. Euro
Länge des geplanten Kanalsystems	320 km
Prognostizierter Wasserbedarf	25 Mio. m^3 pro Tag (10–12 % des für Ägypten vertraglich garantierten Nilwassers)
Geplante Ansiedlung	3 Mio. Menschen, 18 Siedlungen
Voraussichtliche Kosten	62,3 Mrd. Euro
Vorgesehener Anbau	Mais, Gerste, Weizen, Artischocken, Erdbeeren, Weintrauben, Spargel, Erdnüsse, Wassermelonen, Dattelpalmen
Vorhandene Bodenschätze	Blei, Edelsteine, Eisen

Eigene Zusammenstellung nach: Praxis Geographie 39 (2009) H. 1, S. 44;
http://www.mwri.gov.eg/En/project_toshka%20.html (Zugriff 07. 02. 2011);
http://www.klett-verlag.de/sixcms_upload/media/100/toshka_karte.jpg (Zugriff 07. 02. 2011)

M 7 „Fata Morgana Toshka"

Eigentlich sollte das Wüstenprojekt nach einem einfachen Prinzip gedeihen: [...] Reiche Investoren – bevorzugt aus den Golfstaaten – kaufen das Plantagenland in großen Stücken, bekommen zehn Jahre Steuerfreiheit und verpachten es an einheimische Bauernfamilien, die es für den Export bewirtschaften.

Um das Geschäft in Schwung zu bringen, setzte die ägyptische Regierung auf den weltgewandten saudischen Milliardär Prinz Alwaleed bin Talal als internationales Zugpferd. Mehr als eine winzig kleine Testfarm aber ist auf seinem Boden nicht entstanden. Selbst Nebenpumpen, die das Wasser zum Gelände bringen sollen, hat er nicht installieren lassen. „Private Investoren sind Feiglinge. Sie sind nur auf schnelle Rendite aus – aber die gibt es im Agrargeschäft nicht", trösten sich Verantwortliche wie Ingenieur Tarek Ewies, der für die Öffentlichkeitsarbeit zuständig ist. [...] Lediglich 5 000 Wanderarbeiter sind bisher auf den Feldern tätig, angelockt durch den vergleichsweise hohen Lohn von rund vier Euro pro Tag. Jetzt soll „in weniger als 15 Jahren" als erste neue Stadt Toshka-City für 100 000 Einwohner hochgezogen werden – mit Schulen, Geschäften und Krankenhäusern. Noch ist kein Spatenstich getan. Lediglich eine kleine Moschee, ein Toilettenblock für Arbeiter und ein verwaister Helikopterlandeplatz für die Investoren stehen irgendwo in der Wüste.

Quelle: Martin Gehlen, Frankfurter Rundschau, http://www.fr-online.de/wirtschaft/urbanisierung-in-aegypten-fata-morgana-toshka/1472780/4561130.htm (16. 08. 2010; Zugriff 07. 02. 2011)

M 8 Ägypten – Außenhandel

Import (in Mrd. US-$) 2009	50,3
Hauptimportprodukte (in %) 2008 Nahrungsmittel Maschinen und Fahrzeuge Metalle	16 23 18
Export (in Mrd. US-$) 2009	25,2
Hauptexportprodukte (in %) 2008 Erdöl und Erdölerzeugnisse Metalle Nahrungsmittel	44 12 11
Nationale Selbstversorgung 2006	
Versorgungsgrad (in %) Weizen Mais Reis Zucker Speiseöl Bohnen	51 56 100 73 12 64

Eigene Zusammenstellung nach: FWA 2008; Ibrahim, Fouad N./Ibrahim, Barbara: Ägypten. Geographie, Geschichte, Wirtschaft, Politik. Darmstadt: WBG 2006; Germany Trade & Invest – Wirtschaftsdaten kompakt: Ägypten, 2010

M 9 Nilwasser – Daten und Fakten

Einzugsgebiet des Nils

Staat	Fläche (%)
Sudan	62,7
Äthiopien	12,1
Ägypten	9,9
übrige Anrainer	15,3

Quelle: Gerdes Torben; Abteilung für Hydrologie und Wasserwirtschaft, Christian-Albrechts-Universität Kiel; http://www.hydrology.uni-kiel.de/lehre/seminar/ss05/gerdes_wasserbilanz_nil.pdf (Zugriff 07. 02. 2011)

Abkommen zur gerechteren Verteilung des Nilwassers unterzeichnet

ENTEBBE 14. Mai 2010 – Gegen den Widerstand Sudans und Ägyptens wollen die ostafrikanischen Nil-Anrainerstaaten einen größeren Anteil am Nilwasser erhalten. Nach einem noch aus Kolonialzeiten stammenden Vertrag hat Ägypten Anspruch auf Nutzung von 90 Prozent des Nilwassers.

Die Wasserwirtschaftsminister Ugandas, Äthiopiens, Tansanias und Ruandas unterzeichneten im ugandischen Entebbe eine Vereinbarung, die das bisherige Monopol Kairos und Khartums brechen soll.

Kenia unterstützt die diplomatischen Bemühungen, Burundi und Kongo signalisierten, dass sie die Vereinbarung ebenfalls unterzeichnen wollen. Ägyptens Außenminister zeigte sich empört: Das Land werde keine Vereinbarung unterzeichnen, die vorsieht, dass es auf seine „historischen" Rechte verzichtet.

Für die Staaten am Nil und dem Viktoriasee geht es vor allem darum, auch gegen den Willen Ägyptens und Sudans Bewässerungsprojekte, Staudämme und Wasserkraftwerke entlang des längsten Flusses Afrikas durchsetzen zu können.

In den vergangenen Jahren litten unter den Nil-Anrainerstaaten vor allem Kenia, Äthiopien und Teile Ugandas unter Dürre und Wassermangel.

Quelle: Volksblatt; http://www.volksblatt.li/?newsid=104595&src=sda&region=id (Zugriff 07. 02. 2011)

Die Aufgabe bezieht sich auf die folgenden **inhaltlichen Schwerpunkte:**
- Ursachen und Folgen von Eingriffen in geoökologische Kreisläufe
  - Landwirtschaftliche Intensivierung durch unterschiedliche Bewässerungssysteme in ariden und semiariden Räumen
  - Prozess der Bodenversalzung und mögliche Gegenmaßnahmen
- Raumbedarf und Tragfähigkeit im Zusammenhang mit demographischen Prozessen
  - Ursachen und Folgen von Wanderungsbewegungen

Lösungsvorschlag

Teilaufgabe 1

Der Operator „erläutern" (Anforderungsbereich II) verlangt von Ihnen, dass Sie die aus dem Material entnehmbaren Zusammenhänge verdeutlichen. In dieser Teilaufgabe sollen Sie im Anschluss an die räumliche Einordnung des Toshka-Projektes seine Struktur aufzeigen und darlegen, welche Ziele mit ihm verfolgt werden. Hierbei müssen Sie auf die naturräumlichen Voraussetzungen sowie die demographischen und wirtschaftlichen Gegebenheiten Ägyptens eingehen (M 1–M 6, M 8, M 9).

Das ägyptische **Toshka-Bewässerungsprojekt** befindet sich westlich des Nils, etwa 30 km nördlich von Abu Simbel südwestlich von Assuan, ca. 50 km vom Nil entfernt. Es umfasst vier Erschließungsflächen zwischen 34 000 und 76 000 ha Größe, Senken in der Wüste, die einer landwirtschaftlichen Nutzung zugeführt werden sollen (M 1, M 5, M 6).

Räumliche Lage

Die Idee zum Bau eines Kanals, der gezielt **Nilwasser** in die Toshka-Senke leiten soll, entstand aufgrund der Tatsache, dass in regenreichen Jahren Wasser aus dem Nasser-Stausee in einen Überlaufkanal abgelassen werden musste und ungenutzt in der **Toshka-Senke** verdunstete. Da zwischen dem Nasser-Stausee und der Toshka-Senke ein bis zu 150 m hoher Landrücken durch die Wüste verläuft, muss das Nilwasser zunächst in der Hauptpumpstation unmittelbar am westlichen Rand angehoben und in den Sheikh-Zayed-Kanal gepumpt werden, bevor dieser das Wasser über ca. 50 km bis zu zwei weiteren Pumpstationen transportiert. Von dort aus teilt es sich dann in vier Zweigkanäle auf und wird in Richtung Mulden/**Bewässerungsflächen** weitergeleitet; das gesamte Kanalsystem ist 320 km lang (M 5, M 6). Das Projekt soll in einem eigentlich lebensfeindlichen Raum realisiert werden: Bei zwölf ariden Monaten mit einem Gesamtjahresniederschlag von nur 1 mm, einer Durchschnittstemperatur von 26,1 °C und Monatsmaxima von über 30 °C von Juni bis September herrschen ganzjährig Hitze und Trockenheit. Als Folge davon sind überwiegende Teile Ägyptens durch Wüsten gekennzeichnet (M 1, M 2). Der Nil als Fremdlingsfluss bezieht sein Wasser aus südlich gelegenen regenreichen Klimaregionen; auf seinem Weg nach Norden Richtung Mittelmeer verdunstet ein großer Teil des Oberflächenwassers (M 1).

Toshka-Bewässerungs-projekt

Nach der Hälfte der im Jahr 1997 begonnenen 10-jährigen Inbetriebnahme Bauzeit konnte 2003 die Inbetriebnahme der Großpumpen erfolgen, von denen drei Viertel ununterbrochen Wasser in den 30 m breiten, 6 m tiefen, **offenen Hauptkanal** pumpen sollen. Bei einer Menge von 25 Mio. m^3 Wasser täglich entspricht dies in etwa 10 % der Wassermenge, über die Ägypten aufgrund von Verträgen mit anderen **Nilanrainerstaaten** verfügen kann (M 6, M 9).

Es handelt sich um ein **sehr ambitioniertes Projekt**, das eine Ziele des Projekts **Gesamtinvestitionssumme** von 62,3 Mrd. € erfordert, wovon die Baukosten des Hauptkanals alleine 2 Mrd. € ausmachen. **Ziel des Bewässerungsprojektes** ist es, die LNF Ägyptens zu vergrößern, den Anbau von **Grundnahrungsmitteln** wie Gerste, Weizen und Mais und von **landwirtschaftlichen Exportprodukten** wie Weintrauben, Erdbeeren, Spargel oder Wassermelonen zu steigern. Hierbei sollen ca. 1 Mio. Arbeitsplätze im primären Sektor geschaffen werden. Zu einem späteren Zeitpunkt ist geplant, weitere 2 Mio. Arbeitsplätze in den Bereichen Rohstoffförderung, Industrie und Tourismus sowie Folgewirtschaft zu schaffen. Außerdem soll **Wohnraum** in 18 neuen Siedlungen errichtet werden (M 5, M 6).

Ägypten ist auf die **Ausweitung seiner landwirtschaftlichen** Nahrungsmittelbedarf aufgrund des Bevölkerungswachstums **Nutzfläche** angewiesen: Die nutzbare Landesfläche ist extrem gering und beschränkt sich bis auf wenige Oasenräume weitestgehend auf die Flussoase des Nils und das Nildelta (M 1, M 4). Dort befinden sich fast alle Wirtschaftsstandorte, dort lebt der Großteil der ägyptischen Bevölkerung. Insofern bietet das Toshka-Projekt eine Gelegenheit, diese bis dato einseitige Ausrichtung sämtlicher menschlicher Tätigkeiten auf das Niltal teilweise aufzuheben. Eine Erweiterung der LNF ist auch deshalb notwendig, weil Ägyptens Bevölkerung stetig und stark wächst und sich allein von 1980 bis 2000 auf ca. 80 Mio. verdoppelt hat. Das hat trotz aller landwirtschaftlicher Bemühungen, die in der Ausweitung der Anbau- und der Erntefläche bestanden haben, zu einer deutlichen **Reduzierung der Pro-Kopf-Erntefläche** seit 1950 um die Hälfte auf nur noch 0,1 ha geführt (M 3). Dies machte es notwendig, dass Ägypten im Jahr 2009 16 % seiner Handelsausgaben für den Import von Nahrungsmitteln aufwenden musste bei einer deutlich negativen Handelsbilanz, da bis auf Reis der nationale **Selbstversorgungsgrad bei Grundnahrungsmitteln** nur zwischen 51 und 73 % lag, bei Speiseöl sogar nur 12 % betrug (M 8). Im Zuge der Realisierung des Toshka-Projektes soll der Selbstversorgungsgrad deutlich gesteigert werden.

Notwendig ist auch eine Steigerung des verfügbaren Wasserangebotes, da dieses vor dem Hintergrund gestiegener Inanspruchnahme für sämtliche Lebensbereiche seit 1955 auf nur noch ca. 40 % des damaligen Wertes, d. h. 1 046 m^3/E./Jahr abgenommen hat und laut Prognosen bereits 2025 nur noch 605 m^3/E./Jahr betragen wird (M 3/Tabelle). Die zielgerichtete Kanalisierung von bisher ungenutztem Überschusswasser soll einen Beitrag hierzu leisten.

Teilaufgabe 2

Der Operator „erörtern" (Anforderungsbereich III) verlangt von Ihnen das begründete Abwägen zwischen Pro und Kontra mit dem Ziel einer eigenen Urteilsbildung am Schluss. In dieser Teilaufgabe wird von Ihnen ein Urteil erwartet bezüglich der Frage, ob das Toshka-Projekt geeignet ist, langfristig zur künftigen wirtschaftlichen Entwicklung Ägyptens beizutragen (M 3, M 5–M 9).

Das Toshka-Projekt bietet zunächst einige positive Perspektiven im Hinblick auf die Entwicklung der eigenen Wirtschaft: Sollten die benötigten Investitionssummen – mithilfe ausländischer Investoren vor allem aus den Golfstaaten – aufgebracht werden können, so ließe sich die Versorgungssituation Ägyptens grundsätzlich verbessern. Allerdings relativiert eine weiter steigende Bevölkerung die Produktionszuwächse wieder. Im Falle geringerer Nahrungsmittelimporte ließen sich Devisen für **Investitionsvorhaben** im sekundären und tertiären Sektor verwenden oder aber das jährliche **Handelsdefizit** und damit die **Staatsverschuldung** verringern; dies würden **Devisengewinne** durch den Export von Cashcrops verstärken. Auch die Nutzung der bisher ungenutzten Blei-, Eisen- und Edelsteinvorkommen im Zuge der Erschließung der Toshka-Region bringt langfristige wirtschaftliche Vorteile, wozu auch die Schaffung der hierfür notwendigen Arbeitsplätze zählt (M 6–M 8).

Wirtschaftliche Chancen

Die **ökologischen Risiken** und Langzeitauswirkungen dieses Bewässerungsgroßprojektes in einem extremen Trockenraum sind jedoch beträchtlich: Durch die Entscheidung, keine Pipeline, sondern ein offenes Kanalsystem zu bauen, wird der Verlust großer Wassermengen durch Verdunstung in Kauf genommen. Der Wassereintrag in bisherige Wüstenböden birgt die **Gefahr der Versalzung und Verkrustung** mit sich. Der wahrscheinlich notwendige

Ökologische Risiken

Düngemitteleintrag infolge unzureichender Bodenfruchtbarkeit verstärkt diese Gefahr. Das Abzweigen von 10–12 % der zur Verfügung stehenden Gesamtwassermenge stellt vor dem Hintergrund deutlich geschrumpfter Wasserverfügbarkeit ein Risiko dar (M 3, M 6).

Die finanzielle Absicherung des Großprojektes ist längst noch nicht gegeben: Erste Anzeichen zögerlicher Investitionstätigkeiten liegen vor. Vor dem Hintergrund seiner Staatsverschuldung und der enorm hohen Gesamtinvestitionssumme kann Ägypten dies nicht selbst kompensieren – das Projekt könnte ins Stocken geraten, die Teilziele müssten aufgeschoben oder teilweise gestrichen werden (M 7, M 8). Fragliche Finanzierung

In geopolitischer Hinsicht stellt die stärkere Inanspruchnahme des Nilwassers ein hohes Risiko dar: Im Jahr 2010 haben die ostafrikanischen Anrainerstaaten „gegen den Widerstand Sudans und Ägyptens" beschlossen, künftig selbst mehr Nutzen vom Nilwasser ziehen zu wollen und das „historische Recht Ägyptens" auf ca. 90 % Nilwassernutzung nicht mehr zu beachten. Eigene Wasserarmut und wiederholte Dürren haben zu diesem Kampf ums Nilwasser geführt (M 9). Nur 9,9 % Anteil am Einzugsgebiet stellen für Ägypten keine gute Verhandlungsbasis in der Auseinandersetzung mit dem Sudan (62,7 %), Äthiopien (12,1 %) und den übrigen Anrainern (15,3 %) dar. Somit ist fragwürdig, ob Ägypten tatsächlich die geplanten 25 Mio. m^3 Wasser täglich ins Toshka-Projekt fließen lassen kann. Kampf ums Nilwasser

Schon fünf Jahre vor dem Ende der geplanten Bauzeit sprechen Skeptiker und Kritiker von der „Fata Morgana Toshka" – nicht ganz ohne Grund, wenn man die gesetzten Ziele mit den ersten Zwischenergebnissen vergleicht. Notwendige Investitionen sind häufig ausgeblieben, benötigtes unternehmerisches Engagement wurde wiederholt nicht beobachtet, einzelne „Zugpferde" wurden ihrem Ruf nicht gerecht. Auch die Zahl der **Binnenzuwanderer** blieb bis 2011 weit hinter den Erwartungen zurück, außer isolierten Infrastrukturansätzen war noch kein Baufortschritt zu erkennen (M 7). In diesem Zusammenhang erscheint die Aussage, „in weniger als 15 Jahren als erste neue Stadt Toshka-City für 100 000 Einwohner" hochzuziehen, wenig realistisch (M 7). Enttäuschte Erwartungen

Zum jetzigen Zeitpunkt ist eine abgesicherte Prognose nicht möglich: Geopolitische, finanzielle und ökologische Unwägbarkeiten erlauben weder eine Aussage zur Dauer der Projektdurchführung noch dazu, ob und wann das Projekt abgeschlossen werden Fazit kann. Eine Bewertung im Sinne der Themenstellung wird zudem dadurch erschwert, dass Umfang und Geschwindigkeit der weiteren Bevölkerungszunahme und damit des zunehmenden Bevölkerungsdrucks als Einflussfaktoren nicht exakt genug vorhergesagt werden können. Unbestritten ist, dass vor dem Hintergrund des immer kleiner werdenden Nahrungsspielraums Ägypten nicht umhin kann, nach grundsätzlichen Lösungsmöglichkeiten zu suchen.

Thema
Industriell geprägte Räume im Wandel – Das Beispiel Bitterfeld-Wolfen

Aufgabenstellung

Punkte

1. Lokalisieren Sie Bitterfeld-Wolfen und kennzeichnen Sie die wirtschaftliche Struktur am Ende der 1980er-Jahre.

20

2. Erläutern Sie die ökonomischen und demographischen Entwicklungen, die sich seit 1990 ergeben haben.

34

3. Erörtern Sie die ökonomischen und siedlungsbezogenen Entwicklungsperspektiven von Bitterfeld-Wolfen.

26

Zugelassene Hilfsmittel
– der an der Schule in der Qualifikationsphase überwiegend verwendete Atlas, in einer für alle Prüflinge gleichen Auflage
– Wörterbuch zur deutschen Rechtschreibung
– Taschenrechner

Materialgrundlage

M 1 Atlaskarten nach Wahl

M 2 Bitterfeld und Wolfen 2007 (siehe Farbabbildungen)

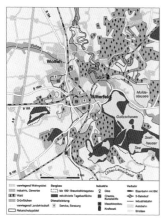

Quelle: © cartomedia, Karlsruhe

M 3 Entwicklung der Industrie in Bitterfeld und Wolfen 1989–2005 (siehe Farbabbildungen)

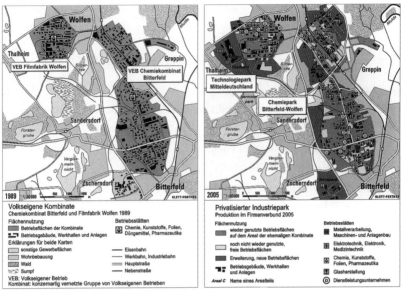

1989	Strukturwandel in Zahlen	2005
2	**Anzahl der Betriebe, davon:**	360
2	Produktionsbetriebe	60
	Dienstleistungsbetriebe	300
33 000	**Beschäftigte**	11 000
	Luftbelastung	
0,76	Staubablagerung in Gramm/m²/Tag	0,08
200	Schwefeldioxid in Mikrogramm/m³/Luft	5
	Gewässerbelastung	
3 051	Quecksilber in Kilogramm/Jahr	1
22	Cadmium in Kilogramm/Jahr	0

Quelle (verändert): Haack Weltatlas 2012, S. 56; Ernst Klett Verlag GmbH, Stuttgart 2012

M 4 Daten zur Standortentwicklung

- nach 1945: Bildung zweier Großkombinate (Filmfabrik Wolfen sowie Chemiekombinat Bitterfeld), parallel Braunkohleabbau
- ab 1960: Bau der Plattenbausiedlung Wolfen Nord als Wohnstadt der Chemiearbeiter
- permanente Ausnutzung der Produktionskapazitäten und fehlende Modernisierungen
- Ende der 1980er-Jahre arbeiteten fast 45 000 Menschen in den drei großen Kombinaten: in der Filmfabrik Wolfen 15 000 Beschäftigte, im Chemiekombinat Bitterfeld 18 000 Beschäftigte und im Braunkohlekombinat 12 000 Beschäftigte
- 1990: Auflösung des Kombinats Filmfabrik Wolfen und des Chemiekombinats Bitterfeld und Beginn der Privatisierung. Abbau der Beschäftigtenzahlen allein im Chemiekombinat Bitterfeld von 18 000 (1990) auf 6 000 (1994)
- 1991: Einstellung des Braunkohleabbaus in den Tagebauen um Bitterfeld
- 1997: Gründung des „ChemieParks Bitterfeld-Wolfen" auf den alten Kombinatsflächen – Heimat für große Chemiekonzerne und mittelständische Unternehmen
- 2001: Gründung des „TechnologieParks Mitteldeutschland" im Ortsteil Thalheim für großflächige Hightech-Ansiedlungen; Etablierung zum Zentrum der Solarindustrie
- 2007: Fusion der Städte Bitterfeld und Wolfen mit den Gemeinden Greppin, Bobbau, Thalheim und Holzweissig zur Stadt Bitterfeld-Wolfen

Die neue Stadt Bitterfeld-Wolfen nach der Gebietsreform

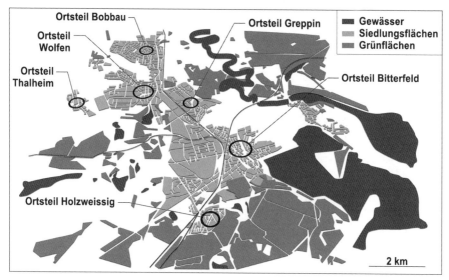

Wohnungssituation in Bitterfeld-Wolfen:

Wohnungsabriss seit 2001/02: 5 300; Wohnungsleerstand: 5 100 (Stand Feb. 2010)

*Eigene Darstellung und Zusammenstellung nach: http://www.bitterfeld-wolfen.de/de/wisls-cms/
redaktionell/166/Industrieerfahrung.html (Zugriff 01. 07. 2010);
http://www.ostkohle.de/html/goitsche.html (Zugriff 01. 07. 2010);
http://www.iba-stadtumbau.de/ index.php?fakten-bitterfeld-wolfen-1 (Zugriff 13. 06. 2011)*

M 5 Struktur des Wohnungsbestandes von Bitterfeld und Wolfen 2000/2001

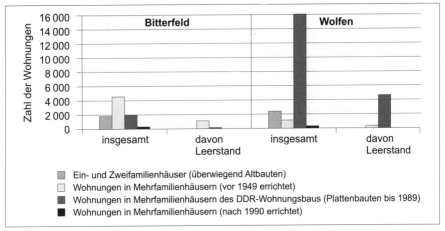

*Quelle: Eichstädt/Emge Architekten und Stadtplaner: GINSEK 2005 /2006. Gemeinsames Integriertes
Stadtentwicklungskonzept Bitterfeld – Wolfen – Greppin. Berlin 2007, S. 7. Stadt Bitterfeld, Stadt Wolfen,
Gemeinde Greppin (Hrsg.); http://www.bitterfeld-wolfen.de/de/upload/Teil%201-GINSEK_2007.pdf
(Zugriff 15. 11. 2011)*

M 6 Entwicklung der sozialversicherungspflichtig Beschäftigten in Bitterfeld-Wolfen nach Wohn- und Arbeitsort

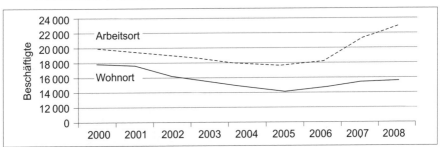

Anmerkung: In der amtlichen Statistik werden Beschäftigte jeweils nach dem Arbeitsort und Wohnort
erfasst. Bei dem Arbeitsortprinzip werden sie der Gemeinde zugeordnet, an der sich ihr Arbeitsplatz
befindet, bei dem Wohnortprinzip dem angegebenen Wohnsitz.

*Quelle: Hyder Consulting GmbH: Flächennutzungsplan Stadt Bitterfeld-Wolfen. Bitterfeld-Wolfen 2010,
S. 55. Stadt Bitterfeld-Wolfen (Hrsg.); Zahlenmaterial beruht auf Angaben des Statistischen Landesamtes
Sachsen-Anhalt*

M 7 Demographische Entwicklung von Bitterfeld-Wolfen*

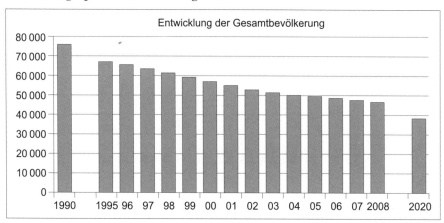

Entwicklung der Gesamtbevölkerung

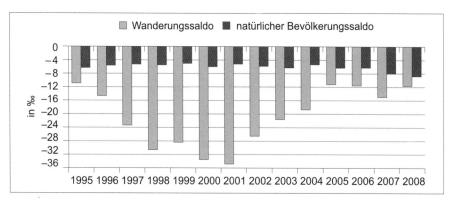

* Gebietsstand 01. 09. 2009

Daten nach: Statistisches Landesamt Sachsen-Anhalt, Halle 2009

M 8 Wanderung nach Altersgruppen 2001–2005

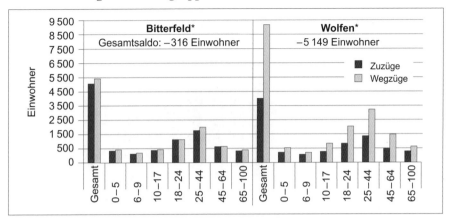

* Gebietsstand 2001

Quelle (verändert): Eichstätt/Emge Architekten und Stadtplaner: GINSEK 2005/2006.
Gemeinsames Integriertes Stadtentwicklungskonzept Bitterfeld – Wolfen – Greppin. Berlin 2007, S. 21.
Stadt Bitterfeld, Stadt Wolfen, Gemeinde Greppin (Hrsg.); http://www.bitterfeld-wolfen.de/de/
upload/Teil%201-GINSEK_2007.pdf (Zugriff 15. 11. 2011)

M 9 Schlüsselbranchen in Bitterfeld-Wolfen 2010

Chemische Industrie	Metall- und glasverarbeitende Industrie
Produktivitätsindex 108 bundesweiter Index = 100	Spezialmaschinenbau, Autozulieferer, innovativer Metallbau, Aluminiumverarbeitung
jahrzehntelange Erfahrungsbasis und modernste Anlagen	große glasverarbeitende Konzerne am Standort
Kernkompetenzzentrum (u. a. Schulung und Beratung)	vielfach als Zulieferer für ansässige Industrie tätig
Solarindustrie	**Industriedienstleister**
europäisches Solarcluster, über 3 000 Beschäftigte in elf Firmen	facettenreiche Servicedienstleistungen für alle Industriebereiche vor Ort verfügbar
Innovationsmotor durch eigene Forschung in Bitterfeld-Wolfen	300 Firmen mit mehreren tausend Beschäftigten ansässig
hohe Wachstumsdynamik in Deutschland	Koordination einer gemeinsamen Grundstoffnutzung in den Betrieben der chemischen Industrie

Quelle (verändert): Stadt Bitterfeld-Wolfen Pressestelle: http://www.bitterfeld-wolfen.de/de/
wisl_s-cms/_redaktionell/164/Schluesselbranchen_key_industries.html (Zugriff 01. 07. 2010)

M 10 Siedlungsprojekte bis 2020 (siehe Farbabbildungen)

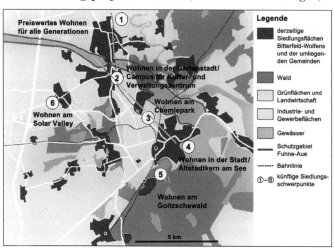

Siedlungs-schwerpunkte	Besonderheiten
①	• nur sehr geringes Neubaupotenzial von 12 Wohneinheiten • Nutzung der bestehenden günstigen Bausubstanz • deutlicher Rückgang der Siedlungsdichte durch Abriss
②	• bisher peripher liegendes Gebiet mit vielen Mietwohnungen • Ausbau des Verwaltungs- und Kulturschwerpunktes in Wolfen-Altstadt • ca. 50 Einfamilienhäuser im Randbereich geplant • in Wolfen-Nord liegen weitere Flächen als Potenzial für Einzelhausbebauung • Öffnung zum Naturschutzgebiet Fuhne-Aue
③	• Neubau beschränkt sich auf zurückzubauende Flächen • Nutzung der bestehenden günstigen Bausubstanz
④	• geplant sind bis zu 447 Wohneinheiten, überwiegend Einfamilienhäuser • städtebauliche Revitalisierung in der Bitterfelder Altstadt sowie deren Verbindung zum Stadthafen am Großen Goitzschesee • Konzentration städtischer und touristischer Nutzungen und Erweiterung von Beherbergungskapazitäten an der neuen „Bitterfelder Wasserfront"
⑤	• Entwicklungspotenzial für ca. 90 Einfamilienhäuser am Waldrand
⑥	• geplante Erweiterung um ca. 100 Wohneinheiten nahe des Technologieparks Mitteldeutschland

Eigene Darstellung und Zusammenstellung nach:
http://www.iba-stadtumbau.de/index.php?bitterfeld-wolfen-2010-de (Zugriff 06. 07. 2010);
http://www.iba-stadtumbau.de/index.php?dokumente-bitterfeld-wolfen-1 (Zugriff 29. 08. 2011)

Die Aufgabe bezieht sich auf die folgenden **inhaltlichen Schwerpunkte:**
- Zusammenwachsen oder Desintegration von Räumen aufgrund politischer Vorgaben und kultureller Prägung
  - Transformationsprozesse im Osten Europas
- Wandel von Standortfaktoren in seiner Wirkung auf industrieräumliche Strukturen
  - Hauptphasen des industriellen Strukturwandels
- Raumbedarf und Tragfähigkeit im Zusammenhang mit demographischen Prozessen
  - Ursachen und Folgen von Wanderungsbewegungen

Lösungsvorschlag

Teilaufgabe 1

Der Operator „lokalisieren" (Anforderungsbereich I) verlangt zunächst die Einordnung des Raumbeispiels Bitterfeld-Wolfen in Ihnen bekannte Orientierungsraster. Anschließend sollen Sie gemäß den Anforderungen an den Operator „kennzeichnen" (Anforderungsbereich II) einen Raum bzw. einen Sachverhalt auf der Grundlage bestimmter Kriterien begründet charakterisieren. In dieser Teilaufgabe sollen Sie aufzeigen, welche wirtschaftliche Struktur Bitterfeld-Wolfen am Ende der 1980er-Jahre aufwies (M 1–M 4).

Die Stadt Bitterfeld-Wolfen liegt in einer **industriell geprägten** Region im Osten Deutschlands, im Bundesland Sachsen-Anhalt. In räumlicher Nähe befinden sich die Städte Halle und Leipzig im Süden sowie die Landeshauptstadt Magdeburg im Nordosten. Diese Städte sind über ein Fernstraßen- und Eisenbahnnetz sowohl miteinander als auch mit der Bundeshauptstadt Berlin verbunden, die etwa 120 km nordwestlich hiervon liegt. Über den Fluss Mulde besteht eine Anknüpfung an die Elbe und darüber auch an den Elbe-Havel-Kanal (M 1). *(Räumliche Lage)*

Am Ende der 1980er-Jahre wies die Region Bitterfeld-Wolfen eine **einseitig** ausgerichtete Wirtschaftsstruktur auf. Die einzigen Standbeine waren die chemische Industrie und der Braunkohlentagebau. Letzterer konzentrierte sich auf verschiedene Flächen, die hauptsächlich im Osten und Südosten von Bitterfeld liegen. Nur eine Fläche befindet sich westlich von Bitterfeld. Die größte Fläche des Braunkohletagebaus grenzte direkt an das Stadtgebiet (M 1, M 2). *(Industrieller Schwerpunkt Ende der 1980er-Jahre)*

Die chemische Industrie verteilte sich auf **zwei Standorte** in der Region: das Chemiekombinat Bitterfeld sowie die Filmfabrik

Wolfen. Das Chemiekombinat Bitterfeld siedelte sich westlich der Stadt Bitterfeld an und erstreckte sich von hier aus bis nach Wolfen im Norden. Die Filmfabrik Wolfen entstand westlich hiervon. Beide Flächen sind durch Wohngebiete voneinander getrennt, die ab 1960 eigens für die Chemiearbeiter als Wohnstadt gebaut wurden (M 3, M 4).

Alle drei Betriebe wurden, wie in der Planwirtschaft üblich, als **Volkseigene Betriebe** geführt. Die beiden chemischen Betriebe wurden 1945 gebildet. Das Chemie- und das Braunkohlekombinat wiesen durch die Vernetzung verschiedener VEBs **konzernartige Strukturen** auf. Diese Großbetriebe waren der **Hauptarbeitgeber** der Region, denn zur Zeit der Wende 1989 hatten sie insgesamt ca. 45 000 Beschäftigte. Zwei Drittel davon arbeiteten in den chemischen Betrieben, während das Braunkohlekombinat knapp ein Drittel der Arbeiter beschäftigte (M 3, M 4).

Staatlich gelenkte Betriebe

Im Laufe der fast 45-jährigen Betriebszeit wurden die Produktionskapazitäten permanent ausgenutzt, aber es wurden keine Modernisierungen vorgenommen. Dies zeigt sich auch in der **Umweltbelastung** der Region zur Zeit der Wende, die im Jahr 1989 um ein Vielfaches höher war als im Jahr 2005. Die Luftbelastung durch Staubablagerung betrug 0,76 g/m^2/Tag (2005: 0,08 g/m^2/Tag) und der Schwefeldioxidgehalt lag bei 200 Mikrogramm/m^3/Luft (2005: 5 Mikrogramm /m^3). Auch die Gewässerbelastung war deutlich höher. Der Quecksilbergehalt in den Gewässern der Region betrug 3 051 kg pro Jahr und es wurden 22 kg Cadmium pro Jahr gemessen (2005: 1 und 0 kg/Jahr; M 3, M 4).

Hohe Umweltbelastung

Bitterfeld-Wolfen ist also gegen Ende der 1980er-Jahre als einseitig durch die beschriebenen Industrien geprägter Raum zu charakterisieren.

Einseitige Wirtschaftsstruktur

Teilaufgabe 2

Der Operator „erläutern" (Anforderungsbereich II) verlangt von Ihnen, dass Sie aus dem Material entnehmbare Zusammenhänge verdeutlichen. In dieser Teilaufgabe sollen Sie sowohl die wirtschaftliche als auch die demographische Entwicklung von Bitterfeld-Wolfen aufzeigen (M 2 – M 9).

Die politische Umstrukturierung nach 1989 löste den wirtschaftlichen **Strukturwandel** in der Region Bitterfeld-Wolfen aus, der sich auch auf die demographische Entwicklung auswirkte.

Transformationsprozess nach 1989

Nach der Wiedervereinigung begann der Prozess der **Deindustrialisierung**, im Zuge dessen es nach und nach zur Schließung der VEBs kam, die bis dato die regionale Wirtschaft bestimmt hatten. 1990 wurden die chemischen Kombinate aufgelöst. Infolgedessen sanken die Beschäftigtenzahlen in diesem Industriezweig von 18 000 auf 6 000 im Jahr 1994. Der Braunkohletagebau rund um Bitterfeld wurde 1991 eingestellt (M 4).

Durch die Auflösung der VEBs wurde gleichzeitig der Beginn des **Privatisierungsprozesses** eingeleitet. Im Rahmen der wirtschaftlichen Umstrukturierung und Neuorientierung, die typisch für den mit der Wiedervereinigung einhergehenden **Transformationsprozess** von der Plan- zur Marktwirtschaft ist, wurden die ehemaligen Betriebsflächen der Kombinate weitergenutzt (M 3). 1997 wurde der Chemie-Park Bitterfeld-Wolfen gegründet. Durch die Ansiedlung von großen Chemiekonzernen, aber auch mittelständischen Betrieben, wurde die Tradition als Standort der chemischen Industrie weitergeführt (M 4). Auf der Grundlage jahrzehntelanger Erfahrung in Kombination mit modernsten Anlagen wurde die Entwicklung zu einem **Kernkompetenzzentrum** dieses Industriezweiges vorangetrieben. Dies zeigt sich auch im Produktivitätsindex, der mit 108 im Vergleich zum gesamten Bundesgebiet überdurchschnittlich ist. Neben der chemischen Industrie siedelten sich auch andere Industrien, z. B. Metall- und Glasverarbeitung, an. Während in der metallverarbeitenden Branche verschiedene Ausrichtungen dieser Industrie, u. a. Spezialmaschinenbau, zu finden sind, haben sich im Bereich der Glasverarbeitung vor allem große Konzerne angesiedelt. Viele Unternehmen dieser Branche sind außerdem **Zulieferer** für andere Industrien (M 9).

Darüber hinaus wurde aber durch die Gründung des Technologieparks Mitteldeutschland der Standort für **zukunftsorientierte Hightech-Ansiedlungen** geöffnet und ein Zentrum für Solarindustrie eingerichtet. Dieses ist Teil eines europäischen Solarclusters bestehend aus elf Firmen mit mehr als 3 000 Beschäftigten. In Bitterfeld-Wolfen befindet sich ein eigener Forschungsstandort (M 4, M 9).

Durch die Gründung des Chemie- und des Technologieparks setzte die **Umnutzung** der ehemaligen Kombinatsflächen ein; ein Großteil der Flächen wurde weitergenutzt. Gleichzeitig wurden die Flächen erweitert und so neue Areale für Betriebe geschaffen. Das ehemalige Areal der Filmfabrik Wolfen (heute Areal A) wurde v. a. nach Süden und Westen ausgedehnt, die Fläche des ehemaligen

Gründung des Technologieparks

Umnutzung und Erweiterung des Kombinatsgeländes

Chemiekombinats wurde in die Areale B, C, D und E unterteilt. Areal B wurde nach Nordosten und Südwesten, C und D um eine größere Fläche nach Westen und drei kleinere Flächen nach Osten erweitert. Weiter südlich wurde eine weitere Betriebsfläche (Nova-park) geschaffen, die nicht an das übrige Gelände angegliedert ist (M 3).

Durch die zunehmende **Diversifizierung** am Standort Bitter-feld-Wolfen wurden zahlreiche Dienstleistungsunternehmen ange-zogen, die sich schwerpunktmäßig auf dem Areal A (ehemalige Filmfabrik Wolfen) sowie im südlichen Teil (Areal D und E) des ehemaligen Chemiekombinats angesiedelt haben. Es handelt sich hierbei um 300 Firmen, die Servicedienstleistungen für die ansäs-sigen Industriebetriebe anbieten, z. B. koordinieren sie die gemein-same Grundstoffnutzung in der chemischen Industrie vor Ort. Auf diese Weise wurde auch der Prozess der **Tertiärisierung** ange-stoßen (M 9).

Die **demographische** Entwicklung in der Region ist eng mit dem wirtschaftlichen Transformationsprozess verknüpft. Die Be-völkerung ist seit 1990 kontinuierlich zurückgegangen, was vor allem auf die wirtschaftlich unsichere Situation nach der Wende zurückzuführen ist. Während 1990 noch etwa 75 000 Menschen in Bitterfeld-Wolfen lebten, waren es 2008 nur noch ca. 48 000. Für 2020 wird ein weiterer Rückgang um etwa ein Siebtel auf dann 39 000 prognostiziert (M 7).

Betrachtet man das natürliche Bevölkerungssaldo und das **Wanderungssaldo**, wird deutlich, dass vor allem die **Abwande-rung** für den Bevölkerungsrückgang verantwortlich ist. Von 1995 bis 2001 ist das Wanderungssaldo immer weiter in den negativen Bereich abgerutscht, d. h., es sind mehr Leute ab- als zugewandert. Nur im Jahr 1999 gab es einen zwischenzeitlichen Rückgang die-ses Trends. Seit 2002 hat sich das Wanderungssaldo wieder verrin-gert und lag 2008 ungefähr bei dem Wert von 1995. Das **natürli-che Bevölkerungssaldo** blieb durchgängig im negativen Bereich, unterlag aber insgesamt nur geringen Schwankungen. Erst in den Jahren 2007 und 2008 ist es weiter abgesunken (M 7).

Der größte Anteil der Abwanderungen in diesem Zeitraum ist im Ortsteil Wolfen zu verzeichnen. Hier betrug das Gesamtsaldo von 2001 bis 2005 −5 149 Einwohner. In Bitterfeld lag es dagegen bei nur −316 Einwohner. Verteilt auf die Altersgruppen fällt auf, dass die Wanderungen vor allem in den Altersgruppen stattgefun-den haben, die im **arbeitsfähigen Alter** sind. In Bitterfeld weist das Wanderungssaldo fast ausschließlich Wegzüge in der Altersgruppe der 25–44-jährigen auf, während das Verhältnis von Zu- und Abwanderung in den anderen Gruppen annähernd ausgeglichen ist. Dagegen fällt in Wolfen auf, dass in allen Altersgruppen die Wegzüge die Zuzüge übersteigen. Bei den arbeitsfähigen Altersgruppen (18–24, 25–44 und 45–64 Jahre) liegt die Anzahl der Wegzüge deutlich über den Zuzügen (M 8).

Eine Folge der höheren Abwanderung in Wolfen, bedingt durch die Schließung der Chemie-Kombinate, ist ein höherer **Leerstand** von Wohnungen. In den Jahren 2000/2001 standen hier über ein Viertel der Wohnungen, fast ausschließlich in den **Plattenbauten** des DDR-Wohnungsbaus, leer. Diese Art der Wohnungen machte allerdings mit fast 16 000 auch den größten Anteil am Wohnungsbestand in Wolfen aus, was auf die ursprüngliche Funktion Wolfens als neu gegründete Wohnstadt für die Arbeiter zurückzuführen ist. Die Plattenbausiedlungen waren nach der Wende besonders von Abwanderung betroffen. In Bitterfeld dagegen entfiel der größte Anteil des Wohnungsbestandes auf Wohnungen in Mehrfamilienhäusern, die vor 1949 gebaut worden sind. Von etwas über 4 000 Wohnungen standen 2000/2001 ca. 1 000 Wohnungen leer. Seitdem wurden 5 300 Wohnungen in Bitterfeld-Wolfen abgerissen (M 4, M 5).

Wohnungssituation

Das Wanderungssaldo wirkt sich auch auf die Entwicklung der sozialversicherungspflichtig Beschäftigten in Bitterfeld-Wolfen aus. Bei der Erfassung nach dem Wohnort ist im Zeitraum von 2000 bis 2005 ein stetiger **Rückgang der Beschäftigtenzahl** zu erkennen. Bis 2001 sank die Zahl der Beschäftigten nach Wohnort nur leicht unter die Zahl von 18 000 im Jahr 2000. In den darauffolgenden Jahren ist ein deutlicher Rückgang zu verzeichnen, sodass im Jahr 2005 die Anzahl der Beschäftigten nach Wohnort bei etwas über 14 000 lag. In den folgenden drei Jahren ist diese wieder leicht angestiegen, 2008 wurde eine Zahl von fast 16 000 erreicht (M 6).

Beschäftigungssituation

Im Vergleich dazu spiegelt die Statistik über die sozialversicherungspflichtig Beschäftigten, wenn sie nach dem Arbeitsort erfasst werden, die wirtschaftliche Entwicklung in Bitterfeld-Wolfen wieder. Die Kurve zeigt bis 2001 einen parallelen Verlauf, allerdings lag die Anzahl der Beschäftigten um ca. 2000 höher als bei der Erfassung nach Wohnort. Das Minimum wurde ebenfalls 2005 erreicht, jedoch lag es mit ca. 18 000 Beschäftigten auf einem deutlich höheren Niveau. Anschließend ist eine Abschwächung der

Entwicklung zu erkennen, doch ab 2006 stieg die Zahl der Beschäftigten in Bitterfeld-Wolfen wieder deutlich, sodass die Kurve 2008 sogar über dem Ausgangsniveau des Jahres 2000 lag. Dies ist auf die wirtschaftliche Umstrukturierung und die damit verbundene Ansiedlung verschiedener Unternehmen im Chemie- sowie im Technologiepark zurückzuführen (M 6).

Teilaufgabe 3

Der Operator „erörtern" (Anforderungsbereich III) verlangt von Ihnen das begründete Abwägen zwischen Pro und Kontra mit dem Ziel einer abschließenden eigenen Urteilsbildung. In dieser Teilaufgabe wird von Ihnen erwartet, dass Sie die Entwicklungsperspektiven von Bitterfeld-Wolfen beurteilen; hierbei müssen Sie sowohl ökonomische als auch siedlungsbezogene Gesichtspunkte berücksichtigen (M 2 – M 10).

Bei der Beantwortung der Frage nach den Entwicklungsperspektiven von Bitterfeld-Wolfen gilt es vor allem zwei Aspekte näher zu betrachten: den **ökonomischen** sowie den **siedlungsbezogenen**.

Entwicklungsperspektiven

Die wirtschaftliche Entwicklung des Standortes nach der Wiedervereinigung ist zunächst positiv zu bewerten. Die **monostrukturelle** Ausrichtung auf die chemische Industrie und den Braunkohletagebau vor 1989 wurde durch eine zunehmende **Diversifizierung** aufgefächert. Diese ist einerseits gekennzeichnet durch das Festhalten an der Tradition als Standort der chemischen Industrie, andererseits durch die Ansiedlung anderer Industriezweige. Als besondere Wachstumsbranche ist in diesem Zusammenhang die Solarindustrie hervorzuheben. Zur weiteren Diversifizierung des Standortes und damit zur Verringerung der Krisenanfälligkeit konnte die Ansiedlung zahlreicher Dienstleistungsunternehmen beitragen (M 4, M 6, M 9).

Wirtschaftlicher Strukturwandel

Die positive Entwicklung wird dadurch bestätigt, dass seit den frühen 2000er-Jahren der Abwanderungsüberschuss sinkt und die Anzahl der Beschäftigten deutlich gestiegen ist. Dies weist außerdem auf das sich abzeichnende Ende des Abwärtstrends hin, das im Zuge des **Strukturwandels** erreicht sein könnte (M 6, M 7).

Neben der wirtschaftlichen Entwicklung gibt es verschiedene Projekte, die bis zum Jahr 2020 im Rahmen eines **Stadtumbaukonzeptes** realisiert werden sollen. In diesem Zusammenhang werden sechs Siedlungsschwerpunkte verteilt über das Gebiet von Bitterfeld-Wolfen geschaffen, in denen Wohnraum für verschiedene Nutzergruppen zur Verfügung stehen soll. So wird sowohl

Stadtumbaukonzept

bereits bestehender Wohnungsbestand als günstiger Wohnraum eingeplant als auch zahlreiche Flächen für die Bebauung mit Einfamilienhäusern bereitgestellt. Auf diese Weise wird auch dem bisher bestehenden Defizit an Einfamilienhausbebauung in der Wohnungsstruktur Rechnung getragen. Die räumliche Nähe der Siedlungen zu Gewerbeflächen macht eine Kombination aus Wohnen und Arbeiten möglich. Zusätzlich zu diesen siedlungsbezogenen Projekten entstehen aber auch Freizeit- und Naherholungsflächen, vor allem auf den ehemaligen Flächen des Braunkohletagebaus. Im Zuge der Renaturierung sind als **Bergbaufolgelandschaft** einige Seen entstanden, die zum Teil auch touristisch genutzt werden sollen. Die vorgestellten Maßnahmen sind ein wichtiger Beitrag zur Steigerung der Attraktivität Bitterfeld-Wolfens als Wohnort (M 2, M 3, M 10).

Trotz der zahlreichen positiven Aspekte gibt es einige Punkte, **Probleme** die diese erfreuliche Entwicklung relativieren. Die wirtschaftliche Neuorientierung hat zwar Impulse für den Arbeitsmarkt gegeben, der Zuwachs an Beschäftigten fällt im Vergleich zur Ausgangssituation aber eher gering aus und seit 2007 ist nur noch ein schwacher Anstieg der Beschäftigten (nach Wohnort) zu verzeichnen. Bitterfeld-Wolfen selbst profitiert nur teilweise vom Beschäftigtenzuwachs, da die Mehrheit der Arbeitskräfte einpendelt. Dies zeigt die mangelnde Attraktivität Bitterfeld-Wolfens als Wohnort, aus der ein weiterer Rückgang der Bevölkerung resultiert, wie die Prognose für 2020 belegt. Diese erwartet einen absoluten Rückgang von ca. 10 000 gegenüber 2008. Auch die Wohnungssituation ist weiterhin problematisch: obwohl bereits 5 300 Wohnungen abgerissen wurden, stehen immer noch 5 100 Wohnungen leer (M 4 – M 7).

Zusammenfassend lässt sich sagen, dass der Standort Bitter- **Fazit** feld-Wolfen durchaus vielversprechende Entwicklungsperspektiven aufweist. Um die Region zukunftsfähig zu machen, gilt es aber, die bereits geschaffenen Potenziale weiter auszuschöpfen. Dies bedeutet einerseits, weitere zukunftsfähige Branchen anzusiedeln und so langfristig Arbeitsplätze zu schaffen. Andererseits müssen die geplanten Maßnahmen zur Verbesserung der Wohnsituation sowie zur Schaffung von Naherholungsflächen realisiert werden, um Bitterfeld-Wolfen auch als Wohnort attraktiver werden zu lassen und so dem weiteren Bevölkerungsschwund vorzubeugen.

Thema

Zukunftsfähige touristische Entwicklung in peripheren Räumen? –
Das Beispiel Weltnaturerbe Galapagos-Archipel

Aufgabenstellung   Punkte

1. Lokalisieren Sie den Galapagos-Archipel und kennzeichnen Sie das touristische Potenzial.   24

2. Erläutern Sie Entwicklung, Struktur und wirtschaftliche Bedeutung des Tourismus im Galapagos-Archipel.   31

3. Erörtern Sie die Zukunftsperspektiven der touristischen Entwicklung des Weltnaturerbes Galapagos-Archipel unter Einbezug einer modellhaften Darstellung der Tourismusentwicklung.   25

Zugelassene Hilfsmittel

– der an der Schule in der Qualifikationsphase überwiegend verwendete Atlas, in einer für alle Prüflinge gleichen Auflage
– Wörterbuch zur deutschen Rechtschreibung
– Taschenrechner

Materialgrundlage

M 1   Atlaskarten nach Wahl

M 2 Auszug aus der Weltnaturerbe-Konvention der UNESCO (1972)

Artikel 2

Im Sinne dieses Übereinkommens gelten als „Naturerbe"

- [...]
- geologische und physiogeographische Erscheinungsformen [...], die den Lebensraum für bedrohte Pflanzen- und Tierarten bilden, welche aus wissenschaftlichen Gründen oder ihrer Erhaltung wegen von außergewöhnlichem universellem Wert sind;
- Naturstätten [...], die aus wissenschaftlichen Gründen oder ihrer Erhaltung oder natürlichen Schönheit wegen von außergewöhnlichem universellem Wert sind.

Artikel 4

Jeder Vertragsstaat erkennt an, dass es in erster Linie seine eigene Aufgabe ist, Erfassung, Schutz und Erhaltung in Bestand und Wertigkeit des in seinem Hoheitsgebiet befindlichen, in den Artikeln 1 und 2 bezeichneten Kultur- und Naturerbes sowie seine Weitergabe an künftige Generationen sicherzustellen. Er wird hierfür alles in seinen Kräften Stehende tun [...].

Quelle: Deutsche Übersetzung aus dem Bundesgesetzblatt, Jahrgang 1977, Teil II, Nr. 10

M 3 Der Galapagos-Archipel 2009
   (siehe Farbabbildungen)

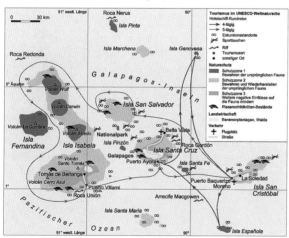

Quelle: © cartomedia, Karlsruhe

M 4 Die historische Entwicklung des Galapagos-Archipels

- 1835 besucht Charles Darwin die Insel, wo er wichtige Anstöße für seine Evolutionstheorie erhält
- 1959 richtet Ecuador den *Nationalpark Galapagos* ein; Gründung der *Charles Darwin Foundation* (internationale Nichtregierungsorganisation; Aufgabe: Erhalt des Ökosystems von Galapagos)
- 1968 gehören 97 % des Inselareals zum *Nationalpark Galapagos;* Ausbau des Flugplatzes auf der Insel Baltra (nördlich der Isla Santa Cruz); Beginn eines regelmäßigen zivilen Flugverkehrs
- Seit 1978 stehen die Galapagos-Inseln auf der UNESCO-Liste des Weltnaturerbes
- 1988 Eröffnung des Flughafens auf der Isla San Cristóbal
- 2007 wird das Weltnaturerbe Galapagos von der UNESCO als gefährdet eingestuft; Grund: Gefährdung durch Touristen und illegale Siedler; Expansion der Ölimporte und des Verkehrsaufkommens; Gefahr des Einschleppens fremder Tier- und Pflanzenarten, die einheimische Arten gefährden und verdrängen
- Reaktion darauf: Initiative „Galapagos 2020" initiiert u. a. durch das Entwicklungsprogramm der UN und das Umweltministerium Ecuadors; geplante und ab 2007 umzusetzende Maßnahmen:
  - Einrichtung eines Fonds zur Bekämpfung eingeschleppter Arten
  - aufwendige Versuche, eingeschleppte Arten zurückzudrängen
  - Reduzierung der Erlaubnisse für Tauchen, Schnorcheln, Segeln und Sportfischen
  - strengere umweltschonende technische Maßnahmen wie Wasserrecycling auf den Schiffen
  - Verbesserung der Schulung und Kontrolle der Tourführer
  - Kontrolle illegaler Immigration durch Einführung einer Identifikationskarte ab 2007
- Pro-Kopf-Einkommen auf Galapagos 2009: 4 716 US-$ (zum Vergleich: Durchschnitt Ecuador 3 776 US-$; Galapagos steht unter den 24 Provinzen Ecuadors an 4. Stelle)
- 2010 wird das Naturerbe Galapagos von der UNESCO als nicht mehr gefährdet eingestuft; Grund: Schutzmaßnahmen der Regierung Ecuadors (u. a. zwangsweise Rücksiedlung illegaler Zuwanderer, intensivere Kontrolle des Tourismus, Ausbau der Energiegewinnung aus Sonnen-/Windkraft)

Eigene Zusammenstellung nach: Vorlaufer, K.: Tourismus in Entwicklungsländern. Darmstadt: Wissenschaftliche Buchgesellschaft 1996, S. 228;
Brodengeier, E.: Galapagos – Weltnaturerbe in Gefahr. In: Klett-Magazin Geographie, 2009, H. 2, S. 6 f.;
http://www.galapagos.org/2009/doc1.html (Zugriff 11. 06. 2010)

M 5 Klima, Landschaft, Flora und Fauna im Galapagos-Archipel

- Küsten: in weiten Teilen zerklüftetes Lavagestein; in geringen Teilen Sandstrände
- höhere Lagen der größeren Inseln: ganzjährig Niederschläge/Nebel; Regenwald/Nebelwald
- Tier/Pflanzen: große Zahl nur hier vorkommender Arten, u. a. Galapagos-Finken, Riesenschildkröten
- wegen kalter Meeresströmung fehlen ausgedehnte Korallenriffe; teils starke Unterwasserströmung
- Wassertemperaturen im Mittel zwischen 22 und 26 °C, regional auch unter 20 °C

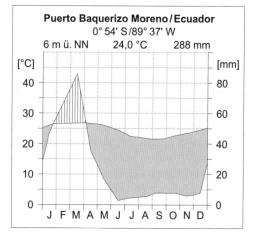

Puerto Baquerizo Moreno/Ecuador
0° 54' S/89° 37' W
6 m ü. NN   24,0 °C   288 mm

- im Meer z. B. Seelöwen, Meeresschildkröten, 500 Fischarten, wovon 20 % nur hier vorkommen

Eigene Darstellung nach: S. Rivas-Martínez, Centro de Investigaciones Fitosociológicas.
http://www.globalbioclimatics.org/plot/ec-puert.htm;
Eibl-Eibesfeldt, Irenäus: Galapagos. Die Arche Noah im Pazifik. München: Piper Verlag 1960

M 6 Touristische Rahmenbedingungen im Galapagos-Archipel

- Reisemotive der Galapagos-Touristen (Umfrage 2007):
  einzigartige Flora und Fauna 77,2 %, Empfehlung von Bekannten 9,5 %,
  „Will sehen, was Darwin sah" 6,3 %
- Anreise per Flugzeug über Quito oder Guayaquil
- Flugkapazität: 500–800 Plätze/Tag (bis 2010); 600–950 Plätze/Tag (2011)
- Reisekostenbeispiele pro Person ab Quito/Guayaquil: 4 Nächte 1 315 €;
  7 Nächte 2 349 €
- Gebühr bei Einreise in Nationalpark (2011): 100 US-$ (Ausländer), bis 6 US-$ (Ecuadorianer) pro Person; Verwendung: 60 % Verwaltung/Erhalt Nationalpark, 25 % Inselgemeinden, 15 % Sonstiges

Kennzeichen des Tourismuskonzepts seit Einrichtung des Nationalparks Galapagos:
- Festlegung einer offiziellen Besucherhöchstgrenze: 1975: 12 000; 1988: 45 000; 2009: 100 000
- Hotelschiff-Tourismus; weitgehender Verzicht auf Hotels und touristische Infrastruktur an Land

- Touristen können in Gruppen von 10–15 Personen und in Begleitung eines lizenzierten Führers über markierte Wege nur rund 40 vorgegebene Exkursionsstandorte besuchen
- Aufgaben der Führer: Information über Fauna und Flora; Kontrolle über Einhaltung der Nationalpark-Regeln

Eigene Zusammenstellung nach:
Karrasch, Heinz: Galápagos: fragiles Naturparadies und Ökotourismus. In: Geographische Rundschau 55 (2003) H. 3, S. 28 ff.; http://galapagospark.org/nophprg.php?page=programas_turismo_tributo (Zugriff 26. 02. 2011); Galapagos Report 2007/2008, S. 77, http://www.ingalapagos.com/overview.htm (Zugriff 11. 06. 2010)

M 7 Entwicklung des Tourismus im Galapagos-Archipel

		1982	1991	2006	2007
Hotelschiffe*	Anzahl	40	67	80	83
	Bettenkapazität	597	1 048	1 805	1 834
	Übernachtungen an Bord	k. A.	145 408	363 226	k. A.
Hotels**	Anzahl	18	26	65	89
	Bettenkapazität	214	880	1 668	2 157
	Übernachtungen	k. A.	55 000	131 958	k. A.
Pensionen u. ä.	Bettenzahl	k. A.	1 486	1 811	k. A.
Restaurants, Bars		20	31	114	122
Durchschnittlicher Aufenthalt der Touristen im Archipel (Tage)		> 5	4,6	3,3	k. A.

* Schiffe mit behördlicher Lizenz zur Beherbergung von Touristen; Daten in Spalte 1982 für 1981
** Verteilung der Hotelbetten 2007: Santa Cruz 1 128, San Cristobal 630, Isabella 357, Santa Maria 42

Eigene Zusammenstellung nach:
Watkins, Graham; Gruz, Felipe: Galapagos at risk, S. 5,
http//www.darwinfoundation.org/files/library /pdf/2007/Galapagos_at_Risk_7-4-07-EN.pdf (Zugriff 20. 02. 2011);
Galapagos Report 2007/2008, S. 69, 82 und 84,
http://www.ingalapagos.com/overview.htm (Zugriff 11. 06. 2010)

Zahl der Galapagos-Touristen nach Unterbringungsart	2007	2010
Hotelschiff	99 892	79 657
Hotel	43 286	75 888
Pensionen und sonstige Unterkünfte	18 682	17 751
Summe	161 860	173 296

Eigene Zusammenstellung nach:
http://galapagospark.org/documentos/EIAs/EIA_HotelParaiso_Feb2011.pdf (Zugriff 10. 06. 2011);
http://galapagospark.org/onecol.php?page=turismo_estadisticas (Zugriff 26. 02. 2011)

M 8 Anzahl und Herkunft der Galapagos-Touristen

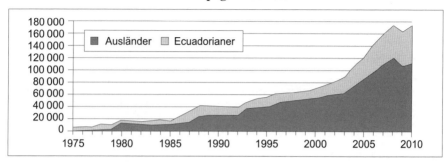

Herkunftsländer ausländischer Touristen 2009:

- USA: 44 461
- Großbritannien: 10 953
- Deutschland: 7 129
- Kanada: 6 946

- Australien: 3 549
- Frankreich: 3 162
- Sonstige: 30 514

Eigene Zusammenstellung nach:
http://galapagospark.org/documentos/Informe_ingresco_turistas_2009.pdf.pdf (Zugriff 26. 02. 2011);
http://galapagospark.org/onecol.php?page=turismo_estadisticas (Zugriff 02. 04. 2011)

M 9 Bevölkerungsentwicklung der Provinz Galapagos

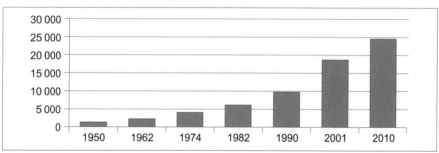

Anmerkungen:
Angabe für 2010 Prognosen
bewohnte Inseln: Santa Cruz, San Cristobal, Isabella, Santa Maria sowie Baltra (Militärgarnision)
höchste offizielle Zuwanderungswerte: 843 Zuwanderer (2006) und 674 Zuwanderer (2000)
Migrationsgründe (Befragung 2009): 43,1 % wirtschaftliche Gründe; 44,3 % Heirat/Familienzusammen-
führung; 12,6 % Sonstiges

Eigene Zusammenstellung nach:
http://www.inec.gob.ec/web/guest/ecu_est/est_soc/cen_pob_viv (Zugriff 26. 02. 2011);
http://www.inec.gob.ec/web/guest/ecu_est/est_soc/enc_hog/ecv_gal (Zugriff 11. 06. 2011)

M 10 Wirtschaftsfaktor Tourismus im Galapagos-Archipel

**Verteilung der Einnahmen aus dem Galapagos-Tourismus 2006
(Gesamthöhe: 482 Mio. US-$)**

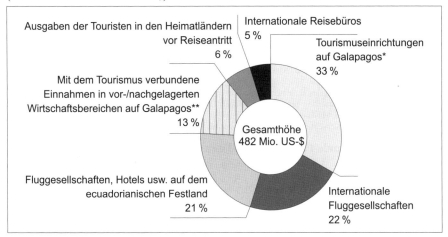

* Davon fließen rund 60 % an Hotelschiffbesitzer, die im Ausland bzw. auf dem ecuadorianischen Festland leben.
** Hierzu zählen z. B. öffentliche und soziale Dienstleistungen, Banken, Telekommunikation, Handel, Landwirtschaft.

Eigene Darstellung nach: Galapagos Report 2006-2007, S. 47,
http://www.galapagos.org/wp-content/uploads/2012/04/socio6-tourism-and-galapagos- economy.pdf
(Zugriff 11. 06. 2011)

Stellenwert ausgewählter Wirtschaftsbereiche auf Galapagos

Wirtschaftsbereiche	Bruttowertschöpfung 2007 (in Mio. US-$)	Erwerbstätige 2009
Land-/Forstwirtschaft, Fischerei	2,4	1 556
Groß- und Einzelhandel*	46,2	1 573
Hotels und Restaurants*	7,1	1 357
Transport (inkl. Hotelschiffe) und Kommunikation*	34,7	1 672
Öffentlicher Dienst (inkl. Militär)	4,3	1 401
Sonstige	12,2	3 426
Insgesamt	106,9	10 985

* vom Tourismus dominierter Wirtschaftsbereich

Eigene Zusammenstellung nach:
http://www.bce.fin.ec/frame.php?CNT=ARB0000175 (Zugriff 21. 05. 2011);
http://www.inec.gob.ec/web/guest/ecu_est/est_soc/enc_hog/ecv_gal (Zugriff 11. 06. 2011)

M 11   Umweltaspekte im Galapagos-Archipel

Von den Hotelschiffen praktizierten 2007	
eine ordnungsgemäße Müllsammlung und Müllentsorgung im Hafen*	82 %
Abwasseraufbereitung**	48 %
Verfahren zur Reduzierung der Gefahr einer Einschleppung fremder Tier-/ Pflanzenarten	69 %
Erzeugung von Ökostrom (z. B. aus Solarzellen)	0 %

*   Seit 2006 im Haupthafen der Hotelschiffe auf der Isla Santa Cruz verbessertes Müllmanagement:
     Mülltrennung, Kompostierung organischer Abfälle, Abtransport von Glas, Plastik usw. zum Festland;
     2008 wurden 18 % des Mülls recycelt.
** Fehlt diese, wird das verschmutzte Wasser unbehandelt ins Meer geleitet.

Eingeschleppte fremde Pflanzen- und Tierarten nach Galapagos

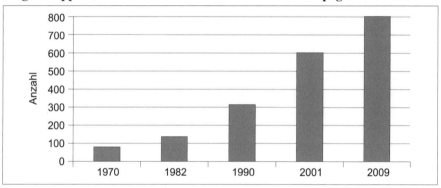

Eigene Zusammenstellung nach:
http://www.markuskappeler.ch/tex/texs/galapagos.html (Zugriff 11. 06. 2011);
Plan de Control total de Especies Introducidas,
http://www.feigalapagos.ort/docs/publicaciones/Plan%20de%20Control%20Total/Plan%20de%20Contr
ol%20Total.pdf (Zugriff 11. 06. 2011)

Die Aufgabe bezieht sich auf die folgenden **inhaltlichen Schwerpunkte:**
- Das Spannungsfeld von Landschaftszerstörung und -bewahrung im Zusammen-
  hang mit Freizeitgestaltung
  - Standortfaktoren für unterschiedliche Tourismusformen
  - Drei-Phasen-Modell der raum-zeitlichen Entfaltung der Tourismuswirtschaft
    nach Vorlaufer und Tourismusmodell nach Butler
  - Formen angepassten und sanften Tourismus
- Tertiärisierung als Motor für die räumliche Verteilung von Arbeitsplätzen und
  Warendistribution
  - Wirtschaftsfaktor Fremdenverkehr in seiner Bedeutung für Zielregionen

Lösungsvorschlag

Teilaufgabe 1

Der Operator „lokalisieren" (Anforderungsbereich I) erfordert zunächst die Ein-
ordnung des Raumbeispiels Galapagos-Archipel in Ihnen bekannte Orientierungs-
raster. Anschließend sollen Sie gemäß den Anforderungen an den Operator „kenn-
zeichnen" (Anforderungsbereich II) auf der Grundlage naturgeographischer und
räumlicher Merkmale das touristische Potenzial aufzeigen (M 1–M 6).

Der Galapagos-Archipel ist eine aus zwölf Inseln bestehende Insel- **Lage**
gruppe, die im Pazifischen Ozean liegt. Der Großteil des Archipels
befindet sich südlich des Äquators zwischen 0° und 1° s. B und
erstreckt sich von etwa 89° w. L bis 92° w. L. Die größte Insel ist
die Isla Isabela. Weitere größere Inseln sind die Isla Fernandina,
die Isla San Salvador, die Isla Santa Cruz sowie die Isla San Cristóbal. Politisch gesehen zählt die Inselgruppe zu Ecuador, dessen
Küste sich östlich hiervon befindet und ca. 1 000 km entfernt ist
(M 1, M 3).

Die Lage am **Äquator** bietet günstige klimatische Vorausset- **Touristisches**
zungen mit einer Jahresdurchschnittstemperatur von 24 °C, einer **Potenzial**
Temperaturamplitude von nur 5–6 °C und geringen Nieder-
schlägen von 288 mm im Jahr, die hauptsächlich von Dezember
bis April fallen. In den höheren Lagen auf den größeren Inseln fallen aufgrund des Regenwaldklimas ganzjährig Niederschläge
(M 5).

Der Galapagos-Archipel ist vulkanischen Ursprungs und weist
eine **einzigartige Flora und Fauna** auf. Er ist Lebensraum für
verschiedene bedrohte Pflanzen- und Tierarten, die nur hier vorkommen, z. B. für die Riesenschildkröten. Aufgrund der **hohen**
Wassertemperaturen, die im Durchschnitt zwischen 22 °C und
26 °C liegen und nur regional auch unter 20 °C sinken, kann die
Meeresfauna auf Tauchgängen erkundet werden. Hierzu gibt es
vor allem an den Küsten der größeren Inseln Sporttauchstationen.
Die Flora und Fauna an Land kann an zahlreichen Exkursions-
standorten erkundet werden (M 3 – M 5).

Wegen der einzigartigen Tier- und Pflanzenwelt gehören 97 % **Nationalpark**
des Inselareals seit 1968 zum **Nationalpark Galapagos**, seit 1978 **Galapagos**
steht der Inselarchipel auf der UNESCO-Liste des Weltnaturerbes.
Aus diesem Grund ist eine spezifische touristische Infrastruktur
entwickelt worden, die die Erhaltung des Weltnaturerbes berücksichtigt (M 2, M 4).

Der Archipel kann per Flugzeug über Quito oder Guayaquil erreicht werden. Seit 1968 gibt es einen regelmäßigen **Flugverkehr** zur Isla Santa Cruz, im Jahre 1988 wurde zusätzlich ein Flughafen auf der Isla San Cristóbal eröffnet. Die Flugkapazität ist jedoch beschränkt, sodass 2010 und 2011 täglich nur unter 1 000 Touristen auf die Inseln gelangen konnten (M 3, M 4, M 6).

Auf den Inseln gibt es kein ausgebautes **Straßennetz**. Auf den Inseln Isabela, Santa Cruz und San Cristóbal gibt es jeweils eine Straße, die zwei Orte miteinander verbindet. Auf Santa Cruz stellt sie die Anbindung vom Flughafen im Norden zum Tourismusort Puerto Ayora im Süden dar. Darüber hinaus gibt es neben drei kleineren Orten nur drei Tourismusorte auf den Inseln Isabela, Santa Cruz und San Cristóbal, die durch eine **Schiffsroute** miteinander verbunden sind. Zur Erkundung des Inselarchipels gibt es das Angebot, verschiedene Inseln auf einer Hotelschiff-Rundreise anzusteuern. Eine 4-tägige Rundreise verbindet die vier östlich gelegenen Inseln Santa Cruz, San Cristóbal, Genovesa und Espanola, eine 5-tägige Reise steuert die vier größten Inseln an (M 3).

An Land können die Inseln nur in Begleitung von **lizenzierten Führern** auf markierten Wegen erkundet werden. Die Führer geben einerseits Informationen zu Flora und Fauna, sind aber auch dafür zuständig, die Einhaltung der Nationalpark-Regeln zu überwachen (M 6).

Die wenig ausgebaute touristische Infrastruktur stellt gleichzeitig einen Faktor dar, der die Attraktivität für den Tourismus verringert. Denn hierdurch ist zum Beispiel die Erreichbarkeit der Inseln eingeschränkt. Des Weiteren müssen Touristen aufgrund der Auflagen für den Aufenthalt auf Galapagos eine Einschränkung ihres Bewegungsspielraums vor Ort in Kauf nehmen. Eine weitere Einschränkung des touristischen Potenzials ist durch die naturgeographischen Voraussetzungen gegeben. Die Küsten bestehen in weiten Teilen aus zerklüftetem Lavagestein, während Sandstrände kaum vorhanden sind. Aufgrund der kalten Meeresströmung gibt es keine ausgedehnten Korallenriffe und teilweise gibt es starke Unterwasserströmungen (M 5, M 6).

All diese Merkmale machen deutlich, dass der Galapagos-Archipel ein Reiseziel für Touristen ist, für die die Einzigartigkeit der Flora und Fauna im Vordergrund steht und die auch bereit sind, Einschränkungen auf sich zu nehmen.

Teilaufgabe 2

Der Operator „erläutern" (Anforderungsbereich II) verlangt von Ihnen, dass Sie aus dem Material entnehmbare Zusammenhänge verdeutlichen. In dieser Teilaufgabe sollen Sie zunächst die Entwicklung des Tourismus auf Galapagos sowie die touristischen Strukturen aufzeigen und anschließend auf die wirtschaftliche Bedeutung eingehen (M 2 – M 10).

Die Besonderheiten des Galapagos-Archipels haben eine spezifische Struktur des Tourismus hervorgerufen. Es gibt unterschiedliche **Beherbergungstypen**, nämlich neben Hotels und Pensionen auch Hotelschiffe. Die letzte Form dominierte bis 2006 in Bezug auf die Anzahl, auf die Bettenkapazität und die Zahl der Übernachtungen. 80 Hotelschiffe standen 65 Hotels gegenüber. Auf den Hotelschiffen verbrachten 2007 etwa ein Drittel mehr Touristen ihren Urlaub auf Galapagos als in Hotels und Pensionen (M 6, M 7).

> Struktur des Tourismus

Die durchschnittliche Aufenthaltsdauer hat sich von mehr als 5 Tagen im Jahr 1982 und 4 bis 5 Tagen im Jahr 1991 auf 3,3 Tage im Jahr 2006 reduziert. Es dominiert der Auslandstourismus: Die meisten Touristen – nämlich 44 461 – kamen 2009 aus den USA, mit weitem Abstand gefolgt von Touristen aus Großbritannien (10 953), Deutschland (7 129) und Kanada (6 946) (M 3, M 8).

Die strukturellen Besonderheiten sind auch auf den Status der Inseln als **Weltnaturerbe der UNESCO** zurückzuführen. Im Jahre 2007 wurde dieses als gefährdet eingestuft, da die Einzigartigkeit nicht nur durch den Tourismus bedroht wurde, sondern auch durch illegale Siedler oder die Expansion der Ölimporte und ein steigendes Verkehrsaufkommen. Daraufhin entstand die Initiative „Galapagos 2020", die der touristischen Nutzung strengere Beschränkungen auferlegte. Diese beinhaltete neben Maßnahmen, die das Einschleppen von fremden Arten verhindern soll, auch eine Einpassung des Tourismus in das Nationalpark-Konzept sowie die Orientierung an der Weltnaturerbe-Konvention der UNESCO. So wurden weiterhin die Beschränkungen der Besucherzahlen aufrechterhalten und die Flugkapazitäten mit 500 – 800 Plätzen pro Tag bis 2010 gering gehalten, aber auch die Genehmigungen für den Wassersport reduziert. Darüber hinaus wurden umweltschonende technische Maßnahmen sowie Wasserrecycling auf den Hotelschiffen eingeführt und die Touristenführer besser geschult sowie ihre Arbeit kontrolliert.

> Sanfter Tourismus im UNESCO-Weltnaturerbe

Berücksichtigt man alle genannten Maßnahmen, kann man den Tourismus auf Galapagos als **sanften Tourismus** bezeichnen.

Dem Problem der illegalen Einwanderung wurde mit der Einführung einer Identifikationskarte begegnet (M 2, M 4, M 6).

Die Form des Tourismus, die sich auf Galapagos entwickelt hat, und die ergriffenen Maßnahmen zum Schutz der Natur werden auch durch die Motive der Touristen bestätigt. In einer Umfrage aus dem Jahr 2007 gaben 77,2 % der Galapagos-Reisenden an, wegen der einzigartigen Flora und Fauna die Inseln zu bereisen, 9,5 % kamen auf Empfehlung von Bekannten und 6,3 % wollten „sehen, was Darwin sah". Das Naturerlebnis hat also gegenüber einem Bade- oder Taucherlebnis Priorität. Außerdem erschwert die **periphere Lage** des Archipels die Anreise und ist auch ein Grund für die **hohen Preise**. So kosten 4 Nächte pro Person ab Quito/ Guayaquil beispielsweise 1 315 €, 7 Nächte sogar 2 349 €. Eine Einreisegebühr, die für ausländische Touristen bei 100 US-$ liegt und vor allem für die Erhaltung des Nationalparks und für die Inselgemeinden verwendet wird, kommt hinzu (M 1, M 6).

Naturerlebnis im Mittelpunkt

Dennoch ist in der touristischen Entwicklung eine Zunahme seit den 1970er-Jahren festzustellen. So ist ein deutlicher **Wachstumstrend** bei den Fernreisen, seit 2000 auch beim Inlandstourismus zu verzeichnen. In den 1970er-Jahren war die Anzahl der ausländischen Touristen sehr niedrig, von 1979 bis 1980 gab es einen sprunghaften Anstieg auf ca. 16 000, in den folgenden Jahren sank die Zahl wieder auf ca. 15 000 (1985). Von 1985 bis 2002 ist ein stetiger, aber moderater Anstieg und in den Jahren 2003 bis 2008 ein steiler Anstieg zu verzeichnen. Innerhalb der drei Jahre hat sich die Zahl der ausländischen Touristen verdoppelt von ca. 60 000 auf 120 000. Durch die Weltwirtschaftskrise ist die Zahl der Reisenden etwas eingebrochen, sie hat sich aber 2010 wieder erholt. Die Entwicklung der Anzahl der ecuadorianischen Touristen verläuft weitgehend parallel zur Entwicklung der Anzahl der ausländischen Touristen. Erst ab 2005 wächst der Anteil der einheimischen Touristen, etwa zwei Drittel der Touristen kommen aber weiterhin aus den ausländischen Quellgebieten (M 8).

Zunahme des Tourismus seit den 1970er-Jahren

Im Rahmen dieses Wachstumstrends ist eine Ausweitung der **touristischen Infrastruktur** zu erkennen. Einerseits wird eine Verlagerung der Beherbergung von Hotelschiffen zu Hotels deutlich. Zwar hat sich die Anzahl der Hotelschiffe von 1982 bis 2007 von 40 auf 83 Schiffe mehr als verdoppelt. Die Anzahl der Hotels hat sich aber fast verfünffacht von 18 Hotels im Jahr 1982 auf 89 im Jahr 2007. Somit lag 2007 die Bettenzahl in Hotels über der auf Hotelschiffen (M 7). Andererseits wirkt sich das Wachstum auf die

Ausweitung der touristischen Infrastruktur

touristische Infrastruktur an Land aus. Denn auch die Anzahl an Restaurants und Bars ist gewachsen: im Zeitraum von 1982 bis 1991 eher moderat und im Zeitraum von 1991 bis 2006/2007 sprunghaft. Mit 122 Gastronomieeinrichtungen hat sich die Anzahl von 1982 bis 2007 versechsfacht (M 7).

Die große **wirtschaftliche Bedeutung** des Tourismus auf Galapagos zeigt sich in verschiedenen Bereichen. Fast die Hälfte der Einnahmen aus dem Galapagos-Tourismus (46 %), die 2006 bei 482 Mio. US-$ lagen, entfallen auf die tourismusbasierten Wirtschaftsbereiche. 33 % der Einnahmen fließen in die Tourismuseinrichtungen auf Galapagos, allerdings gehen hiervon rund 60 % an Hotelschiffbesitzer im Ausland oder auf dem ecuadorianischen Festland und tragen so nur indirekt zur Bruttowertschöpfung auf Galapagos bei. Ein Anteil von 13 % der Einnahmen geht an die vor- und nachgelagerten Wirtschaftsbereiche des Tourismus, wie z. B. Hotels und Restaurants, Groß- und Einzelhandel sowie Transport, auch auf Hotelschiffen, und Kommunikation. Insgesamt umfassten die drei vom Tourismus dominierten Bereiche eine Bruttowertschöpfung von 88 Mio. US-$ im Jahr 2007 und 4 602 Beschäftigte. Der Bereich des primären Sektors sowie der öffentlichen Dienstleistungen, die auch von den Einnahmen durch den Tourismus profitieren, sorgten im gleichen Jahr für eine Bruttowertschöpfung von 6,7 Mio. US-$ und zählten 2 957 Erwerbstätige. Neben den Hotelschiffbesitzern im Ausland und auf dem ecuadorianischen Festland schöpfen jedoch vor allem die internationalen Reisebüros (5 %) sowie die internationalen und ecuadorianischen Fluggesellschaften und Hotels auf dem ecuadorianischen Festland Gewinn von den Einnahmen aus dem Tourismus ab (zusammen 48 %) (M 10).

Dennoch wirkt sich der Wirtschaftsfaktor Tourismus positiv auf das **Pro-Kopf-Einkommen** auf Galapagos aus. Im Jahr 2009 lag es bei 4 716 US-$, während das durchschnittliche Pro-Kopf-Einkommen in Ecuador mit 3 776 US-$ deutlich darunter lag. Galapagos steht damit an 4. Stelle der 24 ecuadorianischen Provinzen (M 4).

Durch den Tourismus haben sich folglich die **Einkommensmöglichkeiten** auf Galapagos verbessert, was eine **Zunahme der Bevölkerung** zur Folge hatte. Von 1950 bis 2010 ist die Bevölkerung kontinuierlich von ca. 2 000 auf fast 25 000 angestiegen. Im Jahr 2006 wurde der höchste offizielle Zuwanderungswert von 843 Migranten erreicht, im Jahr 2000 waren es 674. In einer Befragung von 2009 nannten 43,1 % der Befragten wirtschaftliche Gründe als Migrationsmotiv, 44,3 % kamen aufgrund einer Heirat oder Familienzusammenführung. Der illegalen Zuwanderung wurde unter anderem durch zwangsweise Rücksiedlung der Migranten weiter vorgebeugt. Insgesamt bestätigt die Bevölkerungsentwicklung die wirtschaftliche Bedeutung des Tourismus auf Galapagos (M 4, M 9).

Teilaufgabe 3

Der Operator „erörtern" (Anforderungsbereich III) verlangt von Ihnen das begründete Abwägen zwischen Pro und Kontra mit dem Ziel einer abschließenden eigenen Urteilsbildung. In dieser Teilaufgabe wird von Ihnen erwartet, dass Sie beurteilen, ob der Tourismus auf Galapagos positive oder negative Zukunftsperspektiven hat, und dass Sie hierzu eines der Ihnen aus dem Unterricht bekannten Modelle der touristischen Entwicklung (z. B. Butler, Vorlaufer) hinzuziehen (M 2–M 4, M 6– M 11).

Dem **Wirtschaftsfaktor Tourismus** kommt auf Galapagos eine große Bedeutung zu und es sprechen einige Aspekte für eine positive Entwicklung dieses Wirtschaftsbereiches. Nach wie vor weist die Branche einen Wachstumstrend auf, der auch durch die Weltwirtschaftskrise 2009 kaum gebremst wurde. Des Weiteren sind die Bemühungen zur Bewahrung des Weltnaturerbe-Status als positiv zu bewerten. Die Maßnahmen, die im Rahmen der Initiative „Galapagos 2020" eingeleitet wurden, haben sich so positiv ausgewirkt, dass 2010 der Galapagos-Archipel von der UNESCO als nicht mehr gefährdet eingestuft wurde. Hervorzuheben sind in diesem Zusammenhang die intensiveren Kontrollen des Tourismus und der Einsatz **umweltschonender Technik** wie Wasserrecycling auf Schiffen und **regenerativer Energien**, die dem Konzept des sanften Tourismus entsprechen (M 4).

Positive Perspektiven

Dennoch gibt es einige problematische Aspekte, die den Konflikt zwischen **Ökologie** und **Ökonomie** verdeutlichen und die die künftige Entwicklung des Tourismus beeinträchtigen könnten. Der Ausbau der touristischen Infrastruktur und die Verlagerung des Tourismus an Land dienen dazu, das touristische Potenzial der Inseln ökonomisch auszuschöpfen, langfristig ist jedoch eine Gefährdung des Naturraums auf Galapagos und somit auch des Status als Weltkulturerbe der UNESCO zu befürchten. Eine weitere Beschränkung des Tourismus und die einseitige Ausrichtung auf gut

Negative Perspektiven

situierte, naturorientierte Bildungsurlauber kann allerdings das wirtschaftliche Wachstum bremsen.

Der Anstieg der Touristenzahlen wirkt sich negativ auf das Ökosystem aus. Trotz intensiver Kontrollen und des Einsatzes von Verfahren zur Reduzierung der Anzahl der **eingeschleppten fremden Pflanzen- und Tierarten**, die allerdings nur auf 69 % der Hotelschiffe praktiziert werden, ist diese kontinuierlich gestiegen; im Jahr 2009 lag sie bereits bei 800. Diese Arten gefährden langfristig durch ihre Überlegenheit im Ökosystem die einheimischen Arten. Außerdem gibt es weitere Defizite im **Ökomanagement:** Zwar ist auf 82 % der Hotelschiffe eine ordnungsgemäße Müllsammlung, -trennung und -entsorgung üblich, die auch in den Häfen praktiziert wird, allerdings wurden 2008 nur 18 % des Mülls recycelt. Ein weiteres Problem stellt die Abwasseraufbereitung dar, die auf 48 % der Schiffe praktiziert wird. Bei den übrigen 52 % aber wird das verschmutzte Wasser unbehandelt ins Meer geleitet. Die Erzeugung von Strom aus regenerativen Energiequellen, z. B. von Solarstrom, fehlte 2007 auf allen Hotelschiffen (M 11).

Vergleicht man die Entwicklung des Tourismus auf Galapagos mit dem modellhaften Verlauf nach **Butler**, sind deutliche Parallelen festzustellen. Da durch das Tourismuskonzept aber nur bestimmte Zielgruppen angesprochen werden, ist eine Entwicklung zum Massentourismus nicht zu befürchten. Dennoch ist eine Ausweitung auf den Hoteltourismus als **Erneuerungsphase** einzuordnen, die einen weiteren Anstieg der Touristenzahlen mit sich bringen kann. Angesichts der Sensibilität des Ökosystems bestünde dann aufgrund der steigenden ökologischen Belastung die Gefahr eines raschen Verfalls.

Modell von Butler

Galapagos muss trotz der negativen Aspekte weiterhin auf den Tourismus setzen, da er für Ecuador einen **positiven Wirtschaftsfaktor** darstellt. Allerdings darf hierbei nicht allein der ökonomische Profit im Vordergrund stehen, sondern es muss eine Balance gefunden werden zwischen den Bedürfnissen der Touristen und denen des fragilen Ökosystems. Dieses kann am besten durch eine Schwerpunktsetzung auf Qualitätstourismus gelingen. Ein weiterer Ausbau der touristischen Infrastruktur an Land und die Verlagerung auf Hoteltourismus sollte daher verhindert werden, damit der Hauptreisegrund zum Archipel, nämlich die Einzigartigkeit der Flora und Fauna, weiterhin Bestand hat.

Fazit: Qualitätstourismus als Perspektive

Thema

Raumentwicklung in Europa –
Die Öresund-Verbindung als grenzübergreifender Wachstumsmotor?

Aufgabenstellung   Punkte

1. Lokalisieren Sie die Öresund-Region und kennzeichnen Sie deren verkehrsinfrastrukturelle Ausstattung sowie sozioökonomische Struktur Anfang der 1990er-Jahre.   25

2. Erläutern Sie die Entwicklungsprozesse, die sich seit der Fertigstellung
   der Öresund-Verbindung vollzogen haben.   27

3. Erörtern Sie Chancen und Probleme der Öresund-Verbindung in regionaler Hinsicht und im Kontext europäischer Raumentwicklung.   28

Zugelassene Hilfsmittel

– der an der Schule in der Qualifikationsphase überwiegend verwendete Atlas,
  in einer für alle Prüflinge gleichen Auflage
– Wörterbuch zur deutschen Rechtschreibung
– Taschenrechner

Materialgrundlage

M 1   Atlaskarten nach Wahl

M 2 Wirtschaft Öresund-Region 1991 (siehe Farbabbildungen)

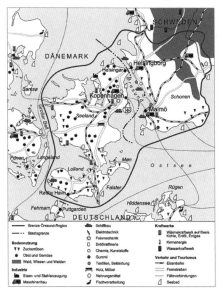

Quelle: © cartomedia, Karlsruhe

M 3 Beschäftigungsstruktur Öresund-Region 1993 / 2007

Wirtschaftssektor (Anteile in %)	Region Kopenhagen 1993	Region Kopenhagen 2007	Region Seeland 1993	Region Seeland 2007	Region Schonen 1993	Region Schonen 2007
Primärer Sektor	1,0	0,7	6,3	3,8	3,2	2,1
Sekundärer Sektor	17,9	14,8	23,2	21,9	25,7	22,6
Tertiärer Sektor	81,1	84,5	70,5	74,3	71,1	75,3
Anzahl der Beschäftigten insgesamt	830 371	938 511	315 771	345 065	448 323	535 585

Eigene Zusammenstellung nach: http://www.tendensoresund.org/de/wirtschaftsstruktur
(Zugriff 15. 09. 2011)

M 4   Demographische Entwicklung in der Öresund-Region

Gesamtregion

Jahr	Bevölkerung
1999	3 503 576
2004	3 583 302
2009	3 698 199
2014	3 796 000
2019	3 884 000
2024	3 971 000
2029	4 052 000

Teilregionen

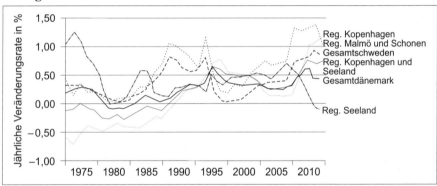

Eigene Zusammenstellung nach:
http://www.tendensoresund.org/de/bevolkerung/bevolkerungsprognose (Zugriff 15. 09. 2011);
http://www.tendensoresund.org/de/bevolkerung (Zugriff 15. 09. 2011);
http://www.kk.dk/sitecore/content/Subsites/CityOfCopenhagen/SubsiteFrontpage/ContactsAndFacts/
Statistics/Population/PopulationOriginCityDistricts.aspx (Zugriff 11. 10. 2011)

M 5 Daten und Fakten zur Öresund-Verbindung (siehe Farbabbildungen)

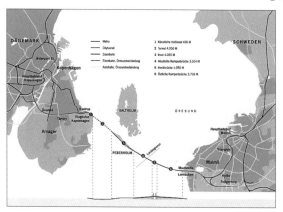

- 1991: Abkommen zwischen Dänemark und Schweden über den Bau
  der Öresund-Verbindung
- Fertigstellung: 1. Juli 2000 (Bauzeit: 4,5 Jahre)
- Baukosten: ca. 3 Mrd. Euro, gefördert mit 50 Millionen Euro aus Mitteln
  des Europäischen Strukturfonds für regionale Entwicklung
- 5 000 Beschäftigte während der Bauphase
- Streckenlänge: ca. 16 km
- Konstruktionstyp: Schrägseilbrücke mit Zufahrtstunnel ohne Standspur
- Streckenführung: kombinierte vierspurige Autobahnbrücke mit zweispuriger
  Bahntrasse, ausgelegt für 4 000 Kfz stündlich

Eigene Darstellung und Zusammenstellung nach: ØRESUNDSBRO KONSORTIET 2010 (Hrsg.):
10 Jahre. Die Öresundbrücke und ihre Region, S. 7 unter http://de.oresundsbron.com/page/26
(Zugriff 15. 09. 2011); http://de.oresundsbron.com/page/2867 (Zugriff 15. 09. 2011)

M 6 Verkehrsentwicklung Öresund-Verbindung

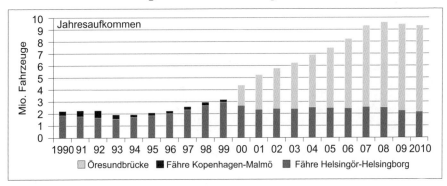

Daten nach: Shippax, Øresundbron

Tagesaufkommen

Kategorie	2001	2005	2007	2008	2009	2001–2009
Pkw	7 290	12 328	16 831	17 767	17 986	147 %
Motorräder	67	82	106	96	93	39 %
Lieferwagen und Wohnwagen	204	300	465	441	449	120 %
Lkw	421	737	927	932	817	94 %
Busse	103	155	153	131	117	14 %
Verkehr insgesamt	**8 085**	**13 602**	**18 482**	**19 367**	**19 462**	**141 %**
Personenpassagen						
Auto	21 900	32 000	40 600	41 000	41 300	89 %
Bahn	13 500	18 100	26 600	29 400	30 400	125 %
Total	**35 400**	**50 100**	**67 200**	**70 400**	**71 700**	**103 %**

Nutzungszweck

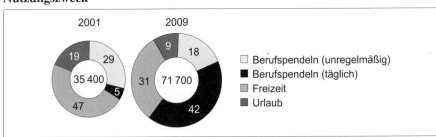

Eigene Zusammenstellung nach: ØRESUNDSBRO KONSORTIET 2010 (Hrsg.): 10 Jahre. Die Öresundbrücke und ihre Region, S. 8 unter http://de.oresundsbron.com/page/486 (Zugriff 15. 09. 2011)

M 7 Immobilienpreise und interregionale Umzüge in der Öresund-Region

Eigentumswohnungen:
Durchschnittlicher Quadratmeterpreis in Dänischen Kronen (DKK)

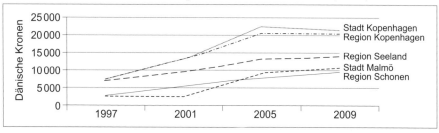

Daten nach: Realkreditrådet og Värderingsdata AB

Interregionale Umzüge

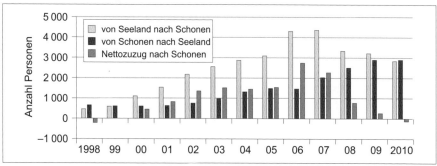

Eigene Zusammenstellung nach:
http://data.oresundsbron.com/image/broen%20og%20regionen/treienDe.png (Zugriff 15. 09. 2011)

M 8 Entwicklungsszenarien Öresund-Verbindung

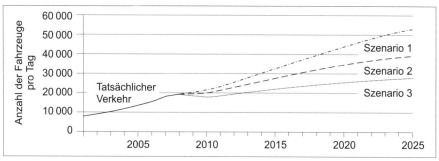

Eigene Darstellung nach: http://data.oresundsbron.com/image/broen%20og%20regionen/
Graf_08_ForventetTrafik_DE png (Zugriff 15. 09. 2011)

M 9   Entwicklung Güterverkehr im westlichen Ostseeraum*
(in Mio. t/Jahr)

Fracht mit	2002	2015**
Lkw	23,0	31,6
Güterzug	5,6	12,3
Kombination Lkw−Zug	1,0	2,0
Gesamt	29,6	45,9

*   Der westliche Ostseeraum umfasst Deutschland, Dänemark und Südschweden.
** Prognose

Quelle: Vieregg-Rössler GmbH: Gutachterliche Stellungnahme zu den aktuellen Verkehrsprognosen und Kostenkalkulationen der geplanten Festen Fehmarnbelt-Querung. Aktualisierte Fassung. München 2009. Hrsg.: NABU Deutschland; http://www.fehmarnbeld.riechey.de/uploads/media/Bericht120309.pdf (Zugriff 15. 09. 2011)

M 10   Konzept europäischer Raumentwicklung (siehe Farbabbildungen)

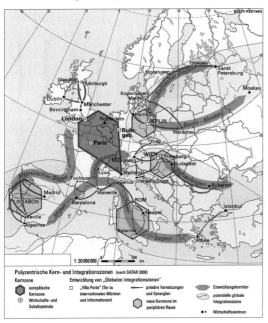

Quelle : Haack Weltatlas 2012, S. 109;
Ernst Klett Verlag GmbH, Stuttgart 2012

Die Aufgabe bezieht sich auf die folgenden **inhaltlichen Schwerpunkte:**
– Verkehrs- und Kommunikationsnetze in ihrer Bedeutung für die Verflechtung und Gestaltung von Räumen
  • Zusammenhang zwischen der Modernisierung der Verkehrs- und Kommunikationsnetze und der Globalisierung
– Zusammenwachsen oder Desintegration von Räumen aufgrund politischer Vorgaben und kultureller Prägung
  • Europäische Raumordnungsmodelle, u. a. die „Blaue Banane"

Lösungsvorschlag

Teilaufgabe 1

Der Operator „lokalisieren" (Anforderungsbereich I) erfordert zunächst die Einordnung der Öresund-Region in Ihnen bekannte Orientierungsraster. Anschließend sollen Sie gemäß den Anforderungen an den Operator „kennzeichnen" (Anforderungsbereich II) einen Raum bzw. einen Sachverhalt auf der Grundlage bestimmter Kriterien begründet charakterisieren. In dieser Teilaufgabe sollen Sie die verkehrsinfrastrukturelle Ausstattung und die sozioökonomische Struktur dieser Region aufzeigen (M 1–M 4).

Die Öresund-Region umfasst das Gebiet der dänischen Inseln Seeland und Lolland sowie die Region Schonen in Südschweden. Die westliche Grenze wird durch den Großen Belt markiert. Die Meerenge Öresund bildet die Grenze zwischen Dänemark und Schweden und verbindet die Nord- mit der Ostsee. An der dänischen Küste, auf der Insel Seeland, liegt die Hauptstadt Kopenhagen, an der schwedischen Küste liegt die Großstadt Malmö. Die Öresund-Brücke verbindet nicht nur diese beiden Städte, sondern ist Teil eines Verkehrsnetzes, das die großen Städte Schwedens miteinander verknüpft und eine Anbindung zum dänischen Festland und somit zum europäischen Kontinent schafft (M 1, M 2). `Geographische Lage`

Malmö und die Metropole Kopenhagen sind über verschiedene Verkehrswege an das **transnationale Verkehrsnetz** angebunden. Von Malmö aus führt eine Autobahn entlang der Küste in Richtung Norden. Nach Süden und ins Landesinnere verlaufen weitere Fernstraßen. Verschiedene Eisenbahntrassen, die z. T. untereinander verbunden sind, führen darüber hinaus in alle Teile Schwedens (M 1, M 2). `Verkehrsinfrastruktur`

Auf der dänischen Seite führen **Autobahnen** von Kopenhagen aus nach Norden in Richtung Schweden bzw. nach Süden über die Insel Lolland in Richtung Deutschland. Außerdem gibt es zwei

Autobahnverbindungen nach Westen sowie eine Bundesstraße, die quer über die Insel Seeland führt. Die **Eisenbahnlinien** verlaufen fast parallel zum Fernstraßennetz. Auf diese Weise werden die Regionen Seeland und Schonen ausgehend von den Zentren Kopenhagen und Malmö sternförmig erschlossen (M 2).

Ein **internationaler Flughafen** befindet sich südlich von Kopenhagen auf einer vorgelagerten Insel im Öresund. Die Anbindung ans europäische Festland und Schweden erfolgt aber nicht nur über Flugverbindungen, sondern auch über **Fährlinien**. Im östlichen Teil der Region verbinden diese Kopenhagen mit Malmö, über Helsingør mit Helsingborg sowie mit der Insel Rügen und den baltischen Staaten. Im westlichen Teil der Region wird der Große Belt durch eine Fährlinie zur dänischen Insel Fünen und zum dänischen Festland überbrückt (M 1, M 2, M 5).

Am Anfang der 1990er-Jahre stellte Kopenhagen das **ökonomische Zentrum** der Öresund-Region dar, da hier im Vergleich zur Region Seeland und zur Region Schonen mit 830 371 mehr **Beschäftigte** zu verzeichnen waren als in den beiden anderen Regionen zusammen. Die Region Seeland hatte 315 771 und die Region Schonen 448 323 Beschäftigte. In der Region Kopenhagen ließ sich außerdem eine starke **Konzentration des tertiären Sektors** erkennen, der 1993 einen Anteil von 81,1 % der Beschäftigten aufwies. In der Region Seeland lag er 10,6 %, in der Region Schonen genau 10 % darunter. Demnach hatten in den Regionen Seeland und Schonen der **primäre** und der **sekundäre Sektor** eine höhere Bedeutung als in der Hauptstadtregion Kopenhagen. In Seeland stellte der primäre Sektor noch 6,3 % und in Schonen immerhin 3,2 % der Beschäftigten (Kopenhagen 1 %). Der sekundäre Sektor machte in Schonen und Seeland einen Anteil von rund einem Viertel aus (M 3).

Ökonomische Struktur

Entlang der Küsten zum Öresund haben sich ähnliche **Industrien** angesiedelt. Der Schwerpunkt liegt auf stahlverarbeitenden Industrien, wie z. B. Maschinen- oder Schiffbau, und der chemischen Industrie. Auch gibt es auf beiden Seiten Nahrungsmittelindustrie. Auf der schwedischen Seite gibt es zusätzlich zwei Standorte der Textilindustrie (M 2).

Die Regionen Seeland und Schonen, inklusive Kopenhagen und Malmö, weisen auch eine ähnliche **demographische Entwicklung** auf. In der Gesamtregion ist von 1999 bis 2009 ein geringer Bevölkerungsanstieg von ca. 5,5 % (absolute Zahl: 194 623) zu verzeichnen. Betrachtet man die Entwicklung in den Teilregionen,

Demographische Entwicklung

wird dieser Trend durch eher niedrige jährliche Wachstumsraten bestätigt. Zudem wird im Zeitraum von 1975 bis 2010 eine Konzentration auf Kopenhagen und Malmö deutlich. Die schwedischen Teilregionen weisen im Vergleich zu den dänischen höhere Wachstumsraten auf (M 4).

Teilaufgabe 2

Der Operator „erläutern" (Anforderungsbereich II) verlangt von Ihnen, dass Sie aus dem Material entnehmbare Zusammenhänge verdeutlichen. In dieser Teilaufgabe sollen Sie die Entwicklungsprozesse seit der Fertigstellung der Öresund-Verbindung nachvollziehen (M 2 – M 7).

Im Jahr 1991 wurde ein Abkommen zwischen Dänemark und Schweden geschlossen, das den Bau einer festen **Verbindung über den Öresund** beinhaltete. Nach 4,5 Jahren Bauzeit wurde diese dann am 1. Juli 2000 fertiggestellt. Die Baukosten betrugen etwa 3 Mrd. Euro und es floss eine Förderung von 50 Mio. Euro aus dem Europäischen Strukturfonds zur regionalen Entwicklung in das Projekt. Realisiert wurde eine **Schrägseilbrücke** mit einem Zufahrtstunnel ohne Standspur auf einer Strecke von insgesamt 16 km. Der **Tunnel** überbrückt das erste Teilstück der Strecke auf einer Länge von 4,05 km. Im weiteren Verlauf wird die Strecke dann oberirdisch weitergeführt. Die Streckenführung kombiniert eine **vierspurige Autobahn** und eine **zweispurige Bahntrasse**. Die Öresund-Verbindung beginnt östlich des Kopenhagener Flughafens und endet im südlichen Teil Malmös. Sowohl auf der dänischen als auch auf der schwedischen Seite wurde die Verbindung an das bestehende Verkehrsnetz angebunden. Neben der Fährstrecke Kopenhagen-Malmö wurde dadurch eine weitere **grenzübergreifende Verbindung** geschaffen (M 2, M 5).

Feste Öresund-Verbindung

Seit der Fertigstellung der Verbindung ist ein steigendes **Verkehrs- und Güteraufkommen** über den Öresund zu verzeichnen. Die Anzahl der Fahrzeuge, die die neue Verbindung passieren, hat von 2000 bis 2008 jährlich zugenommen. Im ersten Jahr nach der Fertigstellung waren es nur etwa 1,8 Mio. Fahrzeuge, bis 2008 stieg die jährliche Fahrzeugzahl aber auf ca. 7 Mio. und in den folgenden zwei Jahren blieb diese Zahl konstant.

Steigendes Verkehrs- und Güteraufkommen

Dies wirkte sich auf die bestehenden Fährverbindungen aus: Während auf der Strecke Helsingör – Helsingborg die Anzahl der Fahrzeuge nur geringen Schwankungen unterlag, aber immer noch bei 2 Mio. pro Jahr liegt, wird die Fähre Kopenhagen – Malmö gar nicht mehr genutzt. Diese Entwicklung zeigt sich auch im **täglichen Verkehrsaufkommen**, denn von 2001 bis 2009 ist es um 141 % gestiegen, die Anzahl der **Personenpassagen** hat sich im gleichen Zeitraum verdoppelt. Dies ist auf die schnellere und flexiblere Art der Überquerung über die Öresund-Verbindung einerseits, aber andererseits auch auf die **kombinierte Streckenführung**, die für ein stündliches Aufkommen von 4 000 Kfz ausgelegt ist und gleichzeitig den Transfer per Bahn ermöglicht, zurückzuführen. Nicht zuletzt schafft die Anbindung an die bestehende Verkehrsinfrastruktur eine **Zeitersparnis** (M 5, M 6).

Aus diesem Grund hat auch eine Verflechtung der benachbarten **Arbeitsmärkte** stattgefunden. Das regelmäßige **Pendleraufkommen** ist von 5 % im Jahr 2001 auf 42 % im Jahr 2009 gestiegen. Rechnet man diejenigen dazu, die unregelmäßig pendeln, hat sich das Pendleraufkommen von 2001 bis 2009 verdoppelt. Mit der steigenden Zahl von Pendlern ging ein deutlicher Zuwachs des Pkw-Aufkommens einher: Von 2001 bis 2009 stieg das Tagesaufkommen dieser Fahrzeugart um 147 %, die Personenpassagen per Pkw um 89 %. Ein erheblicher Anstieg ist auch bei der täglichen Anzahl von Lieferwagen und Wohnwagen (120 %) sowie von Lkw (94 %) zu verzeichnen. Die Personenpassagen per Bahn weisen im gleichen Zeitraum einen Zuwachs von 125 % auf. 2001 betrugen diese lediglich 13 500 täglich. Bis zum Jahr 2007 hat sich diese Anzahl fast verdoppelt, bis 2009 ist ein weiterer Anstieg auf täglich 30 400 Personenpassagen per Bahn festzustellen. Auch die **freizeitorientierte Nutzung** hat mit 31 % noch einen recht hohen Stellenwert, wenngleich der Anteil gegenüber 2001 um 16 % gesunken ist (M 6).

Die Öresund-Verbindung hat sich darüber hinaus auf die **demographische Entwicklung** ausgewirkt. In der gesamten Region ist die Bevölkerung seit 1999 um fast 200 000 gewachsen und lag 2009 bei 3 698 199. Profitiert haben vor allem die Teilregionen Kopenhagen sowie die Regionen Malmö und Schonen. Letztere weisen einen deutlichen Wachstumstrend seit der Fertigstellung auf, während dieser in Kopenhagen etwas später einsetzte. Im Vergleich dazu ist die Entwicklung in Seeland gegenläufig. Die Wachstumsrate rutschte 2009 erstmals in den negativen Bereich (M 4). Diese Entwicklung lässt sich durch die **interregionalen Umzüge** erklären. Von 2000 bis 2007 ist ein Umzugstrend von Seeland nach Schonen zu erkennen. Die Anzahl der Umzüge in diese Richtung war in diesen Jahren doppelt so hoch, vereinzelt auch mehr als doppelt so hoch, wie die Anzahl von Umzügen in die Gegenrichtung, was einen Anstieg des Nettozuzugs nach Schonen zur Folge hatte. In den Folgejahren war diese Entwicklung aber rückläufig, und die Anzahl der Umzüge in beide Richtungen hat sich immer mehr angeglichen. Im Jahr 2010 lag die Anzahl der Umzüge von Schonen nach Seeland schließlich geringfügig über der Anzahl der Umzüge in die Gegenrichtung (M 7).

Verschiedene Gründe lassen sich für das Umzugsverhalten anführen. Die **Immobilienpreise** sind zwar in allen Teilregionen gestiegen, jedoch sind sie in Kopenhagen und der Region Kopenhagen deutlich höher. Während im Jahr 1997 der durchschnittliche Quadratmeterpreis für Eigentumswohnungen in Kopenhagen und Region bei ca. 7 500 Dänischen Kronen (DKK) lag, verzeichnete man 2005 in der Region Kopenhagen einen Preis von etwa 21 000 DKK pro m^2. In der Stadt Kopenhagen lag er mit ca. 23 000 DKK pro m^2 sogar noch etwas darüber. Seitdem haben sich die Preise nur leicht abgeschwächt und liegen immer noch bei über 20 000 DKK pro m^2. In der Stadt Malmö und der Region Schonen haben sich die durchschnittlichen Quadratmeterpreise von 1997–2009 zwar mehr als verdreifacht, im Vergleich zu Kopenhagen machen sie mit ca. 10 000 DKK aber nur die Hälfte des dortigen Preises aus (M 7).

Gründe für das Umzugsverhalten

Ein weiterer Grund für das Umzugsverhalten ist die unterschiedliche **Dynamik des Arbeitsmarktes** in den Teilregionen. Obwohl in Schonen bis 2007 der primäre Sektor auf einen Anteil von 2,1 % (1993: 3,2 %) der Beschäftigten und der sekundäre Sektor auf 22,6 % (1993: 25,7 %) gesunken sind, hatten beide Sektoren weiterhin eine höhere Bedeutung als in Kopenhagen. Dort betrug der Anteil der Beschäftigten im primären Sektor nur noch 0,7 % (1993: 1,0 %) und im sekundären Sektor 14,8 % (1993: 17,9 %) (M 3).

Zunehmende Tertiärisierung

In beiden Teilregionen ist die **Tertiärisierung** weiter vorangeschritten. Der Anteil der Beschäftigten im tertiären Sektor ist in Kopenhagen um 3,4 % auf 84,5 % und in Schonen um 4,2 % auf 74,3 % gewachsen. Auch die Anzahl der Beschäftigten insgesamt hat zugenommen. In Kopenhagen gab es 2007 insgesamt 938 511 Beschäftigte, was einen Zuwachs von 108 140 Beschäftigten im Vergleich zu 1993 bedeutet. In Schonen betrug der Zuwachs 87 262 Beschäftigte, sodass es 2007 535 585 Beschäftigte in der Region gab (M 3).

Teilaufgabe 3

Der Operator „erörtern" (Anforderungsbereich III) verlangt von Ihnen das begründete Abwägen zwischen Pro und Kontra mit dem Ziel einer abschließenden eigenen Urteilsbildung. In dieser Teilaufgabe wird von Ihnen erwartet, dass Sie die Chancen und Probleme der Öresund-Verbindung aufzeigen und vor dem Hintergrund regionaler Aspekte sowie der europäischen Raumentwicklung beurteilen (M 4–M 10).

Im Zuge einer fortschreitenden **europäischen Integration** werden durch Leitbilder Perspektiven und Strategien für die Raumentwicklung in Europa aufgezeigt. Diese stellen einen raumordnungspolitischen Orientierungsrahmen dar, der neben dem Zusammenwachsen Europas auch gesellschaftliche und räumliche Entwicklungen berücksichtigt. Mithilfe dieser Konzepte und der **europäischen Regionalpolitik** sollen beispielsweise räumliche und wirtschaftliche Disparitäten zwischen hoch verdichteten und peripheren Räumen abgeschwächt werden. *(Konzept der europäischen Raumentwicklung)*

Im Konzept der **europäischen Raumentwicklung** sind über die Kernzone mit den Wirtschafts- und Schaltzentralen London, Paris und dem Ruhrgebiet weitere Kernzonen im peripheren Raum vorgesehen. Eine davon befindet sich im Nordosten Deutschlands. Die Öresund-Region liegt am Rande des Baltischen Bogens, der einen Entwicklungskorridor von St. Petersburg über die skandinavischen Metropolen Helsinki und Stockholm bis nach Berlin bildet und somit in die beschriebene neue Kernzone im **peripheren** Raum hineinreicht. Berlin stellt am Ende dieses Korridors das Tor zu internationalen Märkten, die sog. Ville Porte, dar. Ein weiterer Entwicklungskorridor führt von Berlin aus zurück über Warschau nach Moskau. Entlang des Entwicklungskorridors und nördlich der neuen Kernzone werden die Metropolen Kopenhagen und Malmö mit den Wirtschaftszentren St. Petersburg, Helsinki und Stockholm sowie mit Hamburg, Berlin und Warschau primär vernetzt und es werden Synergien geschaffen (M 10).

Durch die Einbindung der Öresund-Region in das Raumentwicklungskonzept und die durch die Öresund-Verbindung geschaffene **infrastrukturelle Anbindung** ist eine zunehmende wirtschaftliche Bedeutung der Region möglich. Verschiedene Aspekte sprechen hierfür. *(Infrastrukturelle Anbindung der Öresundregion)*

Zunächst soll laut Prognosen bis 2029 die Bevölkerung weiter wachsen. Ein Anstieg auf 4 052 000 wird in diesem Rahmen für wahrscheinlich gehalten. Außerdem soll der **Güterverkehr** im westlichen Ostseeraum, das heißt in Deutschland, Dänemark und *(Steigendes Verkehrsaufkommen)*

Schweden, weiter ansteigen. Insgesamt wird bis 2015 ein Zuwachs von 16,3 Mio. t erwartet, sodass der Güterverkehr dann 45,9 Mio. t jährlich umfassen wird. Der größte Anstieg ist beim Gütertransport per Lkw von 23,0 auf 31,6 Mio. t und per Güterzug von 5,6 auf 12,3 Mio. t zu erwarten, während die Kombination beider Verkehrsmittel eher unbedeutend bleiben wird. Auch der **Personenverkehr** wird weiter zunehmen. Hierzu gibt es drei verschiedene Szenarien, die alle einen kontinuierlichen Anstieg der Anzahl der Fahrzeuge pro Tag bis 2025 prognostizieren. Der niedrigste anzunehmende Wert liegt bei ca. 29 000, der mittlere bei 40 000 und der höchste bei ca. 53 000. Der tatsächliche Wert von ca. 20 000 im Jahr 2008 wird somit in allen Szenarien deutlich übertroffen. Nicht zuletzt ist eine weitere **Vernetzung** mit dem Baltikum und der neuen Kernzone im peripheren Raum vielversprechend im Hinblick auf die wirtschaftliche Entwicklung (M 4, M 8, M 9).

In diesem Zusammenhang hat die Öresund-Verbindung einen entscheidenden Beitrag zur grenzüberschreitenden Kooperation und zur Raumentwicklung Europas geleistet. Es wurde hierdurch nicht nur eine Verkehrsverbindung zwischen Dänemark und Schweden geschaffen, sondern im Sinne der europäischen Raumentwicklung auch die Anbindung Skandinaviens und des Baltikums ans europäische Festland sowie die wirtschaftlichen Kernzonen Europas verbessert. Entlang der Verkehrsachse Hamburg-Stockholm wurden außerdem Impulse für die wirtschaftliche Entwicklung peripherer Räume gegeben und so **innereuropäische Disparitäten** zwischen Nord- und Mitteleuropa abgemildert (M 5, M 10).

Beitrag zum Abbau von Disparitäten

Trotz der Chancen, die die Öresund-Verbindung für die Region mit sich gebracht hat und weiter mit sich bringen wird, sollten die Risiken des Projekts nicht unberücksichtigt bleiben. Durch das aufwendige Bauprojekt wurden erhebliche **Eingriffe in das marine Ökosystem** vorgenommen. Insbesondere das Anlegen einer künstlichen Halbinsel von 430 m Länge angrenzend an den Kopenhagener Flughafen, das Vorrücken des Tunnelabschnitts sowie die Fundamentlegung für die Brückenpfeiler sind hier zu nennen. Durch das Bauwerk wurde darüber hinaus der ohnehin schmale Durchlass zwischen Nord- und Ostsee, der für den Wasseraustausch zwischen den Meeren von Bedeutung ist, weiter verringert (M 4).

Ökologische Risiken der Öresund-Verbindung

Die Zunahme des Personen- und Güterverkehrs sowie der Pendlerströme stellt ein weiteres **ökologisches** Problem dar, da dies die **Lärmbelästigung** verstärkt und die **Schadstoffemissionen** erhöht, ein Problem, dem Großstädte sowieso schon ausgesetzt sind. Insbesondere im Bereich der innerstädtischen Zufahrtsstraßen von Malmö und Kopenhagen wird die Umweltbelastung höher und das **Stadtklima** wird erheblich beeinflusst (M 5, M 6, M 8, M 9).

Innerhalb Europas werden zwar durch die beschriebene Raumentwicklung Disparitäten abgebaut, die **regionalen Disparitäten** in Dänemark und Schweden nehmen jedoch zu. Besonders deutlich wird dies in der Region Seeland, die nur einen geringen Zuwachs von Beschäftigten aufweist und auch bei der demographischen Entwicklung dem Trend des Bevölkerungszuwachses Kopenhagens und Malmös entgegensteht (M 3, M 4, M 7).

Zunahme der regionalen Disparitäten

Die positiven Aspekte, insbesondere in Bezug auf die wirtschaftliche Zukunftsperspektive der Öresund-Region, überwiegen. Die Öresund-Verbindung hat die Abkopplung Skandinaviens und des Baltikums vom Rest Europas verhindert und somit eine Hürde bei der wirtschaftlichen und räumlichen Entwicklung peripherer Räume Europas beseitigt. Jedoch darf beim Blick auf Europa nicht die regionale Perspektive außer Acht gelassen werden. In der Öresund-Region selbst bedarf es daher ebenso einer genauen Raumplanung, damit die negativen Aspekte vor Ort langfristig nicht überhandnehmen.

Fazit

Grundkurs Geographie (NRW) – Abiturprüfung 2013
Aufgabe 1

Thema

Nachhaltige Entwicklung durch Ansiedlung von großflächigem Einzelhandel? – Das Beispiel des Factory Outlet Centers Wertheim

Aufgabenstellung   Punkte

1. Lokalisieren Sie Wertheim und erläutern Sie die Voraussetzungen für die Ansiedlung des FOC Wertheim sowie dessen Entwicklung.   37

2. Nehmen Sie kritisch Stellung zu den Folgen des FOC Wertheim im Kontext nachhaltiger räumlicher Entwicklung.   43

Zugelassene Hilfsmittel

– der an der Schule in der Qualifikationsphase überwiegend verwendete Atlas, in einer für alle Prüflinge gleichen Auflage
– Wörterbuch zur deutschen Rechtschreibung
– Taschenrechner

Materialgrundlage

M 1 Atlaskarten nach Wahl

M 2 Wertheim und FOC Wertheim im Gewerbe- und Sondergebiet Almosenberg

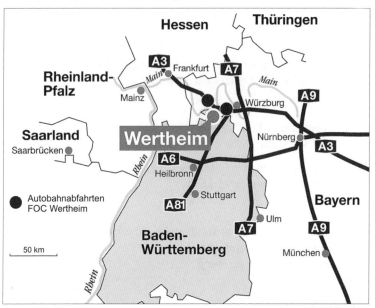

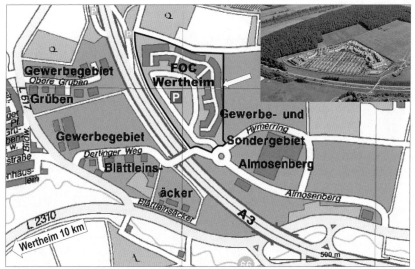

Quellen: http://www.wertheim.de/site/Wertheim/get/documents/wertheim/doks/Wirtschaftsförderung/ Anfahrtsplan_Mai_2013.pdf, Kartografie: © Städte-Verlag E. v. Wagner & J. Mitterhuber GmbH – 70736 Fellbach, www.1001-stadtplan.de

M 3 Factory Outlet Center in Deutschland

1997: Ministerkonferenz für Raumordnung: FOC beruhen auf dem *„Zusammen-schluss von Herstellern über eine Betreiberorganisation"*; sie bieten *„in baulich konzentrierter Form überwiegend hochwertige Markenartikel unter Ausschaltung des Groß- und Zwischenhandels mit erheblichen Preisnachlässen direkt dem Verbraucher"* an, und zwar solche, *„die bisher das typische Sortiment des innerstädtischen Handels prägen"*, mit einer *„Angliederung von Restaurants und Freizeiteinrichtungen"* sowie in Anbindung an *„touristische Attraktionen und schöne Landschaften"*. Sie *„sind entsprechend der Leitvorstellung einer nachhaltigen Raumentwicklung nur in Großstädten/Oberzentren an integrierten Standorten und in stadtverträglichen Größenordnungen zulässig"*; *„negative Auswirkungen auf die [...] urbane Qualität der Städte [sind] auszuschließen"*. Auf dieser Grundlage wird über Einrichtung bzw. Erweiterung eines FOC entschieden, nachdem die Gemeinde einen entsprechenden Flächennutzungsplan vorgelegt hat.

2003: Eröffnung des FOC Wertheim (12 ha) im Gewerbegebiet Almosenberg (53 ha) als drittes FOC in Deutschland mit zunächst 10 Läden, in dem *„typisch fränkischen Fachwerkstil erbaut und auf spielerische Art & Weise in die herrliche Gegend des lieblichen Taubertals integriert"* (Homepage); Einrichtung eines kostenlosen Bus-Pendelverkehrs zwischen Wertheim und dem FOC (bis 2009 insg. rd. 34 000 Fahrgäste).

Standortansprüche des international tätigen FOC-Betreibers: ca. 3 Mio. markenbewusste Kunden. Zielvorgabe: zwei FOC-Besuche pro Jahr von Besuchern mit einer Pkw-Fahrzeit von bis zu einer Stunde mit einer Aufenthaltsdauer von je 4–5 Stunden.

Gutachter prognostizieren dem Betreiber des FOC für 2010 bei Investitionen von 75 Mio. € 1,5 Mio. Besucher und 50–65 Mio. € Umsatz/Jahr, davon Käufer aus

Zone I	(= Fahrzeit < 30 Minuten ≙ < 40 km)	30–50 %,
Zone II	(= Fahrzeit 30–60 Minuten ≙ 40–80 km)	bis 25 %,
Zone III	(= Fahrzeit 60–90 Minuten ≙ 80–120 km)	bis 30 %,
Zone IV	(= Fahrzeit > 30 Minuten ≙ > 120 km)	etwa 10 %.

2011: sechs FOC in Deutschland (zum Vergleich: Spanien 15, Italien 20, Großbritannien 40)

Quelle: http://www.kommunen-in-nrw.de/mitgliederbereich/mitteilungen/detailansicht/dokument/ ministerkonferenz-fuer-raumordnung-zu-factory-outlet-centern.html sowie die bei den anderen Materialien genannte Literatur zu Wertheim (Zugriff 12. 12. 2011)

M 4 Wohlstand in Deutschland 2009
     (siehe Farbabbildungen)

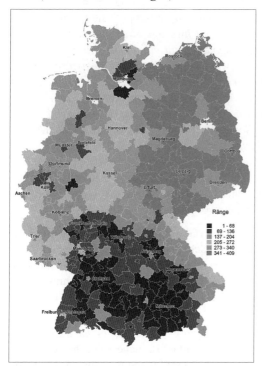

Untersucht und nach dem erreichten Rang geordnet wurden die 409 kreisfreien Städte und
Kreise Deutschlands (ohne die drei Stadtstaaten) im Hinblick auf 39 ökonomische und
strukturelle Indikatoren.

Quelle: IW Consult GmbH

M 5 Die Stadt Wertheim: grundlegende Daten

Gemeindefläche	2010: 13 863 ha, davon: 1 861 ha Siedlungs- und Verkehrsfläche 5 786 ha Landschafts- und Naturschutzgebiete
Einwohnerzahl	2000: 24 332 2005: 24 474 2010: 23 558 Prognose 2025: 22 517
Einrichtungen	rd. 200 Einzelhandelsbetriebe; im Altstadtkern: historischer Marktplatz, Fachwerkhäuser, Reste einer mittelalterlichen Stadtmauer und Burg; Kreisstadt: Ämter, Schulen, Archive, Museen, Mainhafen
zentralörtlicher Rang	Mittelzentrum
sozialversicherungs- pflichtig Beschäftigte	2000: 9 892 2010: 10 127
Steuerkraft je Einwohner (Baden- Württemberg = 100)	2000: 104 2010: 119
Tourismus	2003: 35 556 Übernachtungsgäste 2005: 49 556 Übernachtungsgäste 2010: 62 420 Übernachtungsgäste, davon rd. ein Drittel aus dem Ausland, zzgl. rd. 400 000 Tagesgäste

Quellen:
http://www.statistik-bw.de/Veroeffentl/Statistische_Berichte/3126_10001.pdf;
http://www.wertheim.de/servlet/PB/show/1271944/2006-jahresberichte_fvg.pdf;
http://www.fafo-bw.de [mit weiterführenden Links] (Zugriff jeweils 17. 11. 2011)

M 6 Das Gewerbe- und Sondergebiet Almosenberg

2004	FOC: 36 Läden, rd. 350 Arbeitsplätze; Genehmigung einer Erweiterung um 15 Läden (auf 11 800 m²; Investitionsvolumen: 10 Mio. €) mit dann 450 Arbeitsplätzen
2006	Eröffnung von „Europas größtem Freizeitcenter" für Caravan-Urlauber (80 000 Besucher/Jahr); FOC: 73 Läden, 480 Beschäftigte (davon rd. ein Viertel Teilzeitkräfte)
2007	FOC: 97 Läden, 634 Beschäftigte (rd. ein Fünftel Teilzeitkräfte)
2009	Eröffnung eines Kletterparks (2,5 ha) auf einer angrenzenden Waldfläche
2010	FOC: Jahresumsatz 67,5–75 Mio. €; 2 Mio. Besucher; 115 Läden; 725 Beschäftigte (rd. ein Viertel Teilzeitkräfte, nahezu keine Ausbildungsplätze); Angebotsstruktur: Mode/Bekleidung 60–70 %, je ca. 10 % Schuhe/Lederwaren, Glas/Porzellan/Haushalt, Spielwaren, Sportartikel; Antrag des FOC-Betreibers auf Erweiterung von bisher 13 500 m² auf 19 400 m² Verkaufsfläche; Ankauf eines 5,5 ha großen Nachbarareals (u. a. für weitere Parkplätze); Ergebnisse eines von der Stadt Wertheim in Auftrag gegebenen Verkehrsgutachtens im Hinblick auf eine Erweiterung der Verkaufsfläche des FOC: • 8 650 statt wie bisher 7 800 Zu- und Abfahrten/Tag ins FOC an einem Werktag; in samstäglichen Spitzenzeiten ca. 1 050 Autobewegungen/Stunde; • notwendiger Ausbau der Zufahrtsstraßen
2011	Zustimmung der Gemeinde zu einem Ausbau des FOC auf 16 800 m², nicht durch eine Flächenausdehnung, sondern durch Nutzung bisher leer stehender oder als Lager genutzter Nebenräume; 10. Oktober: „Das Land wird [so Baden-Württembergs Ministerpräsident Kretschmann] die FOC-Erweiterungspläne in Wertheim nicht genehmigen […]. Damit steht die Landesregierung zu den Vorgaben der Landes- und Regionalplanung und in engem Schulterschluss mit dem Handelsverband sowie dem Bund Naturschutz."

Quellen:
http://www.factory-outlet-city.com/de/wertheim/center_infos.html;
http://www.textilwirtschaft.de/news/topnews/pages/Wertheim-Village-soll-groesser-werden_63715.html;
http://www.einzelhandel.de/pb/site/hde/node/1449370/Lde/index.html [Zitat] (Zugriff jeweils 12. 12. 2011)

M 7 Kundenstruktur des FOC Wertheim

Herkunft	2004 (in %)	2010 (in %)
Zone I (bis 30 min)	27,8	24,1
Zone II (30 bis 60 min)	21,1	19,6
Zone III (60 bis 90 min)	21,0	19,3
Zone IV (über 90 min)	30,1	37,0
Summe	100,0	100,0

Besucher (2010):
- Aufenthaltsdauer im FOC bei rd. 60 % 1–3 Stunden
- Nettoeinkommen bei zwei Dritteln über dem deutschen Durchschnitt

Quelle: http://www.wertheim.de/servlet/PB/show/1373479/Anlage%201_GMA_B_SO_E_110905.pdf
(Zugriff 12. 12. 2011)

M 8 Entwicklung des städtischen Einzelhandels in Zentren der Umgebung

	Verkaufsfläche des Einzelhandels (m²)			Umsätze im Einzelhandel (Mio. €)			durch das FOC abgeschöpfter Umsatz in % des jeweiligen örtlichen Umsatzes	
	2000	2005	2010	2000	2005	2010	2005	2010
Würzburg	73 000	k. A.	94 800	339,1	312,0	383,9	1,7	1,3
Aschaffenburg	48 000	k. A.	62 600	170,2	170,0	206,1	0,8	0,9
Wertheim (ohne FOC)	7 000	6 200	7 100	24,2	23,0	24,8	1,5	2,3
Tauberbischofsheim	5 600	k. A.	4 940	19,7	17,5	15,4	0,6	1,5
Miltenberg	6 900	6 100	7 050	24,5	22,6	22,9	0,7	0,7
zum Vergleich: Deutschland insgesamt	106 Mio.	114 Mio.	122 Mio.	376 Mrd.	362 Mrd.	362 Mrd.		

Quellen:
http://www.wertheim.de/servlet/PB/show/1373479/Anlage%201_GMA_B_SO_E_110905.pdf;
http://kpmg.de/docs/trends_im_handel_2010_de.pdf (Zugriff jeweils 17. 11. 2011)

Die Aufgabe bezieht sich auf die folgenden **inhaltlichen Schwerpunkte:**
- Verkehrs- und Kommunikationsnetze in ihrer Bedeutung für die Verflechtung und Gestaltung von Räumen
  - Prinzipien der Standortverlagerung und der Beschaffungslogistik
- Siedlungsentwicklung in Abhängigkeit von soziokulturellen und politischen Leitbildern
  - Zentralität als Ausdruck funktionaler Verflechtungen: Strukturen und Raumordnungsziele, einschließlich modellhafter Darstellungen

Lösungsvorschlag

Teilaufgabe 1

Der Operator „erläutern" (Anforderungsbereich II) verlangt, dass Sie aus dem Material entnehmbare Zusammenhänge verdeutlichen. In dieser Teilaufgabe sollen Sie im Anschluss an die räumliche Einordnung darlegen, welche Standortfaktoren die Ansiedlung des FOC Wertheim begünstigt haben und wie es sich bisher entwickelt hat (M 1–M 6).

Die Mittelstadt Wertheim liegt an der Mündung der Tauber in den Main, der an dieser Stelle die Landesgrenze zwischen Baden-Württemberg und Bayern bildet. Nur 20 km westlich verläuft die Landesgrenze zu Hessen. Die Stadt befindet sich in erreichbarer Nähe der Zentren Würzburg (30 km), Darmstadt (65 km), Offenbach (65 km), Heilbronn (70 km), Heidelberg (70 km), Frankfurt a. M. (80 km), Fulda (100 km), Pforzheim (105 km), Erlangen (110 km), Nürnberg (120 km) und Stuttgart (120 km), die somit allesamt innerhalb der Erreichbarkeitszonen I–IV des Factory Outlet Centers (FOC) Wertheim liegen (M 1, M 3).   *Lage*

Das 2003 **als drittes in Deutschland eröffnete FOC Wertheim** liegt 10 km nordöstlich der Stadt im 53 ha großen Gewerbe- und Sondergebiet Almosenberg, inmitten eines bis dato ausschließlich land- und forstwirtschaftlich genutzten Gebietes mit hinreichend angrenzender Flächenreserve, benachbart zu weiteren Gewerbegebieten jenseits der A3. Das FOC ist von der Stadt Wertheim aus direkt erreichbar über den Dertinger Weg und zusätzlich verkehrsmäßig angebunden durch einen kostenlosen Bus-Pendelverkehr, der intensiv genutzt wird. Es weist eine für FOCs typische „baulich konzentrierte Form" (Fläche: 12 ha) sowie den „typisch fränkischen Fachwerkstil" auf (M 3) und passt sich damit in die touristisch stark frequentierte Urlaubsregion des Main- und Taubertals ein. Die ca. 62 000 Übernachtungsgäste (2010) sowie   *Lokale Gegebenheiten* ca. 400 000 jährlichen Tagesgäste, die u. a. auch wegen der **Attraktivität der Stadt Wertheim** kommen dürften, stellen ein zusätzliches Käuferpotenzial dar (M 5).

Das FOC ist unmittelbar an der A 3 gelegen, ca. 1 km von der nächsten Autobahnabfahrt entfernt und durch die L 2310 sowie die L 617 an das regionale und lokale Straßennetz angebunden (M 2). Verkehrsmäßige Anbindung
Überregional ermöglichen die weiteren Autobahnen A 6, A 81 und A 7 gute Verbindungen vor allem nach Süden innerhalb eines zeitlichen Radius von 1–1½ Stunden Fahrzeit per Pkw; aus diesem **Einzugsgebiet** stammt die von den Gutachtern benannte Zielgruppe der 1,5 Mio. Einkaufspendler (M 2, M 3). Diese südlichen Einzugsbereiche zählen zu den **kaufkräftigsten Städten und Kreisen Deutschlands**, die allesamt obere Plätze im bundesdeutschen Wohlstandsranking einnehmen (M 4).

Somit erfüllte das FOC Wertheim von Anfang an diejenigen Vorgaben der Ministerkonferenz für Raumordnung aus dem Jahr 1997, in der konkrete Aussagen zu Größe, Baustil, Warenangebot und Preisstruktur ebenso ausgewiesen sind wie solche zur Einbettung in die Landschaft, zu ergänzenden Freizeiteinrichtungen und zum gastronomischen Angebot.

Die Verträglichkeit mit den traditionellen städtischen und gewerbemäßigen Strukturen gehört jedoch ebenso zu den Genehmigungsvoraussetzungen auf der Grundlage vorgelegter Flächennutzungspläne (M 3). Wertheim hat eine Einwohnerzahl von ca. 24 000 bei leicht abnehmender Tendenz seit 2000 und den Status eines Mittelzentrums. Das FOC Wertheim erfüllt daher nicht die zentralörtliche Bedingung, „nur in Großstädten / Oberzentren an integrierten Standorten und in stadtverträglichen Größenordnungen" genehmigt werden zu können. Möglicherweise ist die relativ große Entfernung zu Großstädten außer Würzburg ein Grund für diese Ausnahme (M 1, M 2). Entwicklung bis 2010

Betrachtet man die **Entwicklung des FOC** seit der Eröffnung, so fallen zum einen die mehrfache Flächenerweiterung, die stetige Zunahme an Läden von ursprünglich 36 auf 115 im Jahr 2010 auf, zum anderen das hiermit zusammenhängende wachsende Angebot an Freizeiteinrichtungen. Nach und nach entstanden ein Caravan-Zentrum mit 80 000 Besuchern jährlich (2006) und ein Kletterpark auf einer angrenzenden 2,5 ha großen Waldfläche (2009).

Unter den genannten Gesichtspunkten scheint das FOC Wertheim ein Erfolg zu sein.

Teilaufgabe 2

Der Operator „nehmen Sie kritisch Stellung" (Anforderungsbereich III) fordert von Ihnen eine reflektierte Auseinandersetzung mit den von Ihnen aufgezeigten Sachverhalten. Sie sollen abwägen, ob die Ansiedlung des FOC Wertheim einen Beitrag zur nachhaltigen Entwicklung in der Region leistet (M 2 – M 8).

In ökonomischer Hinsicht ergeben sich zwischen 2003 und 2010 erkennbar positive Folgen durch die Errichtung des FOC Wertheim: Die Errichtung der Gesamtanlage und die jeweiligen Erweiterungen haben sich positiv auf die Beschäftigungs- und Auftragslage des Bausektors ausgewirkt. Die **Zunahme der Geschäfte** hat zu einem Anwachsen der Arbeitsplätze geführt, wobei allerdings seit 2007 der Zuwachs der Arbeitskräfte überproportional aus Teilzeitkräften besteht. Zudem fällt auf, dass es kaum Ausbildungsplätze gibt, was unter Nachhaltigkeitsaspekten negativ zu bewerten ist (M 6). Die Anzahl der sozialversicherungspflichtig Beschäftigten in Wertheim ist seit 2000 um 2,4 % gestiegen, die **Steuerkraft** hat erkennbar zugenommen (Index 104 : 119). Somit ist das gesamte Steueraufkommen der Gemeinde Wertheim in dieser Zeit deutlich gewachsen, wozu neben dem Warenverkauf auch die Umsätze in der Gastronomie und im angegliederten Freizeitbereich beigetragen haben, u. U. auch die zahlenmäßig gestiegene Anzahl von Urlaubern / Übernachtungsgästen (M 5, M 6). *(Positive ökonomische Folgen)*

Der ortsansässige **Einzelhandel in Wertheim** und den nahe gelegenen Gemeinden Tauberbischofsheim und Miltenberg hat unter der Ansiedlung des FOC in geringem Umfang gelitten. So sind dort die Verkaufsflächen bis 2005 insgesamt geschrumpft, aber in Wertheim und Miltenberg eventuell im Zuge einer geänderten Verkaufs- und Marktstrategie bis 2010 über den ursprünglichen Wert wieder angestiegen. In Relation zum Bundesdurchschnitt ist der Umsatz in Miltenberg und Tauberbischofsheim überdurchschnittlich zurückgegangen, wofür eine Abschöpfung des Umsatzes durch das FOC Wertheim um 0,7 bzw. 1,5 % mit die Ursache ist, da sich ein Teil des in der Breite eingeschränkten Warenangebots des FOC sicherlich mit demjenigen in diesen Orten deckt, z. B. Glas / Porzellan / Haushalt (M 6, M 8). In Wertheim selbst bietet die Zugkraft des FOC für den ortsansässigen Einzelhandel die Chance, Käufer in den Ortskern zu ziehen, die ansonsten Wertheim zum Einkaufen nicht aufgesucht hätten. Die positiven Verkaufsflächen- und Umsatzzahlen ab 2005 scheinen dies zu bestätigen (M 8). *(Negative Auswirkungen im regionalen Umfeld)*

Zwischen den **Prognosen** der Gutachter im Hinblick auf Quell-gebiete, Besucherzahlen und Verweildauer im FOC Wertheim und den tatsächlichen statistischen Werten des Jahres 2010 gibt es erkennbare Unterschiede: So ist die Anzahl der aus dem Nahraum und den Zonen II und III einpendelnden FOC-Besucher deutlich unter den Prognosewerten geblieben. Allerdings ist der relative Anteil der von weiter her (Zone IV) kommenden Besucher 2010 mit 37 % fast viermal so hoch wie erwartet. Die durchschnittliche Verweildauer liegt in etwa im erwarteten Bereich, wobei Kurzaufenthalte von 1–3 Stunden gegenüber längeren Aufenthalten leicht überwiegen. Hierbei ist die **Kaufkraft der FOC-Besucher** wie erwartet überdurchschnittlich hoch verglichen mit dem Bundesdurchschnitt (M 7). Sowohl die **Besucherzahl** mit 2 Mio. als auch der **Jahresumsatz** mit 67,5–75 Mio. € im Jahr 2010 übertrifft die Prognosen der Gutachter aus dem Jahr 2003 (M 3).

In ökologischer Hinsicht bedeutet die hohe Frequentierung des FOC eine deutlich höhere Belastung für die benachbarten Anwohner und die gesamte Gemeinde: Die gestiegene Nachfrage nach Parkplätzen verdeutlicht das **Verkehrsproblem**, das sich auch auf den Zufahrtswegen in überfüllten Straßen, hohem Verkehrsaufkommen (= Lärmbelastung) und hohem Schadstoffausstoß (= Luftbelastung) bemerkbar macht. Für 25 % weniger Besucher ausgelegt überschritt das FOC Wertheim bereits im Jahr 2010 die Auslastungsgrenzen. Straßenausbau und Parkplatzerweiterungen mit dem hierfür notwendigen Flächenverbrauch sind die Folge, **Flächenversiegelung** und **Landschaftszersiedelung** ebenfalls (M 2, M 6).

So überrascht es nicht, dass einem weiteren Antrag des FOC-Betreibers aus dem Jahr 2010 auf **Flächenerweiterung** um ca. 40 % auf dann 19 400 m² von der Landesregierung keine Zustimmung erteilt wurde, sowohl aus raumplanungs- als auch speziell aus Naturschutzgründen (M 6). Gleichwohl wird die Belastung im Zuge einer durch die Gemeinde genehmigten Verdichtung steigen, die nämlich einer Nutzungsintensivierung auf den bereits bestehenden Flächen zugestimmt hat. Hier konkurrieren zwei Zielstellungen miteinander, die zum einen den lokalen ökonomischen Zugewinn im Blick haben, zum anderen den regionalen Interessensschutz und Ausgleich. Inwiefern eine intensivere Auslastung des bisherigen Standortes dessen Attraktivität steigert oder gefährdet, muss abgewartet werden.

Die bisherigen **Gesamtentwicklungen** im Raum Wertheim ergeben eine unterschiedliche Bewertung der Teilbereiche Ökonomie, Ökologie und Soziales. Ebenso zeigen sich unterschiedliche Konsequenzen für verschiedene Gemeinden in Abhängigkeit von deren räumlicher Entfernung zu Wertheim. **Aufgabe der Regional- und Raumplanung** wird es sein, nicht nur die ökonomischen Vorteile durch das FOC in und für Wertheim im Blick zu behalten, sondern die gesamträumlichen Auswirkungen, die vom Standort des FOC Wertheim ausgehen.

Thema

Tourismus als Baustein einer zukunftsfähigen Entwicklung peripherer
Räume? – Das Beispiel Grönland

Aufgabenstellung   Punkte

1. Lokalisieren Sie Grönland und kennzeichnen Sie Gunst- und Ungunstfaktoren für eine touristische Nutzung der Insel.   24

2. Erläutern Sie Entwicklung, Struktur und wirtschaftliche Bedeutung des
   Tourismus in Grönland.   28

3. Erörtern Sie die Perspektiven des Grönlandtourismus.   28

Zugelassene Hilfsmittel

– der an der Schule in der Qualifikationsphase überwiegend verwendete Atlas,
  in einer für alle Prüflinge gleichen Auflage
– Wörterbuch zur deutschen Rechtschreibung
– Taschenrechner

Materialgrundlage

M 1 Atlaskarten nach Wahl

M 2 Steckbrief Grönland

- Landfläche: 2,17 Mio. km^2, davon 2011 eisfrei: 0,41 Mio. km^2
- Pflanzenwelt: überwiegend Gebirgs- und Tundren-Vegetation; Vegetation sehr trittempfindlich; Boden im Sommer tiefgründig auftauend
- Tierwelt: fischreiche Meere, in denen zudem Robben, Walrosse und Wale leben; ebenso fischreiche Binnengewässer (u. a. Forellen); an Land u. a. Eisbären, Polarfüchse, Polarwölfe, Rentiere, Moschusochsen, Lemminge und über 50 Vogelarten
- Nationalpark Grönland: im Nordosten der Insel gelegen; Größe 0,97 Mio. km^2
- Ilulissat-Fjord mit dem Sermeq-Kujalleq-Gletscher seit 2004 UNESCO Weltnaturerbe
- Einwohnerzahl: 56 676 (Januar 2003); 56 749 (Januar 2012), davon 16 181 in Nuuk
- Migrationssaldo: 2003 bis 2011 in allen Jahren negativ; Höchstwert: –566 Personen (2007)
- Ethnische Gruppen: Inuit 88 %, Dänen und andere 12 % (2010)
- Historische Entwicklung:
  1721–1953/1979 Grönland dänische Kolonie/Provinz
  1979–2009 Selbstverwaltung und innere Autonomie
  ab 21. 06. 2009 weitgehende Eigenständigkeit; nur Außen- und Verteidigungspolitik bleiben in dänischer Verantwortung
- Abwasserklärung: Abwasser wird über beheizbare Leitungen ungeklärt ins Meer geleitet
- Müllentsorgung: Müll wird in der Regel in Deponien endgelagert, seltener verbrannt; Schrott und Sondermüll wird zur Entsorgung nach Dänemark verschifft
- Dauer von Abbauprozessen in Grönland: organisches Material (z. B. Biomüll) weniger als 5–10 % pro Jahr; Dauer der Zersetzung von in Wasser eingeleitetem Erdöl: mehrere Jahre (in wärmeren Regionen dauert dies mehrere Monate)

Quellen:
Lindner, Paul; Exklusive Einsamkeit. In: Praxis Geographie 41 (2011) H. 10, S. 50;
Statistics Greenland: Greenland in Figures 2012;
http://www.stat.gl/dialog/main.asp?lang=en&version=2012&link=GF&subthemecode=o1&colcode=o
(Zugriff 23. 06. 2012)

M 3   Klima Grönlands

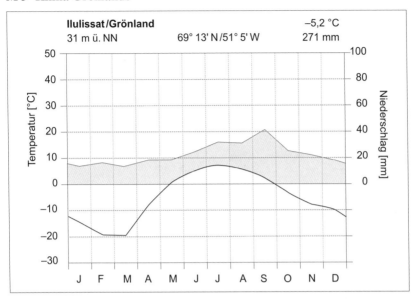

Ilulissat/Grönland   69° 13' N /51° 5' W   −5,2 °C
31 m ü. NN   271 mm

Dauer des Polartages

Nördliche Breite	Tage ohne Sonnenuntergang (= Polartag)
66,5°	1
70°	65
80°	145

Quellen:
© *2002 Schroedel Verlag GmbH, Hannover, Datenquelle: CLIMATE 1. The Global Climate Data Atlas;*
Müller, Manfred J.: Handbuch ausgewählter Klimastationen der Erde. Trier 1996, S. 378 und 380;
htttp://www.greenlandica.de/Winter/polarlicht.html;
http://dbbm.fwu.de/fwu-db/presto-image/beihefte/46/024/4602499.pdf (Zugriff jeweils 02. 06. 2012)

M 4 Touristische Aktivitäten auf Grönland (Auswahl)
(siehe Farbabbildungen)

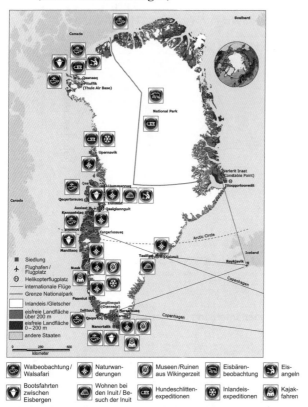

Quellen (verändert):
*Basiskarte: http://www.nationsonline.org/oneworld/map/greenland_*
map2.htm (Zugriff 12. 07. 2012);Touristische Aktivitäten – Barth,
Sabine: Grönland. Ostfildern: DuMont Reiseverlag 2012; Diebold,
Alfred:Nordmeerkreuzfahrten und Hurtigruten. Berlin: Trescher
Verlag 2011, S. 221–285; Lindner, Paul: Exklusive Einsamkeit. In:
Praxis Geographie 41 (2011) H. 10, S. 48

M 5 Tasiilaq – ein typischer Touristenort auf Grönland (siehe Farbabbildungen)

Ortschaft Tasiilaq mit Pensionen und Ferienwohnungen

Das einzige Hotel in Tasiilaq

Kreuzfahrtschiff im Hafen von Tasiilaq

Quellen: http://www.americapictures.net/wp-content/uploads/2012/07/
Tasiilaq-Housing-Photo-Greenland.jpg (Zugriff 10. 09. 2012), Chrissy
from Chicago, USA;
http://commons.wikimedia.org/wiki/File:Tasiilaq_Greenland_-_hotel.jpg?
uselang=de, Lizenz: CC BY 2.0;
www.americapictures.net/wp-content/uploads/2012/07/Tasiilaq-
Harbour-Pier-Greenland.jpg (Zugriff 10. 09. 2012)

M 6 Daten zum Grönland-Tourismus

Ankünfte ausländischer Touristen

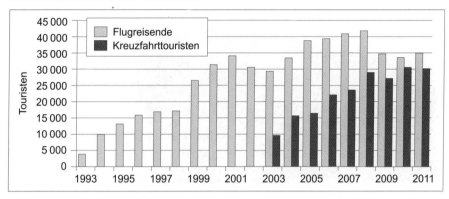

Anmerkung: Vor 2003 keine Angaben zu Kreuzfahrttouristen verfügbar

Merkmal	Anteile (in %)	
Herkunft der Grönland-Touristen (2011)	Dänemark	59,6
	Deutschland	6,1
	USA	4,7
	Sonstige Staaten	29,6
Zeitliche Verteilung der Ankünfte ausländischer Touristen auf Grönland (2011)	Januar–März	14,4
	April–Juni	28,3
	Juli–September	47,1
	Oktober–Dezember	10,2
Verteilung der Grönland-Touristen nach Unterkunftsarten (2007)	Privatunterkünfte	36
	Hotels/Seemannsheime	26
	Zelt/Hütte	12
	Sonstiges*	26
Altersstruktur der Grönland-Touristen (2008)	unter 20 Jahre	4
	20–39 Jahre	28
	40–59 Jahre	42
	60 Jahre und älter	26
Aufenthaltsdauer	im Durchschnitt 15 Tage (im Sommer länger, im Winter kürzer)	

* Jugendherbergen; Hochschulen, die ihre Zimmer im Sommer an Touristen vermieten; Schiffe usw.

Kosten (Beispiele 2012)

- „Höhepunkte Grönlands" per Postschiff oder Flug – 13 Tage – ab 4 859 €
- Kreuzfahrt ab Travemünde (inkl. Island) – 20 Tage – 4 995 bis 16 930 €

Quellen:
Seghorn, Tima: Analyse der touristischen Marketingplanung der Destination Grönland. München:
Grin Verlag 2007, S. 56;
http://www.fs.fed.us/rm/pubs/rmrs_p026/rmrs_p026_043_053.pdf (Zugriff 02. 06. 2012);
http://www.stat.gl/pub/en/TR/2010/content/Tourism.htm;
http://www.slideshare.net/Timothy212/market-analysis-of-tourism-20062007 (Zugriff jeweils
12. 07. 2012)

M 7 Eckdaten der grönländischen Wirtschaft

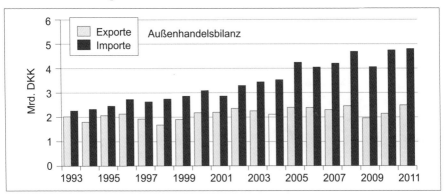

Anmerkungen:
DKK = Dänische Krone (Währung in Grönland; 1 DKK = 0,135 € [März 2012])
Der Anteil von Fisch und sonstigen Meerestieren am Export liegt seit 1993 stets über 90 %,
z. B. 2011: 92,5 %
Importe beinhalten auch Nahrungs- und Genussmittel, Pflegeprodukte usw. für Touristen

Beschäftigungsstruktur 2010

Landwirt-schaft, Jagd, Fischfang	Bergbau, Industrie und Bausektor	Handel, Hotels und Restaurants	Verkehr (inkl. Touristen-transporte)	Sonstige Dienst-leistungen (inkl. öffentlicher Dienst)
4,9 %	13,3 %	20,8 %	8,5 %	52,5 %

Anmerkung: Gesamtbeschäftigtenzahl 2010: 28 386

Verfügbares Bruttoinlandsprodukt Grönlands*

Landwirt-schaft, Jagd, Fischfang	Bergbau, Industrie und Bau-sektor	Handel, Hotels und Restaurants	Verkehr (inkl. Touristen-transporte)	Sonstige Dienst-leistungen (inkl. öffentlicher Dienst)	Zuschüsse Dänemarks
7 %	13 %	9 %	10 %	38 %	23 %

* Erwirtschaftetes BIP (1,53 Mrd. €) + Zuschüsse Dänemarks (0,47 Mrd. €) = verfügbares BIP (2 Mrd. €)

Quellen:
http://bank.stat.gl;http://unstats.un.org/unsd/snaama/resCountry.asp; Statistics Greenland: Greenland in
Figures 2012, http://www.stat.gl/dialog/main.asp?lang=en&version=2012&link=GF&subthemecode=
o1&colcode=o (Zugriff jeweils 10. 09. 2012);Lindemann, Rolf: Kalaallit Nunaat – „Das Land der
Grönländer". In: Praxis Geographie 41 (2011) H. 12, S. 9

M 8 Bodenbedeckung und Eisschmelze in Grönland
   (siehe Farbabbildungen)

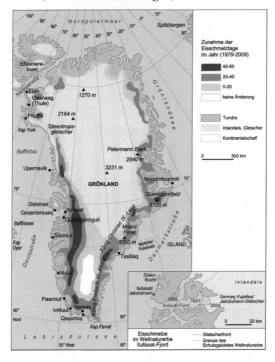

Quelle: © cartomedia, Karlsruhe

Die Aufgabe bezieht sich auf die folgenden **inhaltlichen Schwerpunkte:**
- Das Spannungsfeld von Landschaftszerstörung und -bewahrung im Zusammen-
  hang mit Freizeitgestaltung
  - Standortfaktoren für unterschiedliche Tourismusformen
  - Formen angepassten und sanften Tourismus
- Tertiärisierung als Motor für die räumliche Verteilung von Arbeitsplätzen und
  Warendistribution
  - Wirtschaftsfaktor Fremdenverkehr in seiner Bedeutung für Zielregionen

Lösungsvorschlag

Teilaufgabe 1

Der Operator „kennzeichnen" (Anforderungsbereich II) verlangt, dass Sie einen Raum oder einen Sachverhalt auf der Grundlage bestimmter Kriterien begründet charakterisieren. In dieser Teilaufgabe sollen Sie im Anschluss an die räumliche Einordnung darlegen, welche Voraussetzungen eine touristische Nutzung Grönlands ermöglichen bzw. erschweren (M 1–M 6).

Peripher zum europäischen und nordamerikanischen Kontinent **gelegen** weist Grönland große Entfernungen zu den Metropolen und Staaten der nördlichen Halbkugel auf: Ca. 3 000 km sind es von der Südspitze bis London, 3 500 km bis Berlin oder Lissabon, 4 500 km bis Moskau, 2 500 km bis zum kanadischen Montreal, 3 000 km bis New York (M 1). Für Touristen **erreichbar** ist die Insel somit fast ausschließlich **per Flugzeug**. Direkte Fluglinien von Island (Reykjavik) und Dänemark (Kopenhagen) gibt es zu fünf bzw. zwei Flughäfen, die allesamt an der Küste der Südhälfte liegen. Flughäfen/Flugplätze in der Nordhälfte wie Upernavik oder Qaanaaq oder kleinere im Süden sind nur per Inlandflug zu erreichen (M 4). Lage

Bis auf die Südspitze Kap Farvel liegt Grönland nördlich des 60. nördl. Breitengrades und reicht bei Kap Morris Jesup weit über den 80. nördl. Breitengrad hinaus (M 1, M 8). Die seit 2009 **überwiegend selbstständige Insel**, nur noch außen- und verteidigungspolitisch zu **Dänemark** gehörend, reicht im Westen bei Etah fast bis an die kanadischen Ellesmere-Inseln bei ca. 73 w. L., nur getrennt durch die etwa 50 km breite Naresstraße (M 8). Baffinbai im Westen, Labradorsee im Süden, Danmarkstraße im Südosten, Grönlandsee im Osten sowie das Nordpolarmeer umschließen die Insel, die nördlich des Nördlichen Polarkreises bis auf die Küstengebiete mit Inlandeis bedeckt ist (M 1).

Diese großen **Inlandeisflächen und Gletscher**, die mehr als 80 % der Landfläche ausmachen, sowie weitere natürliche Gegebenheiten sind die eigentlichen touristischen Attraktionen; dazu gehören Naturerscheinungen wie Polartag und Polarlichter während der Polarnacht, die besondere **Flora und Fauna** an Land und im Meer, **Buchten und Fjorde** wie der Ilulissat-Fjord, seit 2004 UNESCO-Weltnaturerbe, **Eisberge** und nicht zuletzt der Nationalpark im Nordosten der Insel, der sich auf ca. 40 % der Landmasse erstreckt. Kein Wunder, dass Wal- und Eisbärenbeobachtungen, Natürliche Gegebenheiten als Standortfaktor

Naturwanderungen, Inlandeisexkursionen und Hundeschlittenexpeditionen, Bootsfahrten zwischen Eisbergen und Kajakfahren oder Eisangeln und Wohnen bei den Inuit touristische Attraktionen darstellen (M 2 bis M 4).

Über ein geschlossenes Straßennetz verfügt die Insel nicht; der Transport ist von daher schwierig, die Erreichbarkeit unterschiedlicher Standorte ohne Benutzung des Flugzeuges eher schlecht bzw. sehr zeitaufwändig. Aufgrund der Temperaturen im Winterhalbjahr, die bereits auf 69° n. Br. wie in Ilulissat zwischen September und Mai durchschnittlich unter 0 °C aufweisen, ist die **touristische Hauptsaison auf max. vier Monate beschränkt**; der eigentliche Schwerpunkt liegt im dritten Quartal (M 3). Lage und Aussehen der Hotels und Unterkünfte wirken wenig attraktiv (M 5). Berücksichtigt man zudem den Preis für einen zweiwöchigen Urlaub mit Transport per Postschiff oder Flugzeug bzw. eine dreiwöchige Kreuzfahrt, so reduziert sich der Kreis möglicher Grönland-Touristen. Die im Vergleich mit mittelmeerischen Zielgebieten oder solchen in der Südsee niedrigen Besucherzahlen spiegeln diese **Ungunstfaktoren** ebenso wider wie die im globalen Vergleich mit anderen Destinationen niedrigere Verweildauer (M 6).

Ungünstige Verkehrsinfrastruktur und hohe Preise

Teilaufgabe 2

▸ Der Operator „erläutern" (Anforderungsbereich II) verlangt von Ihnen, dass Sie die
▸ aus dem Material entnehmbaren Zusammenhänge verdeutlichen. In dieser Teilaufga-
▸ be sollen Sie aufzeigen, wie sich der Tourismus auf Grönland entwickelt hat, welche
▸ Strukturmerkmale er besitzt und welchen Beitrag zur Gesamtwirtschaft er leistet
▸ (M 1–M 7).

In der **Anfangsphase des Tourismus** zwischen 1993 und 1998 waren max. knapp 17 000 Besucher jährlich zu verzeichnen, die fast ausschließlich per Flugzeug reisten. Danach stieg der Tourismus sprunghaft an bis auf den Höchstwert im Jahr 2008 mit 70 000 Besuchern, wovon fast 30 000 als Kreuzfahrttouristen die Insel ansteuerten. Der **Kreuzfahrttourismus** stellt den neuesten Trend dar; er trat erstmals 2003 mit 10 000 Urlaubern pro Jahr deutlich in Erscheinung und bewegt sich seit 2008 um 30 0000 jährlich. Insgesamt zeigen sich Schwankungen seit 2008, die wahrscheinlich den weltwirtschaftlichen Entwicklungen geschuldet sind (M 6). Gleichwohl liegt die Gesamtzahl der jährlichen Besucher deutlich über

Entwicklung von Art und Umfang des Tourismus

der Anzahl der grönländischen Einwohner, die seit 2003 bei nur knapp 57 000 stagniert (M 2).

Der **Großteil der Touristen** kommt quasi aus dem Inland, d. h. aus **Dänemark** (fast 60 %); weitere größere touristische Kontingente weisen Deutschland (6,1 %) und die USA (4,7 %) auf. Die neben den Kreuzfahrern überwiegend als Abenteuertouristen einzustufenden Urlauber wohnen vor allem in Privatunterkünften, Zelten und Hütten (fast 50 %), weniger in Hotels und Seemannsheimen (26 %). Der private Sektor hat mit fast 40 % insgesamt einen nicht unerheblichen Anteil an der Unterbringung der Gäste (M 6). In Anbetracht des Hochpreissegmentes erstaunt es nicht, dass das Alter der Grönlandtouristen überdurchschnittlich hoch ist: Die über 40-Jährigen machen fast 70 % aus, der Anteil der über 60-Jährigen liegt bei 26 %. Der hohe Stellenwert von **Naturerfahrung und -erlebnis** passt zu dieser Zielgruppe.

Beherbergungs-angebot und Zielgruppen

Trotz der geringen Besucherzahlen hat der Tourismus für Grönland eine große Bedeutung. So machen unmittelbar und mittelbar mit dem Tourismus zusammenhängende Beschäftigungsbereiche mehr als 80 % aus. Das verfügbare BIP stammt zu 57 % aus dem tertiären Sektor – größtenteils aus Einnahmen durch den Tourismus. Die geringen Beschäftigungsanteile des primären und sekundären Sektors machen deutlich, dass es zum Tourismus eigentlich keine Alternative gibt – die hohen jährlichen Zuschüsse Dänemarks unterstreichen dies (M 7). Auch die Entwicklung der Außenhandelsbilanz zwischen 1993 und 2011 lässt erkennen, dass Grönland auf Einnahmen aus dem Tourismus angewiesen ist: Das jährliche Handelsdefizit ist bis auf Ausnahmen seit 1998 stetig gestiegen und hat 2010 mit 4,8 Mrd. DKK den seit 1993 um 2,3 Mrd. DKK mehr oder weniger stagnierenden Exportwert um mehr als das Doppelte überstiegen (M 7).

Tourismus als unverzichtbarer Wirtschafts-bereich

Teilaufgabe 3

/ *Der Operator „erörtern" (Anforderungsbereich III) verlangt von Ihnen das begrün-*
/ *dete Abwägen zwischen Pro und Kontra mit dem Ziel einer eigenen Urteilsbildung*
/ *am Schluss. In dieser Teilaufgabe wird von Ihnen ein Urteil erwartet bezüglich der*
/ *Frage, ob der Tourismus auf Grönland ein Baustein einer zukunftsfähigen Entwick-*
/ *lung sein kann (M 2 – M 8).*

In Anbetracht der Größe des Raumes und der bisher nur geringen jährlichen Touristenzahl erscheint eine **nachhaltige Nutzung** durch Tourismus möglich. Seine Ausweitung stößt jedoch im Hinblick auf Klima und Bodenbeschaffenheit an natürliche Grenzen. Zwar weist die Insel eine große Anzahl natürlicher Attraktionen auf, z. B. trägt die Ernennung zum **Weltnaturerbe** oder die **Einrichtung eines Nationalparks** zur Attraktivitätssteigerung bei. Der „Markt" für solche Angebote ist jedoch klein, das notwendige finanzielle Urlaubsbudget ein deutliches Hemmnis für den Großteil der potenziellen Touristen. Nicht zuletzt wirken sich negative globale ökonomische Entwicklungen unmittelbar auf den Tourismussektor aus, erst recht auf ein solch hochpreisiges Segment. Der Kreuzfahrttourismus mit seiner fast durchgängig positiven Entwicklung bietet Aussicht auf weiteren Erfolg, zumal die ökologische Gesamtbelastung hierdurch eher gering ausfällt.

Naturausstattung als Schwäche – Kreuzfahrttourismus als Chance

Unklar ist, wie sich die **Folgen eines möglichen Klimawandels** auf den Tourismus auswirken werden: Bereits bis 2009 war anhand der Zunahme der Eisschmelztage erkennbar, dass vor allem im Süden in der Nähe der Hauptstandorte des Tourismus die natürlichen Grundlagen der Insel in Gefahr gerieten. Die Front des Jakobshavn-Gletschers zog sich im Weltnaturerbe Ilulissat-Fjord bis 2004 um 25 km gegenüber ihrer Lage im Jahr 1850 und um ca. 6 km seit 1931 zurück, wobei die zum Landesinneren stark zunehmende Eisdicke zu berücksichtigen ist (M 8).

Klimawandel als Bedrohung der natürlichen Grundlagen

Die in großen Teilen **gering entwickelte Infrastruktur** hemmt einen weiteren Ausbau des Tourismus. Hierzu zählen Abwasser- und Müllentsorgung, die ihrer Art nach nicht den Anforderungen eines labilen Ökosystems in einem subpolaren Raum entsprechen (M 2). Hierzu zählen ebenso Gebäude- und Verkehrsinfrastruktur, deren Zustand weitgehend dem hochpreisigen Tourismus im globalen Vergleich nicht angemessen ist, was einer Erweiterung des Interessentenkreises entgegensteht.

Das **naturgeographische Potenzial**, das für die Hauptzielgruppe von ausschlaggebender Bedeutung ist und damit Grönlands stärksten positiven Faktor darstellt, ist gleichzeitig auch seine Schwäche. Ökologische Labilität, möglicher Klimawandel und überdurchschnittlich hohe Urlaubspreise begrenzen den Tourismus. Dessen starke Ausweitung wäre gleichbedeutend mit der Gefährdung und Zerstörung seiner natürlichen Grundlagen.

Fazit

Thema

Landwirtschaft im Spannungsfeld von Ernährungssicherung und
Exportorientierung – Agrarstrukturelle Prozesse in Kambodscha

Aufgabenstellung   Punkte

1. Lokalisieren Sie Kambodscha und kennzeichnen Sie den Entwicklungsstand des Landes.   21

2. Erläutern Sie die Verbreitung sowie die Entwicklung und Bedeutung des
   Reisanbaus in Kambodscha.   28

3. Erörtern Sie Chancen und Risiken neuerer Entwicklungstendenzen im
   Agrarsektor in Kambodscha.   31

Zugelassene Hilfsmittel

– der an der Schule in der Qualifikationsphase überwiegend verwendete Atlas,
  in einer für alle Prüflinge gleichen Auflage
– Wörterbuch zur deutschen Rechtschreibung
– Taschenrechner

Materialgrundlage

M 1   Atlaskarten nach Wahl

M 2 Sozioökonomische Daten Kambodscha

	1996	2011
Bevölkerung (Mio.)	11,4 85,4 % ländlich 14,6 % städtisch	14,3 79,3 % ländlich 20,7 % städtisch
jährliches Wachstum (%)		1,78 (2010)
Lebenserwartung	56	63
HDI (Rang)	0,407 (141)	0,523 (139)
Anteil Bevölkerung unter 2 US-$ /Tag (%)	86,2	77,7
Welt-Hungerindex	31,4 (gravierend)	19,9 (ernst)
Alphabetisierungsrate (%)	67	74
BIP (Mrd. US-$)	3,5	13,2
BIP pro Kopf (US-$)	300	920
BIP nach Sektoren (%)		
primärer Sektor	67	27
sekundärer Sektor	15	42
tertiärer Sektor	18	31
Beschäftigung nach Sektoren (%)		
primärer Sektor	79	65
sekundärer Sektor	9	12
tertiärer Sektor	12	23

Außenhandel 2011

Import: 6,9 Mrd. US-$
Importgüter: Halbfertigwaren 27 %, Erdölprodukte 23 %, Maschinen 16 %, Fahrzeuge und Motorräder 7 %, pharmazeutische Produkte 6 %, Zigaretten 4 %, sonstige 17 %

Export: 5,35 Mrd. US-$
Exportgüter: Textilien /Schuhe 65 %, Holz 12 %, Kautschuk 9 %, Fisch 5 %, Tabak 5 %, Reis 2 %, sonstige 2 %

faktisch Ein-Parteien-System: Cambodian People's Party (CPP)

Weltrang nach Korruptionsindex* 2011: Kambodscha 158 (zum Vergleich: Deutschland 9)

* Rang 1 = Land mit geringster Korruption

Quellen:
http://faostat.fao.org/site/666/default.aspx (Zugriff 31. 05. 2012);
http://databank.worldbank.org/Data/Views/Reports/Chart.aspx (Zugriff 31. 05. 2012);
http;//data.worldbank.org/indicator/SP.RUR.TOTL?page=3 (Zugriff 31. 05. 2012);
http://hdrstats.undp.org/en/countries/profiles/KHM.html (Zugriff 23. 06. 2012);
http://liportal.inwent.org/kambodscha/wirtschaft-entwicklung.html (Zugriff 24. 06. 2012);
http://www.oav.de/fileadmin/mo/c/wiha/wh_2011_kambodscha_lang_kb.pdf (Zugriff 24. 06. 2012)

M 3 Klima Phnom Penh

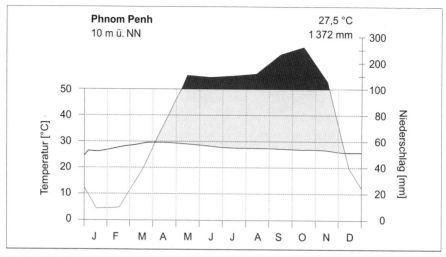

M 4 Landnutzung Kambodscha 1997
(siehe Farbabbildungen)

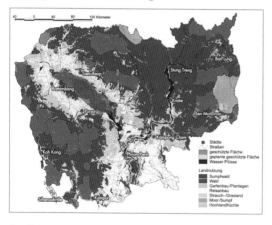

M 5 Steckbrief Reispflanze*

optimale Temperatur	30 – 32 °C
minimale Temperatur	18 °C
Wasserbedarf	1 000 – 2 000 mm
optimale Anbauhöhe	0 – 800 m
Ernten pro Jahr	1 – 3
Ertrag je ha	1,5 – 5,6 t

* Angaben für Nassreis, der in Kambodscha weitestgehend angebaut wird

Quellen:
http://www.proplanta.de/Reis (Zugriff 31. 05. 2012);
http://de.wikipedia.org/w/index.php?title=Datei:Rice_02.jpg&filetimestamp=20060305182419 (Zugriff
31. 05. 2012)

M 6 Reissektor Kambodscha - Daten und Fakten

- Landwirtschaftliche Nutzfläche Kambodscha 3 907 847 ha, ohne Forstwirtschaft
- 80 % der ländlichen Bevölkerung leben vom Reisanbau, ca. 60 % davon in Subsistenz
- durchschnittliche Betriebsgröße 1,4 ha, überwiegend eine Ernte pro Jahr
- 2,9 Mio. Beschäftigte im Reissektor
- Reis Hauptnahrungsmittel (sichert ca. 70 % des täglichen Kalorienbedarfs)

a)

Jahr	1980	1990	2000	2010	2011	2012	2013	2014	2015
Reis (1 000 t)									
– Produktion	1 717	2 513	4 026	7 500	8 250	8 500	8 850	9 000	9 500
– Export	0	0	0	50	180	350	600	800	1.000

b) Reiserntefläche

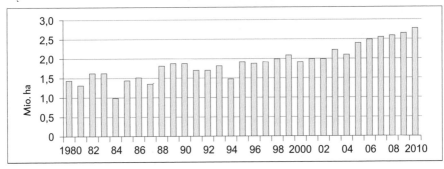

c) Flächenertrag Reis

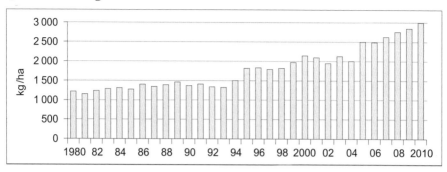

Quellen:
http://www.ifpri.org/sites/default/files/publications/ifpridp00939.pdf (Zugriff 31. 05. 2012);
http://faostat.fao.org/site/567/default.aspx#ancor (Zugriff 31. 05. 2012);
http://www.fasmec.com/images/pictures/1%20SNEC%20Rice_Progress%20Report_Final%20Revision.pdf
(Zugriff 23. 06. 2012)

M 7 Landkonzessionen in Kambodscha (siehe Farbabbildungen)

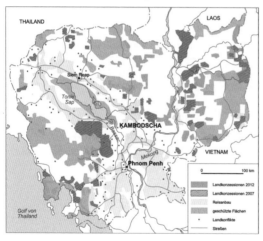

Anmerkung: Unter Landkonzessionen versteht man die
Vergabe von zeitlich begrenzten Nutzungsrechten durch
staatliche Behörden gegen Zahlung einer jährlichen Pacht.

Quelle: © cartomedia, Karlsruhe

M 8 Investoren im Agrarsektor (Auswahl)

Name	Größe (ha)	Anbauprodukte	Jahr der Konzessionsvergabe	Herkunft
Phea Phimex	315 028	Holz zur Papierherstellung	2000	Kambodscha
The Green Rich	60 200	Ölpalmen und Akazien	1998	China
Cambodian Agro Industry Group	8 692	Gummi	2007	Kambodscha
Uk Kun Industrial Plants	12 506	Cashewnüsse, Mais	2001	Kambodscha
Mega Star Investment and Forestry Development	8 000	Gummi	2009	Vietnam
Plantation Agricultural Development	9 214	Pistazien	2006	USA
Koh Kong Sugar Ltd.	9 700	Rohrzucker	2006	Thailand

Anmerkung: Im Jahr 2012 betrug in Kambodscha die Gesamtfläche an Landkonzessionen für agroindustrielle Nutzung einschließlich Wald- und Forstwirtschaft 2 036 170 ha.

Quelle: Cambodian Development Research Institute. Foreign Investment in Agriculture in Cambodia 2012, http://www.cdri.org.kh/webdata/download/wp/wp60e.pdf (Zugriff 06. 09. 2012)

Die Aufgabe bezieht sich auf den folgenden **inhaltlichen Schwerpunkt:**
- Ernährungspotenzial für eine wachsende Weltbevölkerung zwischen Subsistenzwirtschaft und Agrobusiness
  - Subsistenzwirtschaft versus Marktorientierung

Lösungsvorschlag

Teilaufgabe 1

Der Operator „kennzeichnen" (Anforderungsbereich II) verlangt, dass Sie einen Raum oder einen Sachverhalt auf der Grundlage bestimmter Kriterien begründet charakterisieren. In dieser Teilaufgabe sollen Sie im Anschluss an die räumliche Einordnung Kambodschas Entwicklungsstand anhand der im Materialteil angegebenen Informationen erarbeiten (M 1, M 2 und M 6).

Der südostasiatische Staat Kambodscha liegt zwischen 10 und 15 Grad n. Br. sowie 103 und 109 Grad ö. L. **Nachbarstaaten** sind Thailand im Nordwesten, Laos im Norden sowie das sich sichelförmig im Nordosten, Osten und Südosten angliedernde Vietnam. Die überwiegend 100–200 m Höhe aufweisende Landfläche wird durch den breiten und extrem viel Wasser führenden Mekong im östlichen Landesteil sowie den Tonle Sap im Westen untergliedert; letzterer wird zu einem annähernd 100 km langen See aufgestaut, bevor er in der **Hauptstadt Phnom Penh** in den Mekong mündet. Von drei Seiten schließen sich an das Mekong-Becken Gebirge und Hochebenen an. Der Golf von Thailand im Westen sowie das Südchinesische Meer umschließen die südostasiatische Halbinsel (M 1).

Lage

Der HDI-Rang 139 deutet bereits an, dass Kambodscha ein **Entwicklungsland** ist, dessen Einwohner zu mehr als drei Vierteln mit weniger als zwei US-$ pro Tag auskommen müssen, wovon ein großer Teil nicht über die notwendigen Grundnahrungsmittel verfügt, wie der **Welt-Hungerindex** beweist; und das, obwohl überdurchschnittlich viele der 14,3 Mio. Einwohner auf dem Land wohnen und überwiegend im primären Sektor beschäftigt sind (M 2). Die Gesamtprobleme sind groß: Das mit 1,78 % starke jährliche **Bevölkerungswachstum** stellt ein anhaltendes Hindernis dar, Alphabetisierungsrate und Lebenserwartung weisen eher niedrige Werte auf, die Produktivität der Landwirtschaft ist sehr gering. Dabei dominieren landwirtschaftliche Produkte und solche der bodenständigen Textil- und Schuhindustrie mit dem ungewöhnlich hohen Anteil von 65 % den Export, während Halbfertigwaren, Maschinen und Fahrzeuge sowie Erdölprodukte schwerpunktmäßig den Import ausmachen. Eine solche **negative Handelsbilanz** führt, wenn sie mehrere Jahre anhält, zu einer immer größeren Staatsverschuldung. Labile politische Verhältnisse – erkennbar an Rang 158 des Korruptionsindex – begünstigen diese

Kambodscha als Entwicklungsland

negative Gesamtsituation, die sich auch in einem niedrigen BIP/Einwohner niederschlägt (M 2).

Trotz **leicht positiver Entwicklungstendenzen** zwischen 1996 und 2011, z. B. hinsichtlich der Produktivität des sekundären Sektors oder der Zunahme der Bedeutung des tertiären Sektors, was sich letztlich in einem gestiegenen Gesamt-BIP und einer Verdreifachung des BIP/Einwohner niederschlägt, hat Kambodscha die typischen Merkmale eines Entwicklungslandes nicht verändern können (M 2).

Teilaufgabe 2

Der Operator „erläutern" (Anforderungsbereich II) verlangt von Ihnen, dass Sie aus dem Material entnehmbare Zusammenhänge verdeutlichen. In dieser Teilaufgabe sollen Sie anhand der natürlichen Gegebenheiten die räumliche Verteilung des Reisanbaus erklären, anschließend seine wirtschaftliche Entwicklung und Bedeutung für Kambodscha aufzeigen (M 1–M 6).

Der **Reisanbau** hat für Kambodscha eine große Bedeutung, er nimmt ca. 20 % der gesamten Landesfläche bzw. etwa 3/4 der landwirtschaftlichen Nutzfläche (LNF) ein (M 4, M 6). Die Hauptanbaugebiete befinden sich im westlichen Teil rund um den Tonle-Sap-Stausee, wo sich die Städte Battambang, Siem Roap und Pursat befinden, sowie im Süden im Bereich des beginnenden Mekong-Deltas um Phnom Penh herum jeweils auf Bewässerungsland (M 1, M 4). Hauptanbaugebiete von Reis

In diesen Regionen werden die Ansprüche von **Nassreispflanzen** ideal erfüllt: Wasser ist sowohl in Fluss- als auch in Seenähe hinreichend vorhanden, zumal in diesem Monsunklima mit 1 372 mm die benötigte Jahresmenge an Wasser allein schon aufgrund der jährlichen Niederschläge gegeben ist (M 3). Da sich die Regenzeit auf die Monate April-November beschränkt, stellen die Wasserreservoire „See und Flüsse" für die niederschlagsarme bzw. niederschlagslose Zeit einen hinreichenden Ausgleich dar (M 1, M 4). Die **geringe Temperaturamplitude** bei einem Durchschnittswert um 27 °C und die Lage der Anbaugebiete zwischen 0 und 100 m ü. NN erlauben eigentlich mehr als nur eine Reisernte pro Jahr (M 5, M 6). Klimatische Grundlage des Reisanbaus

Von den zwei Dritteln der Bevölkerung, die in der Landwirtschaft tätig sind, leben 80 % vom Reisanbau, davon wiederum 60 % in kleinbäuerlichen Strukturen und in Form der Subsistenz- Reis als wichtigster Wirtschaftsfaktor

wirtschaft. Die durchschnittliche Betriebsfläche von nur 1,4 ha belegt dies ebenso wie die überwiegend nur eine Ernte pro Jahr. Reis ist **Hauptnahrungsmittel** und sichert 70 % des täglichen Kalorienbedarfs. Seit 1980 konnte die Reisproduktion verfünffacht werden; sie betrug 2012 bereits 8,5 Mio. t. Dies ist zum einen auf eine **Ausweitung der Erntefläche** von 1980 bis 2010 zurückzuführen von ca. 1,5 auf ca. 2,75 Mio. ha, ebenso auf eine Steigerung der **Flächenproduktivität** im selben Zeitraum von 1 200 auf 3 000 kg/ha (M 6). Letzteres wird nur möglich gewesen sein aufgrund von Intensivierungsmaßnahmen (z. B. zunehmende Mechanisierung, gezieltere Bewässerung, Züchtung und Verwendung angepasster Reissorten) und deshalb möglichen Mehrfachernten pro Jahr.

Neben den 2,9 Mio. unmittelbar mit dem Reisanbau verbundenen Arbeitsplätzen für somit fast die Hälfte aller Beschäftigten bietet der Reisanbau auch indirekt Arbeitsmöglichkeiten. Hierzu zählen Handel, Transport und Verkehr im Binnenland wie auch beim Export, dessen Volumen von 2010 bis 2013 von 50 000 auf 600 000 t jährlich gestiegen ist und bei dem 2011 Reis bereits 2 % des Handelswertes ausmachte (M 6). Vor allem für die ländlichen Gebiete Kambodschas und den dort lebenden sehr hohen Bevölkerungsanteil bildet der Reisanbau die entscheidende Lebensgrundlage (M 2, M 6).

Hintergründe der steigenden Reisproduktion

Teilaufgabe 3

Der Operator „erörtern" (Anforderungsbereich III) verlangt von Ihnen das begründete Abwägen zwischen Pro und Kontra mit dem Ziel einer eigenen Urteilsbildung am Schluss. In dieser Teilaufgabe sollen Sie begründet darlegen, ob es und ggf. welche Chancen es für neuere Entwicklungen im Agrarsektor Kambodschas gibt, bzw. welche Risiken hiermit ggf. verbunden sein können (M 2, M 6–M 8).

Die kurzfristigen Prognosen des Jahres 2012 für Reisanbau und Reishandel bis 2015 sind positiv, sie sehen eine Zunahme des Produktionsvolumens um durchschnittlich jährliche ca. 4 % und des Exportes auf fast das Dreifache, auf 1 Mio. t, vor (M 6). Die bereits im Jahr 2011 festzustellenden Verbesserungen hinsichtlich **Grundnahrungsmittelversorgung** oder allgemeiner **Lebenserwartung** lassen darauf schließen, dass auch weiterhin eine positive sozioökonomische Entwicklung stattfinden wird. Die positiven Entwicklungsansätze in der Landwirtschaft, die sich u. a. in höhe-

Positive Entwicklungen in der Landwirtschaft

ren Flächenerträgen niederschlagen, bieten hierfür die Voraussetzungen. Die Weiterentwicklung wird jedoch nicht nur durch den Reisanbau, sondern aufgrund der gesamten Entwicklung des Agrarsektors zustande kommen, was sich u. a. in einer stärkeren **Diversifizierung des Außenhandels** niederschlagen wird (M 2, M 6).

Als wichtiger Faktor in jüngerer Zeit ist die **Vergabe von Landkonzessionen an inländische sowie ausländische Investoren** aus Thailand, Vietnam, China oder den USA zu nennen. 2012 machten solche Flächen mit mehr als 2 Mio. ha bereits mehr als die Hälfte der gesamten LNF aus. Mithilfe dieser Investoren ist eine Weiterentwicklung und Modernisierung schneller und umfänglicher möglich: Neue Flächen werden für die landwirtschaftliche Nutzung erschlossen, Kapital und landwirtschaftliches Knowhow werden transferiert. Die Ausrichtung auf Anbauprodukte wie Holz für die Papierherstellung, Gummi oder Rohrzucker eröffnet **neue Weltmarktchancen** und verbessert die **Handelsbilanz** (M 7, M 8).

Bedeutung ausländischer Investoren

Solche Entwicklungen gehen jedoch einher mit Störungen und Konflikten. Eine zu starke Abhängigkeit von ausländischem Kapital und dem Weltmarkt könnte destabilisierend wirken. An mehreren Stellen der 2007 bzw. 2012 vergebenen Landkonzessionen sind **Landkonflikte** zu verzeichnen, reichen neuere Anbaugebiete bis an Naturschutzgebiete heran (M 7). Nicht auszuschließen vor dem Hintergrund der hohen Korruptionsrate sind politische und soziale Konflikte. Die Frage der Flächennutzung und Produktionsausrichtung für die **Versorgung der Bevölkerung mit Grundnahrungsmitteln** oder aber eine zunehmende Absatzorientierung auf dem Weltmarkt erfordert im Zusammenhang mit dem anhaltend hohen Bevölkerungswachstum von der Regierung Kambodschas wichtige wirtschaftspolitische Grundsatzentscheidungen (M 2, M 8). Es ist zudem unklar, welche **ökologischen Folgen** die zunehmenden **agroindustriellen Produktionsmethoden** mit sich bringen, ebenso, in welchem Umfang Mechanisierungs-, Rationalisierungs- und Industrialisierungsmaßnahmen zu Arbeitsplatzverlusten in der Landwirtschaft und in ländlichen Regionen insgesamt führen. Hieraus könnten wie in anderen Entwicklungsländern auch **Binnenwanderungen** in größerem Umfang resultieren, weg vom Land hin in städtische Regionen. Dies würde für beide Teilräume Folgeprobleme nach sich ziehen.

Wirtschaftliche Weiterentwicklung versus Landschaftsschutz

Noch weist Kambodscha Bereiche auf, die nicht intensiv genutzt werden, für die noch keine Landkonzessionen erteilt worden
sind und die auch nicht als Naturschutzgebiete ausgewiesen wurden. Ohne **neue Entwicklungen in der Wirtschaft** wird das Land
im Zusammenhang mit seiner anhaltend stark wachsenden Bevölkerung seine Probleme nicht lösen können. Hierbei wird darauf zu
achten sein, dass die **natürlichen Ressourcen geschützt** werden
und **keine zu starken Abhängigkeiten** von Fremdkapital oder
dem Weltmarkt entstehen. Ohne eine Weiterentwicklung boden-
ständiger Industrien sowie des sekundären Sektors insgesamt wird
die gesamtwirtschaftliche Situation nur schwer oder nur langsam
zu verbessern sein. Die Entwicklung seit 1996 sieht hier zwar
leichte Verbesserungen vor. Insgesamt gesehen ist die Wirtschaftsstruktur jedoch noch übermäßig stark vom primären Sektor geprägt, dessen Produktivität und BIP-Anteil in Anbetracht der Be-
schäftigtenanteile auch 2011 viel zu gering ausgefallen sind. Eine
weitergehende **Diversifizierung der Exportstruktur** müsste ein
weiteres Ziel der Wirtschaftspolitik sein (M 2).

Thema

Aktuelle Entwicklungstendenzen im Agrarsektor von Entwicklungsländern –
Das Beispiel der Provinz Gambella/Äthiopien

Aufgabenstellung

Punkte

1. Lokalisieren Sie Äthiopien und kennzeichnen Sie den Entwicklungsstand
   2007 sowie mit Blick auf die agrarische Nutzung die naturräumliche
   Ausstattung des Landes.   24

2. Erläutern Sie am Beispiel der Provinz Gambella jüngere agrarstrukturelle
   Entwicklungen im Rahmen des staatlichen „Growth and Transformation
   Plan 2015".   30

3. Nehmen Sie kritisch Stellung zu Chancen und Risiken dieser
   Entwicklung.   26

Zugelassene Hilfsmittel

– der an der Schule in der Qualifikationsphase überwiegend verwendete Atlas,
  in einer für alle Prüflinge gleichen Auflage
– Wörterbuch zur deutschen Rechtschreibung
– Taschenrechner

Materialgrundlage

M 1 Atlaskarten nach Wahl

M 2 Äthiopien physisch
(siehe Farbabbildungen)

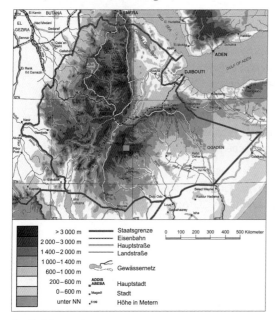

> 3 000 m		Staatsgrenze	
2 000–3 000 m		Eisenbahn	
1 400–2 000 m		Hauptstraße	
1 000–1 400 m		Landstraße	
600–1 000 m		Gewässernetz	
200–600 m	ADDIS ABEBA	Hauptstadt	
0–600 m	▪ Magadi	Stadt	
unter NN	▪5199	Höhe in Metern	

0   100   200   300   400   500 Kilometer

Quelle (übersetzt):
Prepared by Georesearch at TFH Berlin,
Daniel Hansmann, supervised by Immelyn Domnick,
TFH/University of Applied Sciences, Berlin 2002

M 3 Äthiopien: grundlegende Daten

		2007
Fläche	(Mio. km²)	1,13
Einwohner	(Mio.)	79,1
Bevölkerungswachstum	(%)	2,4
Anteil der ländlichen Bevölkerung	(%)	83,0
HDI		0,337
Anteil der Bevölkerung	(%)	
mit Zugang zu sauberem Trinkwasser		42,0
unterhalb der Armutsgrenze		38,7
Lebenserwartung (Jahre)		53
Alphabetisierungsrate	(%) m	50
	w	23
Welthungerindex*		33,7
BIP	(Mrd. US-$)	25,7
BIP/Einw.	(US-$)	325
Landwirtschaft:		
Beitrag zum BIP	(%)	46,0
Beschäftigtenanteil	(%)	80,0
Handelsbilanz:		
Import	(Mrd. US-$)	6,3
davon Nahrungsmittel	(%)	7,0
Export	(Mrd. US-$)	1,4
Auslandsverschuldung (Mrd. US-$)		7,5

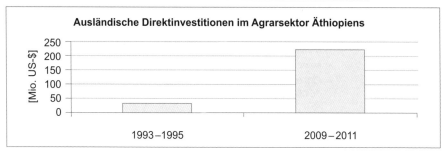

Ausländische Direktinvestitionen im Agrarsektor Äthiopiens

* Index, der die Anteile Unterernährter sowie untergewichtiger und verstorbener Kinder (unter 5 Jahren) berücksichtigt: > 10: ernst, > 20: sehr ernst, > 30: gravierend; 6–9 Mio. Äthiopier sind auf Nahrungsmittelhilfe aus dem Ausland angewiesen.

Quellen: Der neue Fischer Weltalmanach 2012. Frankfurt a. M.: Fischer Taschenbuch Verlag 2011 [und frühere Ausgaben], passim; http://www.tradingeconomics.com/ethiopia/food-imports-percent-of-merchandise-imports-wb-data.html (Zugriff 22. 04. 2012)

M 4 Äthiopien: Eignung für den Regenfeldbau
(siehe Farbabbildungen)

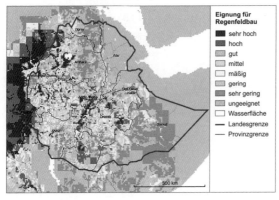

Eignung für
Regenfeldbau

■ sehr hoch
■ hoch
▨ gut
▢ mittel
▢ mäßig
▨ gering
■ sehr gering
▨ ungeeignet
▢ Wasserfläche
— Landesgrenze
— Provinzgrenze

Quelle (verändert): Cotula, Lorenzo; Vermeulen, Sonja u. a.: Land grab or development opportunity?
Agricultural investment and international land deals in Africa. London/Rom: FAO/IIED/IFAD 2009,
S. 44

M 5 Growth and Transformation Plan 2015*

Veröffentlichung	September 2010 durch das Wirtschafts- und Finanzministerium Äthiopiens
Richtziel	Modernisierung und Hebung des Wohlstands in Äthiopien und Förderung ausländischer Direktinvestitionen, v. a. im Agrarsektor
Angebote an ausländische Investoren im Agrarsektor	• Bereitstellung von 36 000 km² agrarisch hochwertigen Landes • in den betroffenen Regionen Bau von Staudämmen, Straßen, Stromleitungen • Bereitstellung kostenlosen Bewässerungswassers ohne Mengenbegrenzung • Befreiung von Steuern einschließlich Mehrwertsteuer für mindestens 5 Jahre • keine Im- und Exportzölle • Option auf eine Erweiterung des zu verpachtenden Landes auf 70 000 km²

* Auszüge

Quelle: eigene Zusammenstellung, v. a. nach:
Engels, Bettina; Dietz, Kristina: Land grabbing analysieren – Ansatzpunkte für eine politisch-ökologische
Perspektive am Beispiel Äthiopiens. In: Peripherie 31 (2011) H. 124, S. 399–420, v. a. S. 408

M 6 Die Provinz Gambella 2007

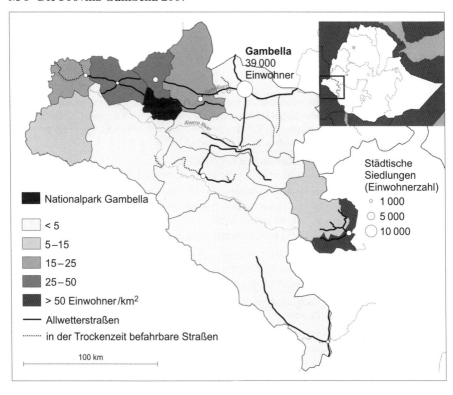

Gambella
39 000
Einwohner

Städtische
Siedlungen
(Einwohnerzahl)
○ 1 000
○ 5 000
◯ 10 000

Nationalpark Gambella

< 5

5–15

15–25

25–50

> 50 Einwohner/km²

Allwetterstraßen

in der Trockenzeit befahrbare Straßen

100 km

Fläche der Provinz	25 802 km²	
Klima	Monatsmittel: Jahresniederschlag: Wachstumszeit:	25,9–30,7 °C 1 200–1 400 mm Februar–September
Einwohner	1994: 2007:	163 000 307 100
Gewässernetz	wasserreiche Flüsse aus dem äthiopischen Hochland, die in den Sobat münden, der während der Flutsaison bis Gambella schiffbar ist. Das Wasser des Sobat ist eine wichtige Lebensgrundlage v. a. für den Sudan.	
Agrarstrukturen	weit überwiegend Regenfeldbau Produktion für den eigenen Bedarf sowie lokale Märkte: • Fischerei/Daueranbau in Flussnähe • ansonsten Landwechselwirtschaft/ Wanderfeldbau oder • Nomadismus (Rinder, Ziegen)	Mais, Hirse, Gemüse u. a.
	Erntefläche je Familie in der Regel um 1 ha; einige Farmen mit mehr als 1 000 ha im Besitz äthiopischer Gesellschaften: Anbau von Baumwolle, Mangos, Gemüse, Mais	
Ernährungssituation der Provinz	nach UN-Angaben Nahrungsmittelhilfe für über 80 000 Bewohner Gambellas	

Quellen:
http://geocurrents.info/geopolitics/gambella-ethiopia's-troubled-wester-lowlands;
Central Statistical Agency (Hg.): Atlas of Ethiopian Rural Economy. Addis Abeba: CSA/EDRI/IFPRI 2006, passim;
Central Statistical Agency (Hg.): Atlas of Agricultural Statistics 2006/07–2010/2011. Addis Abeba: CSA 2011, passim;
http://www.csa.gov.et: The 2007 Population and Housing Census of Ethiopia: Statistical Report for Gambella Region;
http/www.geohive.com/cntry/ethiopia.aspx?levels=Gambella (Zugriff jeweils 24. 04. 2012)

M 7 Landverpachtungen in der Provinz Gambella seit 2010

Für ausländische Investoren in Gambella bereitgestellte Flächen	8 292 km²
Verpachtungspreis	1–15 US-$/ha/Jahr
Verpachtungsdauer	40–100 Jahre

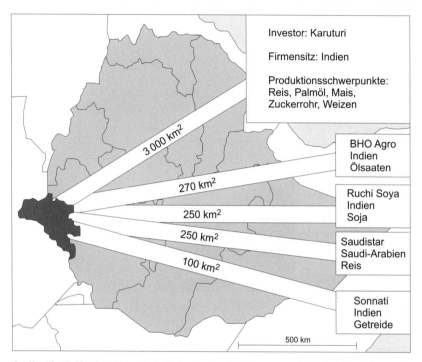

Quelle: The Oakland Institute (Hg.): Understanding Land Investment Deals in Africa. Country Report: Ethiopia. Oakland: OI 2011, S. 2

M 8 Landverpachtungen und Transportwege in der Provinz Gambella

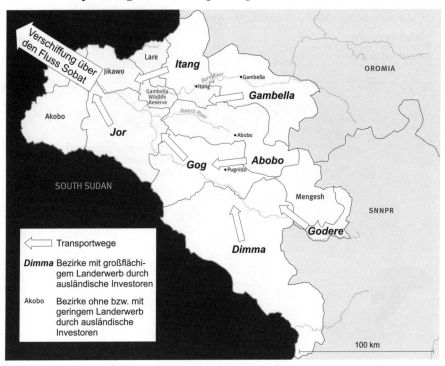

Quelle: nach: Human Rights Watch (Hg.): „Waiting here for Death". Forced Displacement and „Villagization" in Ethiopia's Gambella Region. o. O.: HRW 2012, S. 19

M 9 Ausländische Investoren in Gambella – das Beispiel des Konzerns Karuturi

Konzernprofil	Gründung 1994 in Bangalore (Indien);
	Jahresumsatz 2010 über 3 Mrd. US-$, davon derzeit über 90 % durch Schnittblumen; Anbauflächen in Indien, Kenia und Äthiopien; weltweiter Export;
	Unternehmensziel: Erwirtschaftung eines Drittels der Gewinne durch Verkauf von Reis, Mais, Palmöl, Weizen, Rohrzucker

Karuturi in Gambella	
Pachtfläche	3 000 km², aufgeteilt auf mehrere Flächen
Hauptexportländer	Indien, Golfstaaten, westliche Industriestaaten, Kenia, Djibouti, Uganda, Sudan
Investitionen/ Baumaßnahmen	350 Mio. US-$ in den ersten Jahren, darunter über 100 Mio. US-$ für Maschinen; Pumpwerke und 100 km Be- und Entwässerungskanäle, die bis zu 80 000 m³ Wasser/Std. aus dem Sobat und dessen Zuflüssen entnehmen und auf die Felder leiten können; internes Straßennetz, Tankstellen, Lagerhäuser, Werkstätten, Gesundheitsstationen, Wohnungen für Arbeiter (für einen Mietpreis von 6–24 US-$/Monat); Verarbeitung vor Ort in Zuckerfabriken und Palmölraffinerien
Arbeitsplätze	ca. 12 000 (zweitgrößter Arbeitgeber der Provinz nach dem äthiopischen Staat); 1–2 % Inder, ansonsten Äthiopier; überwiegend Saisonarbeitskräfte; Verdienst: 0,60 (Frauen, Kinder) bis 2 US-$/Tag (Männer), jeweils äthiopischer Mindestlohn (= Hälfte des indischen Mindestlohns)
Produktionsweise	Einsatz von Mineraldünger, große Flächen mit Bewässerung
Maschinenpark	

Quellen:
The Oakland Institute (Hg.): Understanding Land Investment Deals in Africa. Country Report: Ethiopia. Oakland: OI 2011, S. 47 (Foto);
http://www.format.at/articles/0949/525/256653/die-landnahme-inmitten-hungersnoeten-afrika-millionen-hektar-grund;
http://www.tagesspiegel.de/politik/landwirtschaft-landnahme-in-aethiopien/4016844.html;
http://articles.economictimes.indiatimes.com/2011-12-04/news/30472121_1_karuturi-global-sai-ramakrishna-karuturi-biggest-land;
http://allafrica.com/stories (verschiedene Seiten) (Zugriff jeweils 25. 06. 2012)

M 10 Das Villagization-Programm

- Landesweites staatliches Umsiedlungsprogramm seit 2010

Bis Ende 2011 durchgeführte Maßnahmen in der Provinz Gambella:

- Umsiedlung von etwa 100 000 Menschen überwiegend innerhalb der Bezirke (Umsiedlung weiterer 125 000 Menschen bis 2013 geplant)
- ca. 25 neu angelegte Dörfer abseits der Flüsse; 195 km Schotterstraßen zur Anbindung der neuen Dörfer
- Gesamtinvestitionen der äthiopischen Regierung: 3,7 Mio. US-$

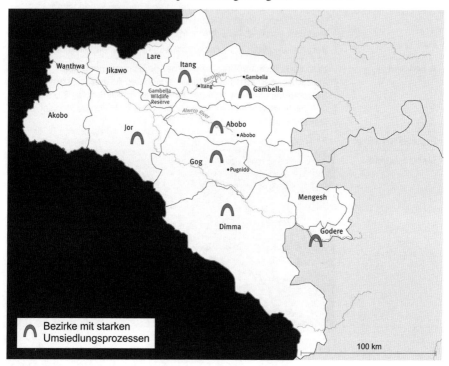

Quellen: eigene Zusammenstellung und Grafik v. a. nach:
Human Rights Watch (Hg.): „Waiting here for Death". Forced Displacement and „Villagization" in Ethiopia's Gambella Region. o. O.: HRW 2012, passim;
http://www.bmz.de/de/was_wir_machen/laender_regionen/subsahara/aethiopien/profil.html;
http://geocurrents.info/geopolitics/gambella-ethiopia's-troubled-western-lowlands (Zugriff jeweils 22. 04. 2012)

Die Aufgabe bezieht sich auf die folgenden **inhaltlichen Schwerpunkte:**
- Klima- und Vegetationszonen in ihrer unterschiedlichen Bedeutung für die Entwicklung von Räumen
  - Mechanisierung, Intensivierung und Spezialisierung als Kennzeichen einer industrialisierten Landwirtschaft in der gemäßigten Zone und den Tropen sowie den Subtropen
- Ernährungspotenzial für eine wachsende Weltbevölkerung zwischen Subsistenzwirtschaft und Agrobusiness
  - Subsistenzwirtschaft versus Marktorientierung
  - Merkmale des Agrobusiness

Lösungsvorschlag

Teilaufgabe 1

Der Operator „lokalisieren" (Anforderungsbereich I) erfordert zunächst die Einordnung des Raumbeispiels Äthiopien in Ihnen bekannte Orientierungsraster. Anschließend sollen Sie gemäß den Anforderungen an den Operator „kennzeichnen" (Anforderungsbereich II) einen Raum bzw. einen Sachverhalt auf der Grundlage bestimmter Kriterien begründet charakterisieren. In dieser Teilaufgabe sollen Sie auf der Grundlage wirtschaftlicher und sozialer Indikatoren den Entwicklungsstand Äthiopiens insgesamt aufzeigen sowie vor dem Hintergrund agrarischer Nutzung die naturräumlichen Merkmale verdeutlichen (M 1–M 4).

Der **Binnenstaat** Äthiopien liegt im Osten Afrikas und erstreckt sich von etwa 4 °N bis 15 °N und von 33 °O bis 47 °O. Das Land grenzt im Norden und Nordosten an Eritrea und Dschibuti, im Osten an Somalia, im Süden an Kenia und im Westen an den Südsudan und den Sudan. Die Hauptstadt Addis-Abeba liegt im Zentrum des Landes. Klimatisch ist der größte Teil des Landes mit Anteilen an der Dornstrauch- und Trockensavanne sowie Halbwüsten in die **tropischen Trockengebiete** einzuordnen. Nur ein geringer Teil im Westen und Südwesten des Landes zählt zu den **tropischen Feuchtgebieten** (Feuchtsavanne und tropischer Regenwald (M 1, M 2).

Lage

Äthiopien ist durch einen **niedrigen Entwicklungsstand** gekennzeichnet, was sich sowohl an **wirtschaftlichen** als auch an **sozialen Indikatoren** zeigt. Das BIP insgesamt beträgt 25,7 Mrd. US-$, pro Kopf liegt es bei 325 US-$. Es wird fast zur Hälfte durch den primären Sektor erwirtschaftet. Der Beschäftigtenanteil in diesem Sektor liegt bei 80 %. Zudem weist die Wirtschaft des Landes eine **negative Handelsbilanz** auf. Während die Summe

Wirtschaftliche Indikatoren

der Importe bei 6,3 Mrd. US-$ liegt, beträgt der Wert der Exporte nur 1,4 Mrd. US-$. Dies hat eine hohe Auslandsverschuldung von 7,5 Mrd. US-$ zur Folge (M 3).

Das **Bevölkerungswachstum** ist mit 2,4 % hoch. Die **Lebenserwartung** in Äthiopien ist mit 53 Jahren dagegen gering. Dies trifft auch für die **Alphabetisierungsrate** zu, die darüber hinaus geschlechtsspezifische Unterschiede aufweist. Während die Hälfte der männlichen Einwohner lesen und schreiben kann, sind nur 23 % der Frauen alphabetisiert. Der Großteil der Bevölkerung, nämlich 83 %, lebt auf dem Land, was auch den hohen Anteil Beschäftigter im primären Sektor erklärt. 38,7 % der Bevölkerung leben unter der Armutsgrenze. Problematisch ist in diesem Zusammenhang außerdem, dass eine unzureichende Versorgung mit Nahrungsmitteln besteht, da 6–9 Mio. Äthiopier auf Nahrungsmittelhilfen aus dem Ausland angewiesen sind, sodass 7 % der äthiopischen Importe aus Nahrungsmitteln bestehen. Der **Welthungerindex** von 33,7 verdeutlicht, dass die **Ernährungssituation** als gravierend einzuschätzen ist. Zudem haben nur 42 % der Bevölkerung Zugang zu sauberem Trinkwasser. Der niedrige **HDI** von 0,337 spiegelt den niedrigen Entwicklungsstand insgesamt wider und verdeutlicht, dass Äthiopien zu einem der ärmsten Länder der Welt zählt (M 3).

Soziale Indikatoren

Der größte Anteil der Landfläche Äthiopiens besteht aus Gebirge. Im Zentrum erstreckt sich von Norden nach Süden das **Hochland von Äthiopien**, ein Hochgebirge, das in vielen Bereichen Landhöhen von 2 000–3 000 m aufweist, aber auch über 3 000 m hinausgeht. Nur in den Randlagen im Nordosten, Südwesten, Südosten und Osten liegt die Landhöhe unter 600 m. Im Hochland entspringen einige Flüsse. Die nach Süden und Osten entwässernden Flüsse Omo, Daua, Wabe Gestro, Shebele und Awash führen ganzjährig Wasser. Nach Norden entwässern alle Flüsse in den Nil, allerdings führt nur der Blaue Nil ganzjährig Wasser, während die übrigen in den Oberläufen nur zeitweilig Wasser führen. Zu den nur zeitweilig wasserführenden Flüssen zählt auch der Sobat, dessen Wasser eine wichtige Lebensgrundlage für viele Sudanesen darstellt. Er verläuft an der Grenze zum Sudan und mündet im Sudan in den Weißen Nil (M 1, M 2, M 6).

Relief und Flussläufe

Aus diesen Gründen eignet sich das Land nur bedingt für die Landwirtschaft, ein Umstand, der zusätzlich durch die **klimatischen Bedingungen** erschwert wird. Nur wenige Gebiete, z. B. die Provinz Gambella im Osten oder ein zentraler Streifen, der von der

Eignung für landwirtschaftliche Nutzung

Hauptstadt nach Süden verläuft, eignen sich gut für den **Regenfeldbau**. Die übrigen Gebiete eignen sich hierfür „mäßig" bis „sehr gering" oder sind sogar „ungeeignet" (M 4). Durch die Lage in der **Innertropischen Konvergenzzone** (ITC) ist eine große **Niederschlagsvariabilität** gegeben, die zu Dürren oder Dürreperioden führen kann. Die Dürrewahrscheinlichkeit ist in den Höhenlagen zwar eher gering, aber in den niedrigeren Lagen tritt dieses Problem alle 2–5 Jahre oder sogar häufiger auf. Die landwirtschaftliche Nutzung wird in diesen Gebieten zusätzlich durch den unterhalb der **klimatologischen Trockengrenze** liegenden Niederschlag begrenzt. Im Durchschnitt 4–6 oder sogar 8–10 aride Monate kennzeichnen die Gebiete unterhalb der Trockengrenze. Daher wird in diesen Gebieten vor allem Viehhaltung betrieben, während im Hochland Kaffee angebaut wird (M 1).

Klimatische Ungunstfaktoren

Teilaufgabe 2

Der Operator „erläutern" (Anforderungsbereich II) verlangt von Ihnen, dass Sie aus dem Material entnehmbare Zusammenhänge verdeutlichen. In dieser Teilaufgabe sollen Sie am Beispiel der Region Gambella die jüngeren strukturellen Entwicklungen im Agrarsektor aufzeigen, die im Rahmen des „Growth and Transformation Plan 2015" durchgeführt wurden (M 2, M 4–M 10).

Die Provinz Gambella ist eine Region an der **westlichen Peripherie** Äthiopiens mit einer Bevölkerungsdichte von durchschnittlich etwa 12 Einwohnern pro km^2 in 2007. Die Provinz war vor Einsetzen des „Growth and Transformation Plan 2015" verkehrsinfrastrukturell kaum erschlossen. Als eine der wenigen Regionen Äthiopiens eignet sie sich aufgrund ihrer **naturräumlichen Ausstattung** für den Regenfeldbau. Die Landhöhe liegt zwischen 200 und 600 m, die monatlichen Durchschnittstemperaturen schwanken zwischen 25,9 und 30,7 °C und der Jahresniederschlag beträgt zwischen 1 200 und 1 400 mm. Daher ist eine achtmonatige Wachstumszeit von Februar bis September gegeben.

Provinz Gambella

Der Anbau ist vor allem durch die **subsistenzorientierte Produktion** von Nahrungsmitteln in **kleinbäuerlichen Betrieben** gekennzeichnet. So werden u. a. Mais, Hirse und Gemüse in Landwechselwirtschaft oder Wanderfeldbau angebaut. Viehwirtschaft wird von Nomaden betrieben. An den wasserreichen Flussläufen, die aus dem äthiopischen Hochland kommen und in den Sobat münden, kann Dauerfeldbau sowie Fischerei betrieben werden.

Agrarstruktur

Die Erntefläche pro Familie liegt bei ca. 1 ha, nur vereinzelt werden größere Flächen von mehr als 1 000 ha von äthiopischen Gesellschaften für den Anbau von **cash crops** wie Baumwolle, Mangos, Gemüse oder Mais bewirtschaftet. Wie im gesamten Land ist die Ernährungssituation in der Provinz Gambella problematisch, denn nach UN-Angaben sind Nahrungsmittelhilfen für über 80 000 Bewohner notwendig, d. h., dass fast ein Viertel der Bevölkerung Gambellas von einer unzureichenden Versorgung mit Nahrungsmitteln betroffen ist (M 2, M 4, M 6).

Im September 2010 veröffentlichte das Wirtschafts- und Finanzministerium Äthiopiens den „**Growth and Transformation Plan 2015**", der das vorrangige Ziel hat, das Land zu modernisieren und den Wohlstand zu heben sowie **Ausländische Direktinvestitionen** vor allem im Agrarsektor zu fördern. Um Investoren aus dem Ausland anzuziehen, wurde eine Fläche von 36 000 km^2 agrarisch hochwertigen Landes zur Verpachtung sowie eine Option auf weitere 70 000 km^2 angeboten. Des Weiteren investierte der Staat mit dem Bau von Staudämmen, Straßen und Stromleitungen in die **ländliche Infrastruktur**. Den Investoren sollte kostenlos Wasser für die Bewässerung der Agrarflächen ohne Mengenbegrenzung bereitgestellt werden. Außerdem wurden **finanzielle Anreize** in Form von Steuerbefreiungen für mindestens fünf Jahre und Handelserleichterungen durch den Verzicht auf Im- und Exportzölle geschaffen (M 5).

Anreize für Investoren

In der Provinz Gambella wurde seit 2010 im Rahmen des Investitionsprogrammes ca. ein Drittel der gesamten Provinzfläche (8 292 km^2) zum jährlichen Preis von 1–15 US-\$ pro Hektar und einer Pachtdauer von 40–100 Jahren für **ausländische Investoren** zur Verfügung gestellt. Der größte Pachtanteil entfällt auf den indischen Investor Karuturi, der auf einer Fläche von 3 000 km^2 die cash crops Reis, Palmöl, Mais, Zuckerrohr und Weizen anbaut. Kleinere Flächen von 100 bis 270 km^2 verteilen sich auf drei weitere indische Investoren, die Ölsaaten, Soja und Getreide anbauen, sowie einen saudi-arabischen Investor, der die Fläche für den Anbau von Reis nutzt. Der großflächige **Landerwerb** konzentriert sich vor allem auf die zentralen, südlichen und östlichen Bezirke der Provinz (M 6, M 7, M 8, M 9).

Großflächige Landverpachtungen in Gambella

Am Beispiel des größten Investors Karuturi wird deutlich, dass das gepachtete Land für die **agroindustrielle Produktion** von cash crops genutzt wird. Der indische Konzern wurde 1994 in Bangalore/Indien gegründet und hatte 2010 einen Jahresumsatz

Indischer Investor

von 3 Mrd. US-$, der zu 90 % aus Schnittblumen erwirtschaftet wurde. Das Unternehmen hat sich jedoch zum Ziel gesetzt, ein Drittel der Gewinne aus den in Äthiopien angebauten Produkten zu erzielen. Hierzu wurden in den ersten Jahren 350 Mio. US-$ investiert, die für den infrastrukturellen Ausbau, den Ausbau von Produktionsanlagen vor Ort und den Bau von Arbeiterwohnungen, aber nicht zuletzt für den Bau von Pumpwerken und Be- und Entwässerungskanälen, die bis zu 80 000 m^3 Wasser pro Stunde aus dem Fluss Sobat entnehmen, sowie für die Anschaffung von Maschinen verwendet wurden. In der Provinz Gambella ist der Konzern zum **zweitgrößten Arbeitgeber** nach dem äthiopischen Staat geworden. Die 12 000 Arbeiter sind zu 98 – 99 % äthiopischer Herkunft und arbeiten als **Saisonarbeiter**. Der Lohn beträgt zwischen 0,60 US-$ für Frauen und Kinder und 2 US-$ für Männer, was zwar dem äthiopischen Mindestlohn, aber nur der Hälfte des indischen Mindestlohns entspricht. Die exportorientierte Landwirtschaft, die der Konzern betreibt, ist nicht nur durch einen hohen **Kapitaleinsatz**, sondern auch durch **Mechanisierung** und **Intensivierung** gekennzeichnet. Dieses wird einerseits deutlich durch den Maschinenpark, der für 100 Mio. US-$ aufgebaut wurde, andererseits durch die Maßnahmen zur Ertragssteigerung, z. B. den Einsatz von Mineraldünger und eine umfangreiche Bewässerung. Da Äthiopien als Binnenstaat keinen Zugang zum Meer hat, werden die Produkte zu den Flussläufen transportiert und über diese ins Ausland verschifft. Der Haupttransportweg verläuft von Osten nach Westen über den Fluss Sobat in den Sudan (M 8, M 9).

Zeitgleich mit der Umsetzung des „Growth and Transformation Plan" hat die äthiopische Regierung ein **Umsiedlungsprogramm** gestartet, das sogenannte „Villagization-Programm", in das der äthiopische Staat 3,7 Mio. US-$ investiert hat. Im Rahmen dieses Programms wurden bis Ende 2011 ca. 100 000 Menschen, d. h. circa ein Drittel der Gesamtbevölkerung Gambellas, innerhalb der Provinzbezirke in neu angelegte Dörfer abseits der Flüsse umgesiedelt. Die Anbindung dieser 25 Dörfer erfolgt über 195 km Schotterstraßen. Bis 2013 sollen weitere 125 000 Menschen umgesiedelt werden. Am stärksten von den Umsiedlungen betroffen sind die Bezirke, in denen große Landflächen an ausländische Investoren verpachtet wurden (M 8, M 10).

Staatlich gelenkte Umsiedlung

Die Umsetzung des „Growth and Transformation Plan" durch die äthiopische Regierung hat zu einer Veränderung der Agrarstruktur in der Provinz Gambella geführt, da neben die **traditio-**

Veränderte Agrarstruktur

nelle Subsistenzwirtschaft die **weltmarktorientierte Intensivlandwirtschaft** getreten ist.

Teilaufgabe 3

Der Operator „kritisch Stellung nehmen" (Anforderungsbereich III) verlangt von Ihnen das Abwägen unterschiedlicher Argumente mit dem Ziel, zu einer abschließenden begründeten Einschätzung eines Sachverhaltes zu kommen. In dieser Teilaufgabe wird von Ihnen erwartet, dass Sie beurteilen, welche positiven und negativen Aspekte die Entwicklungstendenzen im Agrarsektor für die Provinz Gambella und Äthiopien mit sich bringen. Abschließend soll auf der Grundlage Ihrer Argumentation ein begründetes Urteil formuliert werden (M 3, M 5, M 7–M 10)

Die Entwicklungstendenzen im Agrarsektor Äthiopiens, die vorrangig darin bestehen, ausländische Investoren durch Pachtverträge in das Land zu holen, beinhalten sowohl Chancen als auch Risiken für die Provinz Gambella sowie für das gesamte Land.

Chancen und Risiken

Die Vergabe von Landkonzessionen ist ein **Impulsgeber** für die **wirtschaftliche** und **räumliche Entwicklung** der Provinz. Durch die **agroindustrielle Produktionsweise** und die damit verbundenen Investitionen der Konzerne fließt nicht nur **Kapital** ins Land, sondern es wird auch landwirtschaftliches **Know-how** weitergegeben. Da die Durchführung der Produktion fast ausschließlich bei den äthiopischen Arbeitskräften liegt, findet ein Wissenserwerb im Bereich der agroindustriellen Produktionsmethoden statt, der vor dem Hintergrund der naturgeographischen Bedingungen in Äthiopien von großer Bedeutung ist. Zudem ist zu beobachten, dass die Summe der **ausländischen Direktinvestitionen** im Agrarsektor Äthiopiens sprunghaft angestiegen ist. Während im Zeitraum von 1993–1995 die Auslandsdirektinvestitionen bei unter 50 Mio. US-\$ lagen, betrugen diese von 2009–2011 ca. 220 Mio. US-\$, was als **positiver Effekt** des „Growth and Transformation Plan" anzusehen ist. Darüber hinaus kann der Staat im Zuge der Verpachtungen mit weiteren **Einnahmen** aus den Pachtzahlungen der Investoren und langfristig, nach Auslaufen der Steuerbefreiungen, auch aus Steuerzahlungen rechnen. Der **Ausbau der nationalen und regionalen Infrastruktur**, insbesondere der Ausbau von Transportwegen und der Aufbau einer **sozialen Infrastruktur** für die Arbeiter sowie die **Schaffung von 12 000 Arbeitsplätzen** für die ländliche Bevölkerung sind als positive Aspekte hervorzuheben (M 2, M 3, M 5, M 7, M 9).

Positive Aspekte

Demgegenüber sind aber auch **kritische Aspekte** in wirtschaftlicher, sozialer und räumlicher Hinsicht zu nennen, die die positiven Auswirkungen relativieren. Da es sich bei den Investoren um **ausländische Großkonzerne** handelt, die das äthiopische Land nutzen, um eine **exportorientierte industrielle Landwirtschaft** zu betreiben, bleibt der Großteil der Gewinne nicht in Äthiopien, sondern fließt ins Ausland ab. Es werden zwar Arbeitsplätze für die äthiopische Bevölkerung geschaffen, allerdings handelt es sich überwiegend um Arbeitsplätze für **Saisonarbeitskräfte**, die für **Niedriglöhne** arbeiten und einen Großteil ihres Lohnes für die Miete einer Arbeiterwohnung auf dem Produktionsgelände aufbringen müssen. Auf diese Weise geraten ganze Familien in die **Abhängigkeit** der Großkonzerne und **Kinderarbeit** wird in Kauf genommen. Zudem wird den kleinbäuerlichen Betrieben durch die großflächige Verpachtung von Land die **Existenzgrundlage** genommen und Arbeitsplätze in der traditionellen Landwirtschaft gehen verloren. Da der Ausbau der Verkehrsinfrastruktur vorrangig auf die Schaffung von Transportwegen für den Export ausgerichtet ist, der aber in Richtung Westen über den Sudan erfolgt, wird die Provinz Gambella nicht an das Zentrum des Landes angebunden, sondern die **periphere Lage** besteht weiter (M 8, M 9).

Probleme

Problematisch sind die Verpachtungen auch im Hinblick auf die **Ernährungssicherung**. Da die Ernährungssituation in Äthiopien als gravierend einzuschätzen ist und ein erheblicher Teil der äthiopischen Bevölkerung ohnehin auf Nahrungsmittelhilfen aus dem Ausland angewiesen ist, gehen der Bevölkerung in der Provinz Gambella durch die Verpachtungen zum **Anbau von cash crops** landwirtschaftliche Flächen verloren. Die Provinz ist eine der wenigen Regionen des Landes, die für den Regenfeldbau sehr gut geeignet sind, sodass hier durch den Anbau von **Grundnahrungsmitteln** ein wichtiger Beitrag zur Ernährungssicherung geleistet werden könnte (M 2, M 4, M 9).

Verschärfung der Ernährungssituation

Die **staatlichen Umsiedlungsmaßnahmen**, die im Rahmen des „Villagization-Programms" durchgeführt werden, stellen einen weiteren kritischen Aspekt dar. Die Tatsache, dass gerade die Flächen in Flussnähe verpachtet werden, damit für den Anbau der cash crops die Bewässerung gewährleistet ist, die Bevölkerung dieser Bezirke aber in abseits der Flüsse gelegene Gebiete umgesiedelt wird, zeigt, dass die Interessen der ausländischen Investoren auf Kosten der eigenen Bevölkerung, der die Existenzgrund-

Existenzgefährdung durch Umsiedlung

lage entzogen wird, in den Vordergrund gerückt werden (M 9, M 10).

Weitere Risiken für das Land Äthiopien sind in diesem Zusammenhang abzusehen. Sollte sich die Bevölkerung weigern, das landwirtschaftlich wertvolle Land an den Flüssen zu verlassen, wüchse die Wahrscheinlichkeit von Zwangsumsiedlungen. Die Landnahme durch ausländische Konzerne könnte so zu **politischen** und **sozialen Auseinandersetzungen** innerhalb des Landes führen. Aber auch mit dem Nachbarland Südsudan könnte ein **politischer Konflikt** entstehen, da dem Land durch die für die Bewässerung notwendigen **Wasserentnahmen** aus dem Fluss Sobat eine wichtige Lebensgrundlage genommen wird. Auch in ökologischer Hinsicht können Probleme auftreten. Durch die **großflächige Bewässerung** kann es zur **Bodenversalzung** kommen. In Kombination mit dem Einsatz von Dünger kann die Bodenfruchtbarkeit verloren gehen. Die agroindustriellen Produktionsmethoden führen somit langfristig zur **Bodendegradation**, was weitreichende Konsequenzen für die äthiopische Bevölkerung hätte. Zweifelhaft ist auch, ob die Steuererleichterungen der äthiopischen Regierung wirklich wegfallen werden. Sollten finanzielle Anreize für die Investoren gekürzt werden, z. B. dadurch, dass der äthiopische Staat auf Steuerzahlungen besteht, steigt auch die Wahrscheinlichkeit, dass die Investoren das Land verlassen (M 6, M 9, M 10).

Politische, soziale und ökologische Konsequenzen

Wägt man die Chancen und Risiken dieser Entwicklung im Agrarsektor gegeneinander ab, wird deutlich, dass die kritischen Aspekte überwiegen. Der Beitrag, der für die Entwicklung des Landes durch die Verpachtungen von Land an ausländische Agrarkonzerne geleistet wird, ist nur **kurzfristig**. Dies steht jedoch in keinem Verhältnis zu den langfristigen Folgen, die die Bevölkerung, insbesondere in Gambella, zu tragen hat. Eine fehlende **soziale Absicherung** sowie eine unsichere und sich weiter **verschärfende Ernährungssituation** durch Umsiedlungsmaßnahmen und fehlende natürliche Ressourcen sind in diesem Zusammenhang hervorzuheben. Für die ausländischen Investoren stehen die ökonomischen Interessen im Vordergrund und es ist zu befürchten, dass die äthiopische Regierung diesen weiterhin entgegenkommen wird, während eine **nachhaltige Entwicklung** des Agrarsektors, der die Interessen der Bevölkerung berücksichtigt, vernachlässigt wird.

Fazit

Thema

Industrieansiedlung und grenzüberschreitende Infrastrukturprojekte als Motor regionaler Entwicklung? – Das Beispiel Bratislava/Slowakei

Aufgabenstellung

Punkte

1. Lokalisieren Sie die Region Bratislava und kennzeichnen Sie deren Eignung als Industriestandort in der zweiten Hälfte der 1990er-Jahre.   19

2. Erläutern Sie die wirtschaftliche Entwicklung der Region Bratislava vor dem Hintergrund der Gesamtentwicklung der Slowakei seit 1995.   36

3. Erörtern Sie die Chancen und Risiken des „Twin City"-Konzeptes für die Region Bratislava sowie für die Gesamtslowakei.   25

Zugelassene Hilfsmittel

– der an der Schule in der Qualifikationsphase überwiegend verwendete Atlas, in einer für alle Prüflinge gleichen Auflage
– Wörterbuch zur deutschen Rechtschreibung
– Taschenrechner

Materialgrundlage

M 1 Atlaskarten nach Wahl

M 2 Daten zur Slowakei

1989	Beginn der „Samtenen Revolution": Veränderungsprozess von der kommunistisch regierten *Tschechoslowakei* zu einem demokratisch gestalteten Staat
1993	Auflösung der *Tschechoslowakei*; Unabhängigkeit der Slowakei (Slowakische Republik)
2004	Beitritt der Slowakei zur EU
2007	Wegfall der Grenzkontrollen zu Österreich
2009	Beitritt zur Euro-Zone; der Euro ersetzt die bisherige Landeswährung *Slowakische Krone* (SKK)

Die Regionen der Slowakei

Region	Einwohner-zahl 2010 (Mio.)	BIP/Einwohner (Euro)		Arbeitslosenrate (%)		Migrations-saldo 2001–2010
		1995	2009	1995	2010	
Bratislava	0,63	7 716	28 443	5,6	4,6	+27 719
Trnava	0,56	4 070	12 928	13,9	8,2	+17 127
Trenčin	0,60	3 437	10 265	9,7	9,5	−638
Nitra	0,71	3 159	9 928	16,6	11,8	+8 261
Žilina	0,70	2 977	10 038	12,3	10,9	−739
Banská Bystrica	0,65	3 039	8 425	15,6	18,9	−2 442
Prešov	0,81	2 359	6 654	17,4	17,8	−10 887
Košice	0,78	3 170	9 022	18,4	16,8	−3 345
Slowakei	5,44	3 602	11 609	14,0	12,5	+35 056
Österreich	8,39	22 000	32 900	6,6	6,9	k. A.
Bundesland Wien	1,71	31 800	42 600	7,3	8,8	k. A.

Quellen:http://www.bratislava.de/Start/Slowakei/Slowakei_Historie/Slowakei_Historie_Verlauf/slowakei
_historie_verlauf.html;
http://europa.eu/about-eu/eu-history/index_de.htm (Zugriff jeweils 28. 04. 2012);
http://www.esacademic.com/pictures/eswiki/66/Bratislava_kraj.png (Zugriff 02. 08. 2012);
http://px-web.statistics (verschiedene Statistiken) (Zugriff 25. 02 2012 und 01. 05. 2012);
http://www.statistik.at/web_de/statistiken/volkswirtschaftliche_gesamtrechnungen
/regionale_gesamtrechnungen/nuts2-regionales_bip_und_hauptaggregate/index.html
(Zugriff 01. 05. 2012);
OECD (Hrsg.): OECD Economic Survey 1999: Slovak Republic. Paris 1999, S. 124

M 3 Das Dreiländereck Österreich /
Slowakei / Ungarn 2010
(siehe Farbabbildungen)

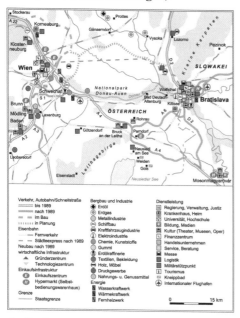

Quelle: © cartomedia, Karlsruhe

M 4 Eckdaten der slowakischen Wirtschaft im internationalen Vergleich

Arbeitskosten im verarbeitenden Gewerbe

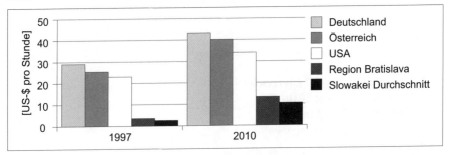

Arbeitsproduktivität (BIP in KKS* je geleisteter Arbeitsstunde; EU-27 = 100)

	1995	2010
Deutschland	131	124
Österreich	122	115
Slowakei	46	75
Region Bratislava	68	104

* KKS = Kaufkraftstandard; eine Kunstwährungseinheit, die Unterschiede zwischen den Preisniveaus verschiedener Länder ausgleicht. Ein KKS erlaubt in unterschiedlichen Ländern die Anschaffung des gleichen Volumens von Gütern und Dienstleistungen.

Steuersatz auf Unternehmensgewinne

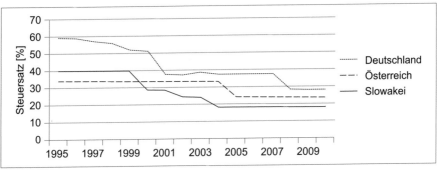

Quellen:
http://www.bls.gov/news.release/pdf/ichcc.pdf;
http://www.siov.sk/ext_dok-slovak_repbackstud/9964c;
http://www.boerse-express.com/wiki/Kaufkraftstandard;
http://www.imf.org/external/pubs/ft/wp/2009/wp09145.pdf;
http://px-web.statistics.sk;
http://www.bpb.de/system/files/pdf/IFJ4RN.pdf;
http://fritz.breuss.wifo.ac.at/Breuss_DE_AT_Stellung_in_EU_2008.pdf (Zugriff jeweils 28. 04. 2012)

M 5 Entwicklung von VW Slovakia

1974	Eröffnung der Automobilwerke Bratislava (BAZ) im Nordwesten von Bratislava
1991	Gründung von VW Bratislava (Joint Venture zwischen VW, BAZ und der Regierung der Slowakischen Republik)
1997	3 000 Beschäftigte arbeiten bei VW Bratislava
1998	VW Bratislava wird Teil der neuen VW-Tochter VW Slovakia
1999	VW-Werk in Bratislava: 5 000 Beschäftigte; Exportquote 99,5 %; Importquote Autobauteile über 80 %
2000	Eröffnung eines VW-Werkes für die Produktion von Getriebe- und Fahrwerkskomponenten im südöstlich von Šilina gelegenen Martin
2004	Eröffnung VW-Werk in Košice (nur Vorbereitung von VW-Fahrzeugen für den russischen Markt)
2006	drei Zuliefererparks nahe dem VW-Werk Bratislava; Importquote Autobauteile z. B. beim Polo 40,5 %
2010	Investitionen von ca. 1,9 Mrd. Euro durch VW in der Slowakei von 1991 bis 2010; Produktionspalette in Bratislava: VW Touareg, Audi Q7 und Porsche Cayenne (nur Karosserie); Exportquote 99,6 %; rund 25 % der Arbeitnehmer im VW-Werk Bratislava stammen aus Österreich
2011	Produktionsbeginn der New Small Family (VW up!, Seat Mii, Skoda Citigo) exklusiv in Bratislava; Beschäftigte bei VW Slovakia: 8 400, davon über 80 % in Bratislava

Quellen:
http://de.volkswagen.sk/de/unternehmen/zahlen_und_Fakten.html;
http://www.sario.sk/?automotive-industry (Zugriff jeweils 14. 09. 2011);
http://de.volkswagen.sk/de/unternehmen/geschichte.html;
http://de.volkswagen.sk/de/unternehmen/standorte.html (Zugriff jeweils 28. 04. 2012)

M 6 Pkw-Produktion in der Slowakei

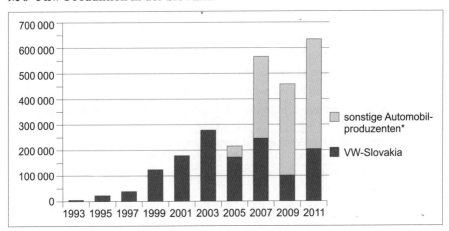

* Sonstige Automobilproduzenten in der Slowakei: seit 2003 PSA Peugeot Citroën Slovakia mit einem
  Werk in Trnava; seit 2004 KIA Motors Slovakia mit einem Werk in Šilina

Quellen:
http://www.sario.sk/?automotive-industry (Zugriff 14. 09. 2011);
http://www.estandort.com/automobilindustrie-ist-motor-der-slowakischen-wirtschaft/;
http://de.volkswagen.sk/de/unternehmen/zahlen_und_Fakten.html;
http://oica.net/category/production-statistics/ (Zugriff jeweils 28. 04. 2012)

M 7 Summe ausländischer Direktinvestitionen in der Slowakei

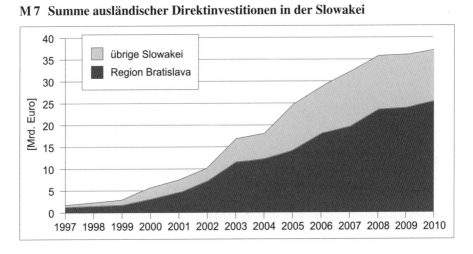

Quellen:
http://px-web.statistics.sk;
http://www.uvvg.ro/studiaeconomia/images/2001/v1/14.%20REGIONAL%20DISPARITIES%20IN%20SL
OVAK%20REPUBLIC%20AT%20NUTS%203%20LEVEL%20FROM%20DIRECT%20FOREIGN%20IN
VESTMENTS%20POINT%20OF%20VIEW.pdf (Zugriff jeweils 22. 06. 2012);
http://edice.vos.cz/files/swf/BC_MikulaskovaAJ_HM_2012.swf (Zugriff 02. 08. 2012)

M 8 Beschäftigungsstruktur der Region Bratislava und der Slowakei

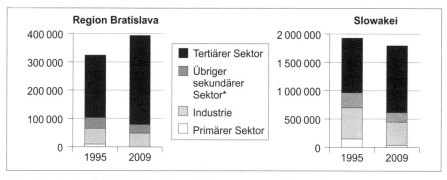

* Bergbau, Handwerk, Elektrizitäts-, Gas- und Wasserversorgung, Baugewerbe

Quelle: http://px-web.statistics.sk (Zugriff 13. 09. 2011 und 02. 08. 2012)

M 9 Strukturdaten der Regionen Wien und Bratislava

	Bundesland Wien	Region Bratislava
Arbeitsproduktivität 2006 (BIP /Erwerbstätigem in €)	75 129	29 058
Bruttostundenlohn 2009 (€)	14,40	4,20
Anteil tertiärer Sektor an Bruttowertschöpfung 2009 (%)	83,1	79,1
Größte Branche 2006 nach Anteil an Gesamtbeschäftigten	Unternehmensnahe Dienstleistungen	Transport und Logistik
Beschäftigte im Bereich Forschung und Entwicklung 2009 (% der Erwerbsbevölkerung; Durchschnitt EU-27: 0,53 %)	1,20	0,14
Internationale Kongresse 2011	181	9
Binnenkaufkraft (Indexwert; Zürich = 100)	70,9	35,1

Quellen:
http://www.wien.gv.at/statistik/pdf/wi-standort2012.pdf;
http://wug.akwien.at/WUG_Archiv/2009_35_3/2009_35_3_0421.pdf (Zugriff jeweils 01. 08. 2012)

M 10 „Twin City" Wien–Bratislava

2006	Start der engeren Zusammenarbeit Wien – Bratislava; Projekte großteils im Rahmen der EU-Förderschiene Interreg III a gefördert; rund 100 000 Pendler zwischen Wien und Bratislava
2010	Unterzeichnung Twin-City-Vereinbarung zwischen Wien und Bratislava

Verkehrsprojekte im Zusammenhang mit dem „Twin City"-Konzept (siehe Farbabbildungen)

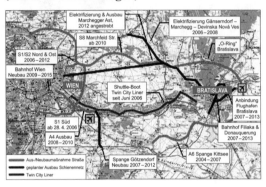

Quelle: BMVIT, Der Standard

Weitere Projekte im Rahmen des „Twin City"-Konzeptes (teils bereits umgesetzt; Stand Mai 2012)

- gemeinsame Aus- und Weiterbildungsprojekte von Firmen und Verwaltungsinstitutionen
- wechselseitige Studienaufenthalte und Praktika von Lehrlingen, Lehrkräften und Werkmeistern/-meisterinnen aus der Autoindustrie in den beiden Partnerländern
- Kooperation der 20 Universitäten/Hochschulen in der Region Wien mit den 6 Universitäten/Hochschulen in der Westslowakei
- Kooperation von Industrieunternehmen, Finanzinstitutionen und Wirtschaftsverbänden, unter anderem über die Industrieplattform „Twin City Wien–Bratislava"
- Schaffung von Informations- und Kommunikationsplattformen im Internet

Quellen:
http://images.derstandard.at/20060421/bratislavawien.jpg;
http://www.wienholding.at/event/mediaroom-news/id/1989;
http://www.iv-mitgliederservice.at/iv-all/publikationen/file_287.pdf;
http://www.iv-mitgliederservice.at/iv-all/publikationen/file_323.pdf (Zugriff jeweils 01. 05. 2012)

Die Aufgabe bezieht sich auf die folgenden **inhaltlichen Schwerpunkte:**
- Wandel von Standortfaktoren in seiner Wirkung auf industrieräumliche Strukturen
  - Standortentscheidungen im Zusammenhang mit harten und weichen Standortfaktoren
- Zusammenwachsen oder Desintegration von Räumen aufgrund politischer Vorgaben und kultureller Prägung
  - Transformationsprozesse im Osten Europas

Lösungsvorschlag

Teilaufgabe 1

Der Operator „lokalisieren" (Anforderungsbereich I) erfordert zunächst die Einordnung der Region Bratislava in Ihnen bekannte Orientierungsraster. Anschließend sollen Sie gemäß den Anforderungen an den Operator „kennzeichnen" (Anforderungsbereich II), einen Raum bzw. einen Sachverhalt auf der Grundlage bestimmter Kriterien begründet charakterisieren. In dieser Teilaufgabe sollen Sie aufzeigen, welche Voraussetzungen Bratislava als Industriestandort in der zweiten Hälfte der 1990er-Jahre erfüllte (M 1 – M 5).

Die Hauptstadtregion Bratislava befindet sich im Westen der Slowakei. Sie grenzt im Westen an die Republik Österreich und am südlichen Zipfel an Ungarn. Auf dem Gebiet der Slowakei wird sie von der Provinz Trnava umgeben. Die slowakische Hauptstadt Bratislava liegt an der Grenze zu Österreich und am Fluss Donau. Die Entfernung zur österreichischen Hauptstadt Wien beträgt ca. 50 km (M 1 – M 3). — *Lage*

Die **politische Umbruchsituation** Ende der 1980er-Jahre im Osten Europas hatte in der Slowakei zur Folge, dass im Zuge der 1989 beginnenden „Samtenen Revolution" die kommunistisch regierte Tschechoslowakei zu einem demokratisch gestalteten Staat wurde und 1993 die Auflösung dieses Staates erfolgte. Parallel hierzu wurde die Unabhängigkeit der Slowakischen Republik erklärt. Dieser Prozess führte auch zu einer **wirtschaftlichen Umstrukturierung**, die sich in der Gründung neuer Unternehmen, wie VW Bratislava, einem 1991 gegründeten Joint Venture zwischen VW, den Automobilwerken Bratislava (BAZ), die 1974 im Nordwesten Bratislavas eröffnet worden waren, und der slowakischen Regierung zeigt. 1998 geht dieses Joint Venture in die neue VW-Tochter VW Slovakia ein (M 2, M 5). — *Beginnende Transformation*

Als Industriestandort bot die Region Bratislava in der zweiten Hälfte der 1990er-Jahre gute Voraussetzungen. Die **Tradition als Industriestandort** stellt einen Standortvorteil für die Region dar. So gab es neben der Automobilindustrie auch Standorte des Schiffbaus und der Elektroindustrie (M 1, M 3).

Die Region erhielt durch die Grenzöffnung eine **verkehrsgünstige Lage** innerhalb Europas, die durch verschiedene Anbindungen nach Westeuropa, aber auch nach Osteuropa, begünstigt wird. Hierzu zählen sowohl verschiedene Autobahnen, die von Bratislava aus sternförmig in alle Richtungen führen, als auch einige Eisenbahnstrecken. Während zwei dieser Bahnstrecken nach Osten und Nordosten verlaufen, gibt es zwei weitere, die Bratislava mit der österreichischen Hauptstadt Wien verbinden. Die nach Nordwesten führende Strecke des Städteexpress wurde nach 1989 gebaut. Durch die nach Südwesten führende Eisenbahnlinie wird gleichzeitig die Anbindung nach Ungarn und Budapest gewährleistet, da diese auf die Eisenbahnlinie von Wien nach Budapest trifft (M 1, M 3).

Lagegunst

Die **niedrigen Arbeitskosten** stellen eine weitere günstige Rahmenbedingung für einen Standort des produzierenden Gewerbes dar. Im internationalen Vergleich lagen die Arbeitskosten im sekundären Sektor in der Slowakei 1997 weit unter denen der Industrieländer Deutschland, Österreich und den USA. In diesen Ländern betrugen die Arbeitskosten zwischen ca. 29 US-$ und 22 US-$. Die Region Bratislava lag mit 4 US-$ pro Stunde etwas über dem Durchschnitt von ca. 3 US-$ in der gesamten Slowakei (M 4).

Standortvorteil

Jedoch wies die Region auch Standortnachteile auf. Die **Steuer auf Unternehmensgewinne** lag von 1995 bis 1999 bei 40 % und war damit einige Prozentwerte höher als in Österreich, aber immer noch deutlich niedriger als in Deutschland, wo die Steuer auf Unternehmensgewinne im Laufe dieses Zeitraums von 60 auf 50 % gesenkt wurde. Im Jahre 2000 sank dieser Steuersatz in der Slowakei auf 30 % und damit unter das Niveau des österreichischen Satzes. Darüber hinaus war die Region Bratislava wie auch die gesamte Slowakei durch eine **geringe Arbeitsproduktivität** gekennzeichnet. 1995 lag das BIP in KKS je geleisteter Arbeitsstunde deutlich unter dem EU-Durchschnitt. In der Slowakei war die Arbeitsproduktivität weniger als halb so hoch wie in der EU, in der Region Bratislava lag der Wert bei etwas mehr als zwei Drittel im Vergleich zur EU. In den Ländern Deutschland und Österreich lag

Standortnachteile

die Arbeitsproduktivität dagegen 20 bzw. 30 % über dem EU-Wert (M 4).

Trotz dieser beiden Nachteile stellte die Region Bratislava Mitte der 1990er-Jahre einen vielversprechenden Industriestandort dar.

Zwischenfazit

Teilaufgabe 2

/ *Der Operator „erläutern" (Anforderungsbereich II) verlangt von Ihnen, dass Sie*
/ *aus dem Material entnehmbare Zusammenhänge verdeutlichen. In dieser Teilauf-*
/ *gabe sollen Sie die wirtschaftliche Entwicklung der Region Bratislava aufzeigen und*
/ *hierbei die Gesamtentwicklung der Slowakei berücksichtigen (M 2–M 8).*

Die wirtschaftliche Entwicklung Bratislavas ist als typischer **Prozess der Transformation** in Osteuropa zu kennzeichnen. Im Rahmen dieses Prozesses hat die Region Bratislava seit 1995 eine positive wirtschaftliche Entwicklung aufzuweisen. So ist das **BIP pro Einwohner** von 7 716 € im Jahr 1995 auf 28 443 € im Jahr 2009 gestiegen. Die **Arbeitslosenrate** ist von 1995 bis 2010 um 1 % gesunken, von 5,6 auf 4,6 % (M 2).

Wirtschaftliche Entwicklung

Die wirtschaftliche Umstrukturierung zeigt sich auch in der Veränderung der **Beschäftigungsstruktur**. Die Anzahl an Beschäftigten insgesamt ist um ca. 80 000 gestiegen. Der primäre Sektor, der 1995 nur einen geringen Anteil an Beschäftigten aufwies, ist 2009 nicht mehr vorhanden. Dagegen ist die Anzahl der Beschäftigten im **sekundären Sektor** um etwa 10 000 gesunken und lag 2009 bei ca. 80 000. Die Abnahme ist aber vor allem in den Bereichen Bergbau, Handwerk, Energie sowie im Baugewerbe zu verzeichnen, während die Beschäftigtenanzahl in der Industrie in etwa gleich geblieben ist. Ein deutlicher Zuwachs ist im **tertiären Sektor** erkennbar. Im Jahr 1995 betrug die Anzahl der Beschäftigten in diesem Sektor ca. 220 000, bis 2009 ist diese auf über 300 000 Beschäftigte gestiegen. Der **Tertiärisierungsprozess** in der Region Bratislava zeigt sich auch an zahlreichen Standorten des Dienstleistungssektors. Als Hauptstadt und Regierungssitz der Slowakei stellt Bratislava einen bedeutenden **Standort für Verwaltung, Justiz und den Finanzsektor**, aber auch für **Handels- und Logistikunternehmen** sowie **Service und Beratung** dar. Des Weiteren gibt es verschiedene **Standorte für Bildung**, z. B. eine Universität, sowie **Kultur und Gesundheit**. Seit 1989 ist außerdem ein **Gründerzentrum** im Nordosten in der Nähe von Han-

Strukturwandel

delsunternehmen und des **Messestandortes** entstanden. Je ein Standort für ein Einkaufszentrum und einen Hypermarkt mit Selbstbedienung sind ebenfalls hinzugekommen (M 3, M 8).

Im Vergleich zur wirtschaftlichen Entwicklung der Gesamtslowakei zeigt sich die wirtschaftliche Bedeutung der Hauptstadtregion. Ein **wachsendes BIP je Einwohner**, eine **sinkende Arbeitslosenrate** sowie die **Veränderung der Beschäftigungsstruktur** sind auch für die gesamte Slowakei kennzeichnend. Jedoch werden bei genauer Betrachtung dieser Indikatoren signifikante Unterschiede deutlich. Das BIP pro Einwohner hat sich in der Slowakei von 1995 bis 2009 zwar verdreifacht: während es 1995 noch bei 3 602 € je Einwohner lag, betrug es 2009 11 609 € je Einwohner. Jedoch liegt es insgesamt deutlich unter dem BIP je Einwohner in der Region Bratislava. Die Arbeitslosenrate ist von 14,0 % im Jahr 1995 auf 12,5 % im Jahr 2010 gesunken. In der Beschäftigungsstruktur wird wie in der Hauptstadtregion der **Trend zur Tertiärisierung** deutlich. Der tertiäre Sektor hat als einziger Wirtschaftssektor im Zeitraum von 1995 bis 2009 einen Zuwachs von Beschäftigten aufzuweisen. 1995 waren ca. 1 Mio. Menschen in diesem Sektor beschäftigt, 2009 waren es ca. 1,2 Mio. Im Gegensatz zur Region Bratislava, die insgesamt einen Zuwachs an Beschäftigten zu verzeichnen hatte, ist die Beschäftigtenzahl in der gesamten Slowakei jedoch um etwa 200 000 zurückgegangen und lag 2009 bei ca. 1,75 Mio. Dieser Rückgang ist auf **Arbeitsplatzverluste** im primären und sekundären Sektor zurückzuführen. Der primäre Sektor wies 2009 nur noch etwa ein Drittel der Beschäftigten im Vergleich zu 1995 auf, der sekundäre Sektor hat ca. ein Viertel der Beschäftigten in diesem Zeitraum verloren (M 2, M 8).

Die **positiven Trends** der wirtschaftlichen Entwicklung zeigen sich in fast allen Regionen der Slowakei. In allen Regionen ist das BIP je Einwohner von 1995 bis 2009 gestiegen, allerdings liegt es deutlich unter dem Bratislavas. So betrug es im Jahr 2009 in der im Südosten des Landes gelegenen Region Košice etwa ein Drittel, in der im Nordosten gelegenen Region Prešov etwa ein Viertel des BIP/Einwohner der Hauptstadtregion. Die Arbeitslosenrate ist dagegen nur in sechs der acht Regionen gefallen. In der Region Prešov hat sie geringfügig um 0,4 % zugenommen, in der zentral im Süden gelegenen Region Banská Bystrica ist sie sogar um 3,3 % gestiegen und erreichte 2010 18,9 %. Anzumerken ist aber auch hier, dass die Arbeitslosenrate in den weiter von der Hauptstadtregion entfernten Regionen sich auf einem deutlich höheren

Bedeutung der Hauptstadtregion

Gesamtentwicklung

Niveau bewegt. So wiesen die beiden östlich gelegenen Regionen Prešov und Košice 2010 eine Arbeitslosenrate von 17,8 bzw. 16,8 % auf (M 2).

Die Impulse für die wirtschaftliche Entwicklung sind auf verschiedene Rahmenbedingungen zurückzuführen, die die Wirtschaft im Rahmen der **Transformation** positiv beeinflusst haben. Bereits elf Jahre nach Auflösung der Tschechoslowakei konnte die Slowakei 2004 der **EU beitreten.** Infolgedessen fielen nicht nur die Grenzkontrollen zu Österreich im Jahr 2007 weg, sondern die Slowakei trat 2009 auch der Euro-Zone bei und die bisherige Landeswährung Slowakische Krone wurde von der europäischen Währung ersetzt. Positiv wirkte sich auch eine **unternehmensfreundliche Steuerpolitik** aus, im Zuge derer die Steuersätze von 1999 bis 2004 jährlich gesenkt wurden und seit 2004 bei 20 % liegen. Daher befand sich der Steuersatz bereits im Jahr 2000 unter dem Niveau von Österreich und Deutschland. Des Weiteren sind die **Arbeitskosten** im verarbeitenden Gewerbe im internationalen Vergleich immer noch niedriger. Obwohl sich die Arbeitskosten bis 2010 fast vervierfacht haben, betragen sie durchschnittlich mit ca. 11 US-$ pro Stunde in der Slowakei gerade ein Viertel der Arbeitskosten in Deutschland. Auch in Österreich und den USA liegen die Arbeitskosten mit ca. 40 bzw. 35 US-$ pro Stunde deutlich über dem Niveau der Slowakei (M 2, M 4).

Günstige politische Rahmenbedingungen

Die Tatsache, dass sich die positive wirtschaftliche Entwicklung zwar in allen Regionen der Slowakei bemerkbar macht, die Region Bratislava aber offensichtlich am meisten profitiert, wie das enorme Wachstum des BIP/Einwohner sowie die steigende Anzahl an Beschäftigten verdeutlicht, zeigt, dass sich die **regionalen Disparitäten** seit 1995 vertieft haben. Dies ist einerseits begründet in der **grenznahen Lage** zum Nachbarland Österreich und der Stellung Bratislavas als Hauptstadt der Slowakei, andererseits weist diese Region eine **überdurchschnittliche Arbeitsproduktivität** auf. Diese lag 2010 4 % über dem EU-Durchschnitt, während die Slowakei diesbezüglich insgesamt 25 % unter dem EU-Durchschnitt liegt. Hierdurch hat sich die Arbeitsproduktivität dem Nachbarland Österreich angenähert, das 2010 in diesem Bereich nur noch 15 % über dem EU-Durchschnitt lag (M 1–M 5).

Regionale Disparitäten

Der Bedeutungsüberschuss der Hauptstadtregion wird auch in der Höhe der **Auslandsdirektinvestitionen** deutlich. Seit 1997 weisen diese in der übrigen Slowakei und in der Region Bratislava einen parallel verlaufenden stetigen Anstieg auf. Insgesamt wurde

Attraktivität Bratislavas für Investoren

2010 eine Summe von etwa 37 Mrd. € erreicht, was ein Vielfaches der Summe von ca. 2 Mrd. € in 1997 darstellt. Der größte Anteil der ADI ist allerdings in die Region Bratislava geflossen. Während bis 2000 nur ein geringer Teil der übrigen Slowakei zukam, vergrößerte sich dieser Anteil zwar, jedoch erhielt die Region Bratislava seit 2003 in etwa zwei Drittel der ADI. Die Region Bratislava profitiert hinsichtlich der ADI von den **günstigen Rahmenbedingungen für ausländische Investoren**. Die steigende Summe an ADI konnte wiederum Impulse für die regionale Wirtschaft geben, die sich beispielsweise in einer hohen Anzahl von **Industrie- und Dienstleistungsstandorten** niederschlägt, und steht damit in einem direkten Zusammenhang zur positiven wirtschaftlichen Entwicklung der Hauptstadtregion (M 2 – M 4, M 7).

Ein bedeutender ausländischer Investor ist der **Automobilkonzern VW**, der 1991 durch die Gründung eines Joint Venture Fuß fassen konnte und die Produktion von Kraftfahrzeugen aber auch von Fahrzeugteilen als Teil der neuen VW-Tochter VW Slovakia sukzessive ausbaute. Von 1991 bis 2010 investierte der Konzern insgesamt ca. 1,9 Mrd. € in die Automobilproduktion in der Slowakei. Bis 2003 stieg die Pkw-Produktion von VW kontinuierlich auf 280 000 Fahrzeuge an. 1999 wurden 80 % der Autoteile importiert, die bei VW Bratislava gefertigten Autos wurden jedoch zu fast 100 % exportiert. Seit 2000 wurden **weitere VW-Werke** sowohl für die Produktion von Fahrzeugteilen in der Region Žilina und zur Vorbereitung von VW-Fahrzeugen für den russischen Markt in der Region Košice, als auch drei **VW-Zuliefererparks** in der Nähe des VW-Werks in Bratislava eröffnet. Die Importquote von Autoteilen wurde auf diese Weise reduziert, für den Polo lag sie 2006 bei nur noch 40,5 %. 2011 wurde die Produktionspalette, die am Standort Bratislava vor allem die Karosseriefertigung für die SUV-Sparte des Konzerns umfasste, um die Produktion der New Small Family erweitert. Die Fahrzeugproduktion ist nach wie vor fast ausschließlich auf den **Export** ausgerichtet. Im Zuge der Expansion ist auch ein **Anstieg der Beschäftigten** bei VW zu verzeichnen. Im Jahr 1997 arbeiteten bei VW Bratislava 3 000 Beschäftigte, 1999 waren es bereits 5 000. Insgesamt hatte VW Slovakia 2011 8 400 Beschäftigte, wovon 80 % in Bratislava arbeiteten. Durch die räumliche Nähe Bratislavas zu Österreich wird die Verknüpfung der Arbeitsmärkte ermöglicht, da die VW-Standorte auch Arbeitsplätze für österreichische Arbeitnehmer bieten. Im

Entwicklung des Automobilstandortes

Jahr 2010 kamen 25 % der Beschäftigten bei VW Bratislava aus Österreich (M 5, M 6).

Durch die kontinuierliche Ausweitung der VW-Produktion in der Slowakei wurden weitere ausländische Automobilhersteller wie Citroen oder Kia angezogen und so die **Konkurrenzsituation** für VW verschärft. Seit 2005 schwanken die Produktionszahlen von VW und konnten das Niveau von 2003 nicht mehr erreichen. Insgesamt ist die Pkw-Produktion aber durch die Ansiedlung weiterer Unternehmen deutlich angestiegen und erreichte 2011 fast 650 000 Pkw, wovon etwa ein Drittel auf VW-Fahrzeuge entfiel (M 6).

Die wirtschaftliche Entwicklung des Landes sowie insbesondere der Region Bratislava und die daraus resultierenden Disparitäten werden auch durch das **Wanderungssaldo** verdeutlicht. Insgesamt hat die Slowakei im Zeitraum von 2001 bis 2010 ein positives Saldo von 35 056 Einwohnern aufzuweisen. Während die abgelegenen Regionen in der Mitte und im Osten jedoch ein negatives Saldo aufweisen, zeigt sich der **Bedeutungsüberschuss** der Hauptstadtregion in einem positiven Wanderungssaldo in der Region Bratislava selbst, aber auch in der umliegenden Region Trnava und der sich anschließenden Region Nitra (M 2).

Demographische Entwicklung

Teilaufgabe 3

Der Operator „erörtern" (Anforderungsbereich III) verlangt von Ihnen das Abwägen zwischen Pro und Kontra mit dem Ziel einer abschließenden eigenen Urteilsbildung. In dieser Teilaufgabe wird von Ihnen erwartet, dass Sie die Chancen und Risiken des „Twin City"-Konzeptes für die Region Bratislava, aber auch für die Gesamtslowakei begründet gegeneinander abwägen und abschließend beurteilen (M 2–M 5, M 9, M 10).

Die Städte Wien und Bratislava sind nicht nur die Hauptstädte, sondern auch die **wirtschaftlichen Zentren** Österreichs und der Slowakei. Der Anteil des tertiären Sektors ist in beiden Hauptstadtregionen hoch: in Wien lag der Anteil 2009 bei 83,1 %, in Bratislava bei 79,1 %. Während in der österreichischen Hauptstadtregion der größte Anteil der Beschäftigten 2006 im Bereich der unternehmensnahen Dienstleistungen vorzufinden war, stellte diesen in der Region Bratislava der Bereich Transport und Logistik. Große Unterschiede weisen die Städte bei den Beschäftigten im Bereich Forschung und Bildung auf. In Wien lag der Wert mit

Hauptstädte Wien und Bratislava

1,2 % der Erwerbsbevölkerung deutlich über dem EU-Durchschnitt von 0,53 %. In Bratislava waren dagegen nur 0,14 % der Erwerbsbevölkerung in diesem Bereich tätig (M 3, M 9).

Das **Twin City-Konzept** zwischen Wien und Bratislava zielt u. a. darauf ab, im Bereich „Bildung und Forschung" zu kooperieren. Hierzu wird die Zusammenarbeit der 20 Universitäten und Hochschulen der Region Wien mit den sechs Universitäten und Hochschulen in der Westslowakei angestrebt. Darüber hinaus beinhaltet das Konzept **gemeinsame Aus- und Weiterbildungsprojekte** von Firmen und Verwaltung sowie die **Kooperation von Industrieunternehmen, Finanzinstitutionen und Wirtschaftsverbänden**, die u. a. über die Industrieplattform Twin City Wien-Bratislava erfolgt. In der Automobilindustrie sind zudem wechselseitige Studienaufenthalte und Praktika von Lehrlingen, Lehrkräften und Werkmeistern/-meisterinnen in beiden Ländern vorgesehen (M 10).

Kooperation der Hauptstädte

Der gegenseitige grenzübergreifende Austausch wird vereinfacht durch die Schaffung von Informations- und Kommunikationsplattformen im Internet, aber auch durch den **Ausbau der Verkehrsinfrastruktur**. So wurden seit 2004 nach und nach zusätzliche Verkehrsverbindungen geschaffen, die für die im Jahr 2006 bereits 100 000 **Pendler** zwischen Wien und Bratislava vielfältige Anbindungsmöglichkeiten bieten. Hierzu zählen neue **Autobahn- und Schnellstraßenverbindungen**, durch die v. a. Lücken im bestehenden Straßennetz geschlossen werden, sodass ein vollständiger Autobahnring, der beide Städte einschließt, entsteht. Ergänzt wird die Verkehrsinfrastruktur durch den **Ausbau des Schienennetzes**. Einerseits werden auch hier bereits bestehende Strecken erweitert, um verschiedene Anbindungen zwischen den Hauptstädten herzustellen, andererseits wurde aber auch die Städteexpress-Verbindung geschaffen, die auf kürzestem Wege die beiden Städte miteinander verbindet. Im Zuge des Schienenausbaus werden außerdem die Hauptbahnhöfe neu gebaut. In Wien soll dieses Projekt bis 2015, in Bratislava bis 2013 umgesetzt werden. Auf der slowakischen Seite ist zudem der Bau einer Donauquerung notwendig. Auch die **Anbindung der Flughäfen** wird bei der Verkehrsplanung in den Blick genommen. Beide Flughäfen liegen außerhalb der Stadtzentren, in Wien im Südosten, in Bratislava im Nordosten, und beide erhalten sowohl eine Anbindung ans Schienen- als auch ans Autobahnnetz. Eine weitere Verkehrsverbindung zwischen Wien und Bratislava stellt die Donau dar, auf

Entwicklung der Infrastruktur

der seit 2006 ein Twin City-Schiff als Shuttle-Boot verkehrt. Diese **verkehrsinfrastrukturelle Aufwertung**, die durch das Twin City-Konzept erfolgt, hat Impulse für die positive wirtschaftliche Entwicklung und den Ausbau des tertiären Sektors insbesondere in der Region Bratislava gegeben (M 3, M 10).

Politische Ebene

Das Jahr 2006 markiert auch den Beginn der engen Zusammenarbeit zwischen der österreichischen und der slowakischen Hauptstadt. Projekte, die im Rahmen dieser **Städtekooperation** umgesetzt werden, erhalten eine regionale EU-Strukturförderung über die Interreg IIIa. Im Jahr 2010 wurde dann die Twin City-Vereinbarung zwischen Wien und Bratislava unterzeichnet und so der Weg für die weitere Zusammenarbeit geebnet (M 10).

Positive Auswirkungen

Aus dieser Zusammenarbeit ergeben sich Chancen nicht nur für die Region Bratislava, sondern auch für die gesamte Slowakei. Das Bundesland Wien weist im Vergleich zur Region Bratislava eine etwa doppelt so **hohe Kaufkraft** auf und ist daher als **Absatzmarkt** für die slowakische Industrie von Bedeutung, sodass ein verbesserter Zugang zu diesem vorteilhaft sein kann. Zudem wird der bereits bestehende **Wirtschaftsschwerpunkt Transport und Logistik** weiter gestärkt. Die Bevölkerung Bratislavas profitiert auch von einem größeren Arbeitsplatzangebot durch die Anbindung an die österreichische Seite. Die übrigen Regionen der Slowakei profitieren vor allem dadurch, dass auch Betriebe außerhalb Bratislavas, z. B. die dort entstandenen VW-Betriebe, Aufträge erhalten. Nach dem Vorbild von VW können darüber hinaus weitere Zweigwerke anderer Unternehmen entstehen und Impulsgeber für die wirtschaftliche Entwicklung auch außerhalb der Hauptstadt sein. Der Austausch von Know-how, vor Ort z. B. in Form von Praktika, aber auch übers Internet, ist als weiterer positiver Aspekt zu nennen (M 3, M 5, M 9, M 10).

Nachteile

Dennoch werden diese positiven Aspekte durch verschiedene Risiken, die die Kooperation der Städte birgt, relativiert. Durch die Verknüpfung der Arbeitsmärkte werden die täglichen **Pendlerströme** verstärkt, was trotz des Ausbaus der Infrastruktur zu **Verkehrsproblemen** führen kann und auch **ökologische Folgen** mit sich bringt. Zudem wird so die Konkurrenzsituation zwischen slowakischen und österreichischen Firmen erhöht. Trotz des höheren Stundenlohns ist Österreich und auch das Bundesland Wien aufgrund der immer noch höheren Arbeitsproduktivität im Vergleich zur Slowakei und Bratislava möglicherweise für Unternehmen attraktiver. Für die Gesamtslowakei ergeben sich durch die enge

Städteverbindung in erster Linie räumliche Nachteile. Die Stellung Bratislavas als **wirtschaftliches Zentrum im Westen** des Landes wird weiter gestärkt, wodurch die übrigen Regionen von der Entwicklung abgekoppelt werden. Die bereits bestehenden **regionalen Disparitäten** innerhalb der Slowakei werden aufrechterhalten oder im schlimmsten Fall sogar vergrößert. Dem Ziel der EU-Regionalpolitik, Disparitäten abzumildern, wird auf diese Weise entgegengearbeitet (M 2, M 4, M 9, M 10).

Wägt man die Chancen und Risiken des Twin City-Konzeptes Fazit gegeneinander ab, wird deutlich, dass sich schwerwiegende Nachteile für die Regionen außerhalb der Hauptstadtregion Bratislava ergeben und die Gefahr besteht, dass diese abgehängt werden, während der Bedeutungsüberschuss Bratislavas wächst. Daher ist es von entscheidender Bedeutung, auch die übrigen Regionen bei der wirtschaftlichen und verkehrsinfrastrukturellen Entwicklung nicht aus dem Blick zu verlieren, sondern in diesen Prozess zu integrieren. Die positiven Trends in den an die Region Bratislava angrenzenden Regionen zeigen, dass die Ausstrahlungseffekte der Hauptstadtregion genutzt werden können. Das Twin City-Konzept sollte daher dazu beitragen, die gesamte Slowakei mit dem Zugpferd Bratislava als Wirtschaftsstandort zu stärken.

Thema
Aktuelle Stadtentwicklungsprozesse in Deutschland –
Das Beispiel Wulfen-Barkenberg

Aufgabenstellung   Punkte

1. Lokalisieren Sie Wulfen-Barkenberg, beschreiben Sie die Planungskonzeption der „Neuen Stadt Wulfen" und deren bis Ende der 1980er-Jahre
   erfolgte Umsetzung.   24

2. Erläutern Sie die Entwicklung des Stadtteils Wulfen-Barkenberg bis zur
   Gegenwart.   35

3. Nehmen Sie kritisch Stellung zum Stadtumbaukonzept Wulfen-
   Barkenberg.   21

Zugelassene Hilfsmittel
– der an der Schule in der Qualifikationsphase überwiegend verwendete Atlas,
  in einer für alle Prüflinge gleichen Auflage
– Wörterbuch zur deutschen Rechtschreibung
– Taschenrechner

Materialgrundlage

M 1 Atlaskarten nach Wahl

M 2 Steckbrief Wulfen-Barkenberg

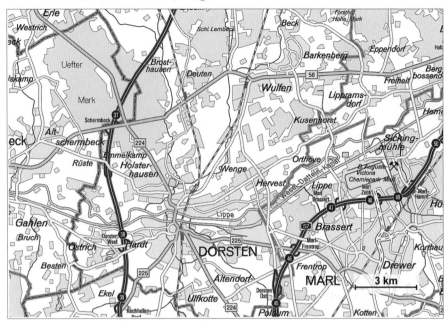

1958	Bau einer Schachtanlage zur Steinkohleförderung in Wulfen. Damaliger Planungsstand für das Jahr 1990: ca. 8 000 Beschäftigte im Bergwerk
1960	Gründung der Entwicklungsgesellschaft Wulfen. Zur Unterbringung der Belegschaft und deren Familien soll neben der bestehenden Gemeinde Wulfen eine komplett „**Neue Stadt**" errichtet werden. Geplante Siedlungsgröße: 53 000 Menschen bis zum Jahr 2015
ca. 1965	Deutliche Anzeichen, dass weder der Bergbau genügend Arbeitsplätze zur Verfügung stellt noch andere Unternehmen ihren Standort in Wulfen wählen.
1975	Von der geplanten „**Neuen Stadt Wulfen**" wird nur **Wulfen-Barkenberg** realisiert und gemeinsam mit „Alt-Wulfen" zu Dorsten eingemeindet. Statt der geplanten 8 000 hat das Bergwerk nie mehr als ca. 400 Beschäftigte. Das Einwohnerziel wird auf 20 000 zurückgenommen.
1987	Leerstandsquote: 18 % (1984); die Landesentwicklungsgesellschaft (LEG) NRW übernimmt für 1 D-Mark 511 Wohnungen in Barkenberg; Beginn der Subventionierung der Mietpreise; Abriss einzelner Gebäude wegen schwerer Baumängel
1996	In einigen Wohnblocks im Zentrum von Barkenberg liegt der Mieteranteil mit Migrationshintergrund bei 72,9 %, davon 52,4 % aus den ehemaligen GUS-Staaten.
2000	Ende des Förderbetriebes der Schachtanlage Wulfen 1/2
2004	Aufnahme des Stadtumbauprojekts Wulfen-Barkenberg in das staatliche Förderprogramm „Stadtumbau West"

Quellen: http://www.barkenberg.de/html/der_anfang.html (Zugriff 09. 11. 2011);
Bader, Silvia: Soziale Stadtentwicklung in Wulfen-Barkenberg. Eine sozialwissenschaftliche Analyse.
Bochum: Fakultät für Sozialwissenschaft, Ruhr-Universität Bochum, 2004, S. 15 ff.;
© Regionalverband Ruhr, Kommunalverband Ruhrgebiet

M 3 Planungsskizze der „Neuen Stadt Wulfen" (um 1960)

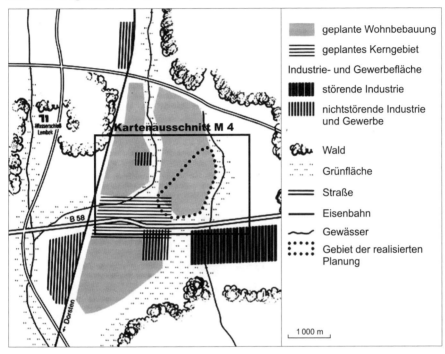

Quelle: © Regionalverband Ruhr, Kommunalverband Ruhrgebiet

M 4 Wulfen-Barkenberg: Ausbaustand Ende 1980er-Jahre (siehe Farbabbildungen)

Quelle: © Regionalverband Ruhr, Kommunalverband Ruhrgebiet

M 5 Einwohnerentwicklung Wulfen-Barkenberg

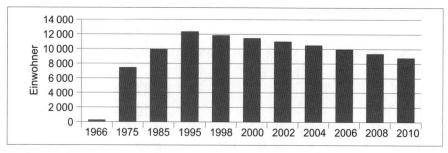

Quellen:
Stadt Dorsten (Hg.): Wulfen-Barkenberg – Städtebauliches Entwicklungskonzept. Dorsten 2007, S. 37;
Stadt Dorsten, Planungs- und Umweltamt 2011

M 6 Daten zur Sozialstruktur

	2002		2010	
	Wulfen-Barkenberg	Dorsten	Wulfen-Barkenberg	Dorsten
Einwohner	11 032	81 919	9 005	77 694
Anteil der unter 18-Jährigen	24,7 %	21,2 %	16,8 %	17,0 %
Arbeitslosenquote	13,6 %*	11,2 %	12,2 %	8,2 %
Anteil der Deutschen mit Migrationshintergrund	13,8 %	4,6 %	k. A.	k. A.
Ausländeranteil	6,7 %	5,4 %	k. A.	k. A.
Anteil aller Einwohner mit Migrationshintergrund	20,5 %	10,0 %	20,5 %	11,1 %
Anteil der Arbeitslosengeld-II-Empfänger (unter 65 Jahre)	k. A.	k. A.	23,3 %	11,4 %
Anteil der alleinerziehenden Arbeitslosengeld-II-Empfänger (18–59 Jahre)	k. A.	k. A.	2,43 %	1,73 %

* inkl. Alt-Wulfen

Anmerkung: 2001 flossen 50 % der Aufwendungen des Jugendamtes Dorsten nach Barkenberg
(Anteil von Barkenbergern an allen Dorstener Jugendlichen: 17 %).

Quellen:
Stadt Dorsten, Amt für Familie und Jugend, Schule und Sport, 2011;
Bader, Silvia: Soziale Stadtentwicklung in Wulfen-Barkenberg. Eine sozialwissenschaftliche Analyse.
Bochum: Fakultät für Sozialwissenschaft, Ruhr-Universität Bochum, 2004, S. 15 ff.

M 7 Stadtumbaugebiet Wulfen-Barkenberg

Quelle: © Stadt Dorsten (Plan nicht auf dem aktuellen Stand > www.stadtumbau-barkenberg.de)

Anmerkung: Dargestellt ist der Kernbereich des Stadtumbaugebietes vor
Umsetzung der ersten Maßnahme 2006.

M 8 Umbaumaßnahmen Wulfen-Barkenberg seit 2007
(siehe Farbabbildungen)

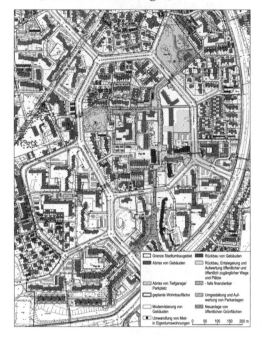

M 9 Finanzierung des Stadtumbauprojektes Wulfen-Barkenberg

Der Stadtumbauprozess umfasst öffentlich geförderte und private Maßnahmen in Höhe von knapp 24 Millionen Euro.

Die bei Projektstart anerkannten förderfähigen Kosten von über 18 Millionen Euro sind im Laufe der Projektentwicklung und allgemeiner Einsparungen nunmehr auf 14 Millionen Euro reduziert. Diese Kosten verteilen sich auf die vier zwischen den Jahren 2007 und 2012 erfolgten bzw. vorgesehenen Förderabschnitte.

80 % der Kosten werden vom Land NRW und vom Bund gefördert, 20 % trägt die Stadt Dorsten.

Im November 2010 kündigte die Landesentwicklungsgesellschaft (LEG) den Kooperationsvertrag mit der Stadt Dorsten auf, sodass der vierte Bauabschnitt, in dem zusätzlich zu den 300 bereits zurückgebauten Wohneinheiten weitere 100 vom Markt genommen werden sollten, unterbleibt.

Quellen:
http://www.stadtumbau-barkenberg.de/html/5_2_5_projektfinanzierung.html;
http://www.staedtebaufoerderung.info/nn_900918/StBauF/DE/StadtumbauWest/Praxis/Kommunal/Praxis
beispiele/Massnahmen/Dorsten/Dorsten_inhalt.html (Zugriff jeweils 12. 11. 2011)

M 10 Geplante Neunutzungen für frei werdende Flächen in Wulfen-Barkenberg

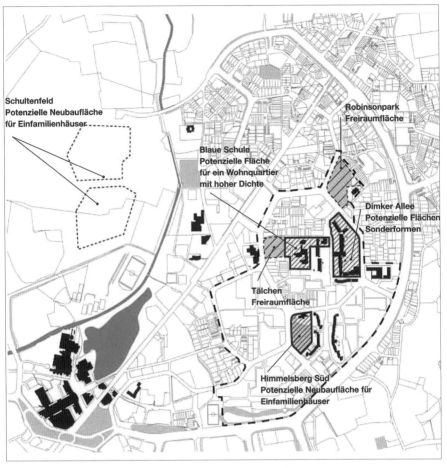

Quelle: © Stadt Dorsten (Plan nicht auf dem aktuellen Stand > www.stadtumbau-barkenberg.de)

Die Aufgabe bezieht sich auf die folgenden **inhaltlichen Schwerpunkte:**
- Wandel von Standortfaktoren in seiner Wirkung auf industrieräumliche Strukturen
  - Standortentscheidungen im Zusammenhang mit harten und weichen Standort-faktoren
  - Hauptphasen des industriellen Strukturwandels
- Siedlungsentwicklung in Abhängigkeit von soziokulturellen und politischen Leitbildern
  - Aktuelle Leitbilder der Stadtentwicklung

Lösungsvorschlag

Teilaufgabe 1

Der Operator „lokalisieren" (Anforderungsbereich I) erfordert zunächst die Einord-nung des Raumbeispiels Wulfen-Barkenberg in Ihnen bekannte Orientierungsraster. Anschließend sollen Sie gemäß den Anforderungen an den Operator „beschreiben" (Anforderungsbereich I), Materialaussagen/ Sachverhalte mit eigenen Worten geord-net und fachsprachlich angemessen wiedergeben. In dieser Teilaufgabe ist die Dar-stellung der Planungskonzeption für die „Neue Stadt Wulfen" sowie deren Umset-zung zunächst nur bis zum Ende der 1980er-Jahre erforderlich (M 1–M 5, M 7.)

Die Stadt Wulfen liegt am nördlichen Rand des Ruhrgebiets nördlich der Städte Dorsten und Marl und südwestlich von Hal-tern. Der Stadtteil Wulfen-Barkenberg befindet sich nördlich der B 58, die diesen neuen Stadtteil von der alten Gemeinde Wulfen trennt. Seit 1975 zählt der Stadtteil durch die zeitgleiche Einge-meindung mit Alt-Wulfen zu Dorsten (M 1, M 2). Lage

Der Stadtteil Wulfen-Barkenberg entstand als Teil des **Planungs-konzeptes** der „Neuen Stadt Wulfen", das 1960 entwickelt wurde. Hintergrund für diese Planung war der 1958 fertiggestellte Bau einer **Schachtanlage** in Wulfen, in der nach damaligem Stand 8 000 Arbeiter beschäftigt werden sollten. Die „Neue Stadt Wul-fen" sollte demnach als **Wohnort** für diese Beschäftigten dienen (M 2). Planungskonzept „Neue Stadt Wulfen"

Die Planung für die „Neue Stadt Wulfen", die nordöstlich neben der bestehenden Gemeinde Wulfen, sozusagen auf der „**grünen Wiese**" gebaut werden sollte, war für etwa 53 000 Menschen bis zum Jahr 2015 ausgelegt. Die Wohnbebauung sollte in drei Berei-chen realisiert werden, wovon zwei Gebiete nördlich der B 58 und eins südlich hiervon lagen. Als verbindendes Element war ein **Kerngebiet** geplant, das quer zur Bundesstraße verlaufen und an Planungsbereiche alle drei **Wohngebiete** grenzen sollte. Die Planung sah eine deutliche **funktionale Trennung** von Wohngebieten, Industrie- und Gewerbeflächen vor. Zwei der geplanten **Gewerbeflächen** waren am Rand der Wohngebiete vorgesehen, zwei weitere abseits dieser Flächen jenseits der Eisenbahnlinie, die nach Dorsten führt. Die geplante **Industriefläche** sollte mit deutlichem Abstand von den Wohngebieten südlich der B 58 entstehen (M 2, M 3).

Bereits Mitte der 1960er-Jahre zeichnete sich durch die ersten **Krisen im Montansektor** ab, dass der Bergbauschacht in Wulfen nicht die erwarteten Arbeitsplätze bieten konnte. Statt der erwarteten 8 000 waren nie mehr als 400 Menschen im Wulfener Bergwerk beschäftigt. Auch andere Unternehmen siedelten sich nicht hier an, sodass schließlich nur ein kleiner Teil der ursprünglichen Planung umgesetzt wurde. Dies bedeutete, dass die Planung auf den Teil Barkenberg beschränkt und für eine viel **geringere Bevölkerungszahl** umgesetzt wurde. 1975 lebten etwa 7 000 Menschen in diesem neuen Stadtteil, bis 1985 wuchs die Einwohnerzahl auf 10 000, was immer noch unterhalb des zurückgenommenen **Einwohnerziels** von 20 000 lag (M 2, M 4, M 5).

Das Gebiet Wulfen-Barkenberg zeichnet sich durch eine **dichte Bebauung** aus, die in **Mehrfamilienhäusern** z. T. mit Hochhauscharakter realisiert wurde. Der Großteil dieser Häuser hat eine Geschosshöhe von 1–4, ein kleinerer Teil im Zentrum und um dieses herum sowie ein Gebäude in der Nähe des Barkenbergsees haben mehr als vier Etagen. Die Wohngebiete im Kernbereich wurden **polygonartig** angelegt und gegeneinander durch breite, z. T. **mehrspurige Straßen** voneinander abgegrenzt. Um den Kern herum führt eine **Ringstraße**, die halbkreisförmig östlich um den Stadtteil verläuft, sich mit einigen Querstraßen kreuzt und am südwestlichen und nordwestlichen Punkt ohne weiterführende Anbindung endet. Nach Süden verlaufen verschiedene Anbindungen an die B 58 (Dülmener Straße) und über den Marler Damm gibt es eine Verbindung zur Stadt Marl. Alle Wohneinheiten sind von **öffentlichen** und **privaten Grünflächen** durchzogen. Insgesamt ist Barkenberg jedoch durch eine **bauliche Monotonie** gekennzeichnet (M 2, M 4, M 7).

Die ursprünglich geplante **funktionale Trennung** wurde in Barkenberg beibehalten. Eine **Industrie- und Gewerbefläche** schließt sich im Süden an das Wohngebiet an und ist durch die Ringstraße von diesem räumlich getrennt. Eine weitere liegt südöstlich jenseits der B 58. Hier befindet sich auch der Schacht Wulfen. Verschiedene **zentrale Einrichtungen** für die Nachbarschaft, aber auch für den Stadtteil befinden sich im zentralen Kerngebiet sowie vor allem außerhalb der Wohngebiete am westlichen und südwestlichen Rand des Stadtteils. Hierzu zählen u. a. Schulen, Kindergärten, Sportplätze und Turnhallen sowie eine Bücherei, ein Gemeinschaftshaus und ein Marktplatz (M 4, M 7).

Teilaufgabe 2

Der Operator „erläutern" (Anforderungsbereich II) verlangt von Ihnen, dass Sie aus dem Material entnehmbare Zusammenhänge verdeutlichen. In dieser Teilaufgabe sollen Sie die weitere Entwicklung des Stadtteils Wulfen-Barkenberg bis zur Gegenwart aufzeigen (M 2, M 5, M 6, M 8, M 9).

Die weitere Entwicklung von Wulfen-Barkenberg seit dem Ende der 1980er-Jahre ist gekennzeichnet durch die Zunahme **sozialer Probleme** und die damit verbundene **Abwertung des Stadtteils**. Im Jahr 1995 erreichte die Einwohnerzahl in Wulfen-Barkenberg ihr Maximum von etwas mehr als 12 000. In den folgenden Jahren war ein kontinuierlicher **Rückgang der Bevölkerung** festzustellen. Im Jahr 2010 lag die Einwohnerzahl mit ca. 9 000 sogar unter dem Wert von 1985. Dieser Bevölkerungsrückgang ist u. a. zurückzuführen auf die **wirtschaftliche Entwicklung** des Stadtteils, die mit dem **Ende des Förderbetriebs** im Schacht Wulfen im Jahr 2000 ihren Tiefpunkt erreichte (M 2, M 5, M 6).

Soziale und demographische Entwicklung

Als Folge der wirtschaftlichen und demographischen Entwicklung hat sich in Wulfen-Barkenberg eine **Sozialstruktur** herausgebildet, die im Vergleich zur Stadt Dorsten einige signifikante Unterschiede aufweist. So lag der Anteil von **Einwohnern mit Migrationshintergrund** 2002 in Barkenberg bei 20,5 %, während er in Dorsten nur etwa halb so hoch war (10 %). Während das Verhältnis von Ausländern zu Deutschen mit Migrationshintergrund in Dorsten nur um 0,8 % voneinander abwich, fiel in Barkenberg auf, dass der Anteil der Deutschen mit Migrationshintergrund mit 13,8 % deutlich über dem Anteil von Ausländern mit 6,7 % lag. Bis zum Jahr 2010 hatte sich der Anteil aller Einwohner mit Migrationshintergrund in Barkenberg nicht verändert, in Dorsten war eine geringe Zunahme von 1,1 % festzustellen (M 6).

Darüber hinaus fällt auf, dass die **Arbeitslosenquote** in Barkenberg höher ist als in Dorsten. 2002 betrug diese in Wulfen-Barkenberg 13,6 % und in Dorsten 11,2 %. Dieser auf den ersten Blick

Arbeitslosigkeit und Sozialleistungen

eher geringe Unterschied wird dadurch relativiert, dass die Arbeitslosenquote von Alt-Wulfen mit einbezogen wurde. Ohne Alt-Wulfen ist für Barkenberg ein weitaus höherer Wert anzunehmen. Diese Annahme wird durch die Daten für das Jahr 2010 bestätigt. Sowohl in Wulfen als auch in Dorsten ist die Arbeitslosenquote zurückgegegangen. Barkenberg alleine weist jetzt eine Quote von 12,2 % auf, Dorsten eine Quote von 8,2 %. Auch in Bezug auf die **Arbeitslosengeld-II-Empfänger** gibt es signifikante Unterschiede. Diese betreffen vor allem die **Gruppe der unter 65-Jährigen**, also die Gruppe der Erwerbstätigen sowie Kinder und Jugendlichen. In Barkenberg beziehen 2010 mehr als ein Fünftel dieser Bevölkerungsgruppe, nämlich 23,3 %, diese Sozialleistung. In Dorsten sind es im Vergleich nur 11,4 %. Auch der Anteil der **alleinerziehenden ALG-II-Empfänger** im Alter von 18–59 Jahren ist in Barkenberg höher. Er liegt bei 2,43 %, während er in Dorsten 1,73 % beträgt. Weitere finanzielle Unterstützung erhält die jugendliche Bevölkerung durch Zahlungen des Jugendamtes. 2001 flossen 50 % der **Aufwendungen des Jugendamtes** Dorsten nach Barkenberg, obwohl der Anteil der Jugendlichen in Barkenberg nur 17 % aller Dorstener Jugendlichen ausmacht. Dies zeigt, dass die Altersgruppe der unter 18-Jährigen besonders von den sozialen Problemen im Stadtteil betroffen ist, denn der Anteil dieser Altersgruppe an der Gesamtbevölkerung ist in Barkenberg und in Dorsten in etwa gleich (M 6).

Hieraus ergeben sich verschiedene Probleme für den Stadtteil Barkenberg. Bereits 1987 hat der Stadtteil eine **Leerstandsquote** von 18 % zu verzeichnen und die Landesentwicklungsgesellschaft übernahm für den symbolischen Kaufpreis von 1 DM 511 Wohnungen, was gleichzeitig den Beginn der **Subventionierung der Mietpreise** markiert. Dem beginnenden **Verfall der Bausubstanz** durch die zahlreichen Leerstände wurde schließlich mit **Abrissen** einzelner Gebäude begegnet. Der hohe Anteil an Einwohnern mit Migrationshintergrund spiegelt sich auch in den Wohnungsmietern wieder. Im Jahr 1996 lag der Anteil von Mietern dieser Gruppe in einigen Wohnblocks im Zentrum von Barkenberg bei 72,9 %, wovon 54,4 % aus den ehemaligen GUS-Staaten stammten. Diese Entwicklung verdeutlicht die Tendenzen zur **Ghettoisierung** des Stadtteils mit der Folge, dass sich sein **Image** weiter verschlechtert sowie, bedingt durch die **ungünstige Sozialstruktur**, der Stadtteil abgewertet wird (M 2, M 5, M 6).

Folgen

Um diesen Entwicklungstendenzen entgegenzuwirken, wurden Stadtumbaumaßnahmen für Wulfen-Barkenberg geplant. Dieses Projekt wurde 2004 in das staatliche Förderprogramm „**Stadtumbau West**" aufgenommen, was den besonderen Entwicklungsbedarf des Stadtteils unterstreicht, der durch die städtebaulichen und sozialen Probleme entstanden ist. Die seit 2007 getroffenen Umbaumaßnahmen verlaufen in **vier Förderabschnitten** und konzentrieren sich auf einen Teilbereich des Stadtteils, der das Zentrum und die südwestlich, südlich und südöstlich angrenzenden Gebiete bis zur Ringstraße sowie eine im Nordosten angrenzende Parkanlage umfasst. Im Zentrum und im südlichen Teil erfolgte der **Abriss** einiger Wohnblocks sowie einer Tiefgarage und eines Parkplatzes, sodass hier neue Flächen für **Wohnbebauung, u. a. für Einfamilienhäuser**, ausgewiesen werden konnten. Weiterhin wurden zahlreiche Wohnhäuser **saniert** und ca. 300 Wohneinheiten **zurückgebaut**. Zudem wurden zwei Blocks mit Mietwohnungen in Eigentumswohnungen umgewandelt. Der **Rückbau**, die **Entsiegelung** und **Aufwertung von Wegen und Plätzen** ist ebenso Bestandteil des Umbaus. Im südlichen Teil greifen diese Maßnahmen jedoch nur, falls sie finanzierbar sind. Die Schaffung von **Freiflächen** ist weiterer Bestandteil des Projekts. Hierzu gehören die **Um- und Aufwertung von Parkanlagen** sowie die **Neuanlage von öffentlichen Grünflächen**. Der Stadtumbauprozess in Wulfen-Barkenberg umfasst ein **finanzielles Volumen** von 24 Mio. €, die sich auf öffentlich geförderte und private Maßnahmen verteilen (M 2, M 4, M 8, M 9).

Stadtumbau

Teilaufgabe 3

Der Operator „kritisch Stellung nehmen" (Anforderungsbereich III) verlangt von Ihnen das Abwägen unterschiedlicher Argumente mit dem Ziel, zu einer abschließenden begründeten Einschätzung eines Sachverhaltes zu kommen. In dieser Teilaufgabe wird von Ihnen erwartet, dass Sie beurteilen, welche positiven und negativen Aspekte das Stadtumbaukonzept Wulfen-Barkenberg mit sich bringt. Abschließend soll auf der Grundlage Ihrer Argumentation ein begründetes Urteil formuliert werden (M 2, M 5, M 6, M 8–M 10).

Einerseits wird mit den Maßnahmen des Stadtumbaukonzepts Wulfen-Barkenberg auf **zentrale Probleme** dieses Stadtteils reagiert, die sich in einer **schrumpfenden Bevölkerung** und der Bildung **sozialer Brennpunkte** manifestieren. So werden gezielt die

Positive Entwicklungstendenzen

Bereiche **Wohnen, Erholung** und **Verkehr** in den Blick genommen. Durch die Planungen der 1960er- und 1970er-Jahre, die dem damaligen Leitbild der Stadtentwicklung entsprachen, sind aus heutiger Sicht **städtebauliche Defizite** entstanden. Durch deren Beseitigung werden positive Impulse für eine **zeitgemäße Stadtentwicklung** gegeben, die auch soziale Gesichtspunkte berücksichtigt. Es wird versucht, durch geordnete **Rückbau- und Umgestaltungsmaßnahmen** des gesamten Gebietes sowie insbesondere die **Aufwertung des Wohnraumangebotes** dem weiteren Bevölkerungsrückgang vorzubeugen. Zu nennen sind in diesem Zusammenhang vor allem die durch **Abriss** neu geschaffenen Flächen für Einfamilienhäuser im Bereich Himmelsberg Süd, aber auch zwei **potenzielle Neubauflächen** westlich von Barkenberg jenseits der Eisenbahnlinie. Beide können attraktive Wohngebiete für Familien darstellen. Daher können die gezielten Maßnahmen der **Wohnumfeldverbesserung** dazu beitragen, neue Bevölkerungsschichten anzuziehen. Gleichzeitig würde auf diese Weise die **Sozialstruktur** verändert und infolgedessen auch das **Image des Stadtteils** verbessert (M 2, M 5, M 6, M 8, M 10).

Andererseits stehen diesen positiven Entwicklungstendenzen einige negative Aspekte gegenüber. Neben den aufgewerteten und umgebauten Flächen gibt es weiterhin große Flächen, die im bisherigen Zustand bleiben und dem weiteren **Verfall** ausgeliefert sind. Hierzu zählen sowohl die Bereiche im Norden von Barkenberg als auch die Gebiete im Südwesten einschließlich des Bereichs, auf den sich einige zentrale Einrichtungen, wie Schulen, Sportanlagen oder das Gemeinschaftshaus, konzentrieren. Da im Umfeld der Neubaugebiete sowie der Eigentumswohnungen ein **Anstieg des Mietpreises** wahrscheinlich ist, könnte durch den Zuzug neuer Bevölkerungsgruppen ein **Verdrängungsprozess** ausgelöst werden, durch den die sozial schwächeren Bevölkerungsgruppen in die nicht umgebauten Gebiete des Stadtteils gedrängt werden. **Soziale Segregation** und **soziale Konflikte** zwischen alten und neuen Einwohnern wären die Folge (M 4, M 8, M 10).

Nicht zuletzt hängen alle Maßnahmen des Stadtumbaus in Barkenberg von **öffentlichen Fördermitteln** ab. Bei Projektstart wurden 18 Mio. € des Gesamtaufwands von 24 Mio. € als förderfähige Kosten anerkannt. Dieser Betrag wurde dann aber im Laufe der Projektumsetzung und aufgrund **allgemeiner Einsparungen** um 4 Mio. € reduziert. Die **Förderung** erfolgt zu 80 % aus Mitteln des Landes NRW und des Bundes, 20 % trägt die Stadt Dorsten.

Negative Aspekte

Finanzielle Rahmenbedingungen

Zudem hatte der Kooperationsvertrag zwischen der LEG und der Stadt Dorsten nur bis 2010 Bestand. Infolgedessen kann der vierte Bauabschnitt, der eine weitere Reduzierung von 100 Wohneinheiten beinhaltete, nicht umgesetzt werden. Dies verdeutlicht, wie sehr die Maßnahmen durch eine **unsichere Finanzierungslage** beeinträchtigt werden und der Erfolg des Gesamtprojektes gefährdet wird (M 9).

Das Stadtumbaukonzept Wulfen-Barkenberg als solches ist sicherlich sinnvoll, da es aktuelle Tendenzen der Stadtentwicklung und -planung beinhaltet, die angepasst an die Situation des Stadtteils umgesetzt werden. Ohne diese Maßnahmen wäre Barkenberg dem weiteren sozialen und städtebaulichen Verfall preisgegeben. Jedoch hängt das Gelingen des Stadtumbaus von zwei Faktoren ab: Einerseits dürfen neben den städtebaulichen Projekten Aspekte der **sozialen Stadtentwicklung,** die alte und neue Bevölkerungsgruppen einbezieht, nicht aus dem Blickfeld geraten. Andererseits ist eine **stabile Finanzierung** zur Umsetzung der geplanten Maßnahmen unabdingbar, damit nicht wieder die Stadtteilbevölkerung die Folgen von Fehlplanungen, wie sie bereits in den 1960er- und 1970er-Jahren erfolgt sind, tragen muss.

Fazit

Farbabbildungen

M 5 Agglomeration Buenos Aires – soziale Differenzierung (GK 2011, Aufgabe 1)

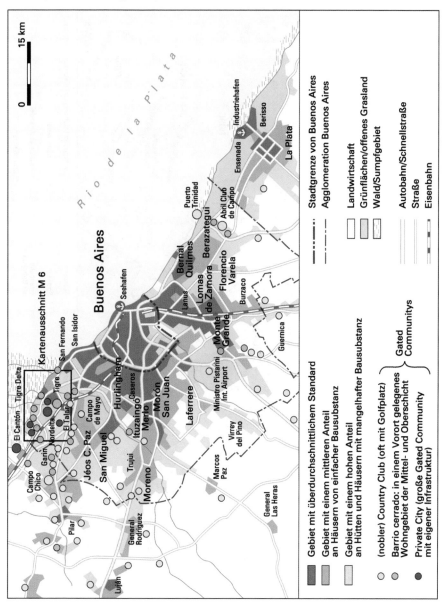

Quelle: © cartomedia, Karlsruhe

M 6 Flächennutzung und soziale Differenzierung im Nordwesten von Buenos Aires (GK 2011, Aufgabe 1)

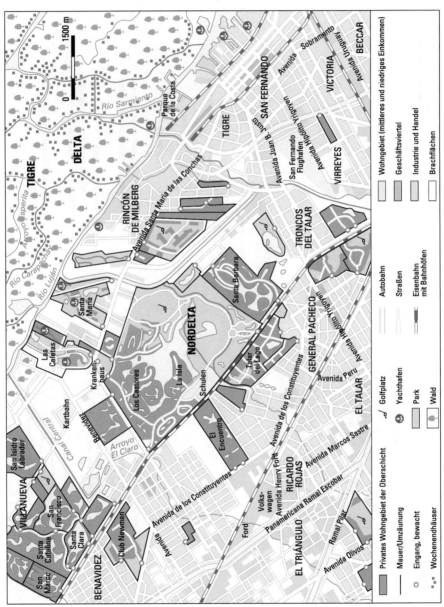

Quelle: © cartomedia, Karlsruhe

M 4 Wilhelmshaven
(GK 2011, Aufgabe 2)

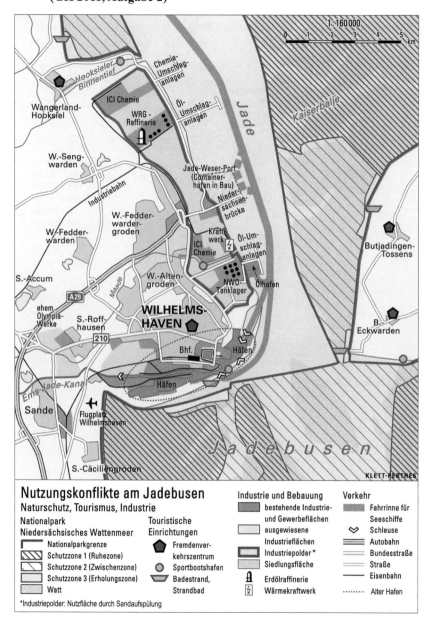

Quelle: *Haack Weltatlas. Stuttgart: Klett 2008, S. 25 (verändert)*

M 2   Jahresniederschlag in Spanien
(LK 2011, Aufgabe 1)

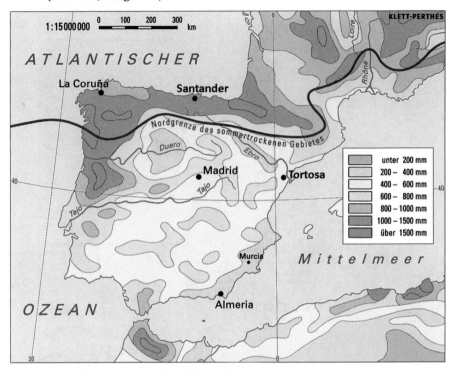

Quelle: *Haack Weltatlas, Stuttgart: Klett 2008, S. 103 (verändert)*

M 3 Wasserbilanz der Iberischen Halbinsel
(LK 2011, Aufgabe 1)

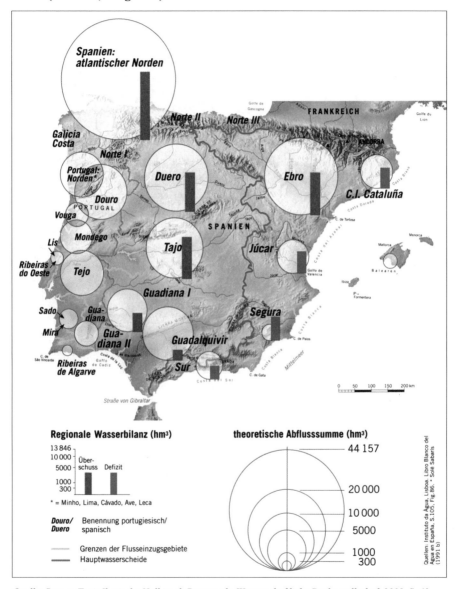

Quelle: Breuer, Toni: Iberische Halbinsel. Darmstadt; Wissenschaftliche Buchgesellschaft 2008, S. 62

M 3 Duisburg-Hochfeld Ende der 1990er-Jahre (GK 2012, Aufgabe 1)

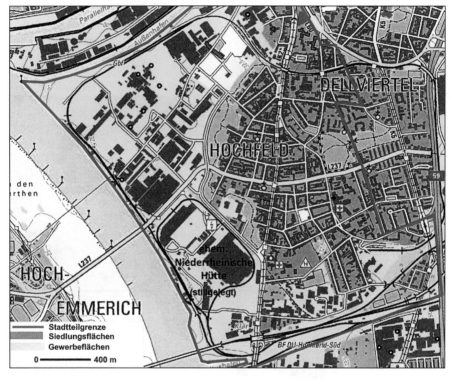

Quelle: verändert nach: http://www.tim-online.nrw.de/timonline/initParams.do; jsessionid=579B106DADA5A98D036B40277E9EDDEF (Zugriff 03. 08. 2011)

M 6 Stadtteilentwicklung im Rahmen des Programms „Soziale Stadt" (GK 2012, Aufgabe 1)

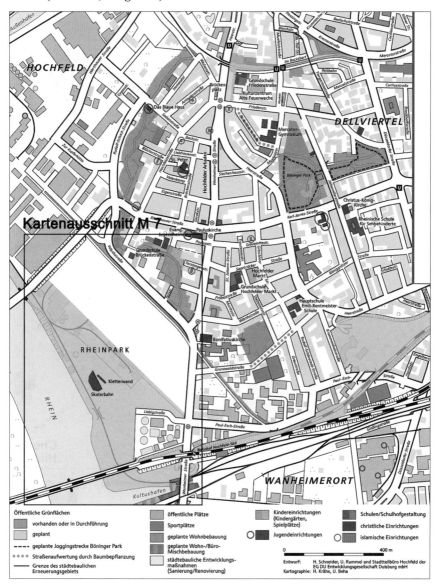

Anmerkung:
Dargestellt werden die bis 2008 geförderten Maßnahmen sowie noch in Planung stehende Maßnahmen.

Quelle: Atlas der Metropole Ruhr, Emons Verlag, Köln 2009, S. 151.

M 5   Cambridge City – Hightech-Branche
(GK 2012, Aufgabe 2)

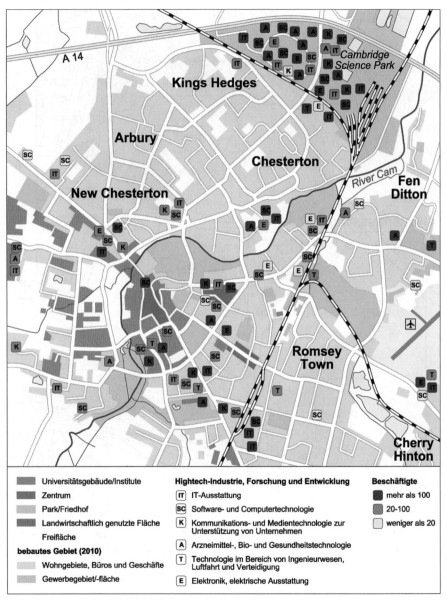

Legende:

| Universitätsgebäude/Institute |
| Zentrum |
| Park/Friedhof |
| Landwirtschaftlich genutzte Fläche |
| Freifläche |

bebautes Gebiet (2010)

| Wohngebiete, Büros und Geschäfte |
| Gewerbegebiet/-fläche |

Hightech-Industrie, Forschung und Entwicklung

- IT IT-Ausstattung
- SC Software- und Computertechnologie
- K Kommunikations- und Medientechnologie zur Unterstützung von Unternehmen
- A Arzneimittel-, Bio- und Gesundheitstechnologie
- T Technologie im Bereich von Ingenieurwesen, Luftfahrt und Verteidigung
- E Elektronik, elektrische Ausstattung

Beschäftigte

- mehr als 100
- 20-100
- weniger als 20

Quelle: © cartomedia, Karlsruhe

M 2 Bitterfeld und Wolfen 2007
(LK 2012, Aufgabe 1)

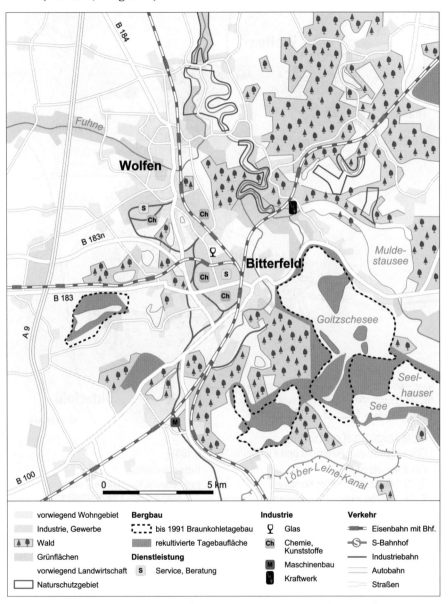

Quelle: © cartomedia, Karlsruhe

M 3 Entwicklung der Industrie in Bitterfeld und Wolfen 1989 – 2005 (LK 2012, Aufgabe 1)

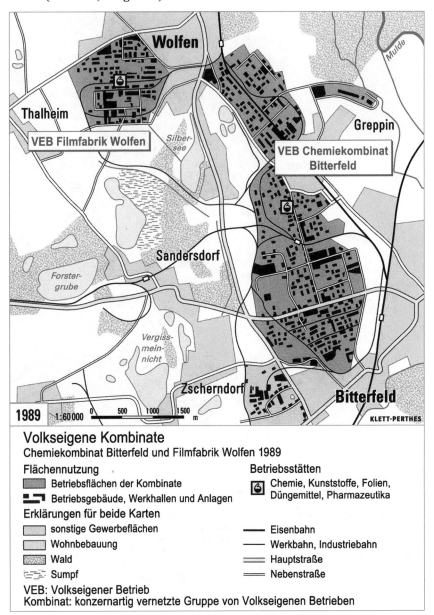

Volkseigene Kombinate
Chemiekombinat Bitterfeld und Filmfabrik Wolfen 1989

Flächennutzung

- Betriebsflächen der Kombinate
- Betriebsgebäude, Werkhallen und Anlagen

Erklärungen für beide Karten

- sonstige Gewerbeflächen
- Wohnbebauung
- Wald
- Sumpf

Betriebsstätten

- Chemie, Kunststoffe, Folien, Düngemittel, Pharmazeutika

- Eisenbahn
- Werkbahn, Industriebahn
- Hauptstraße
- Nebenstraße

VEB: Volkseigener Betrieb
Kombinat: konzernartig vernetzte Gruppe von Volkseigenen Betrieben

Quelle: Haack Weltatlas 2012, S. 56; Ernst Klett Verlag GmbH, Stuttgart 2012

M 3 Entwicklung der Industrie in Bitterfeld und Wolfen 1989 – 2005
(LK 2012, Aufgabe 1)

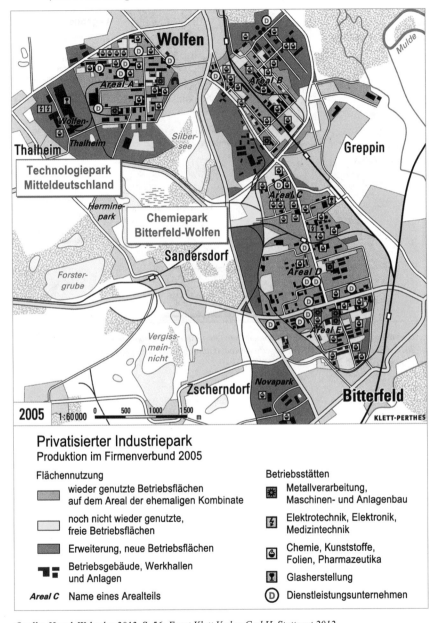

Quelle: Haack Weltatlas 2012, S. 56; Ernst Klett Verlag GmbH, Stuttgart 2012

M 10 Siedlungsprojekte bis 2020
(LK 2012, Aufgabe 1)

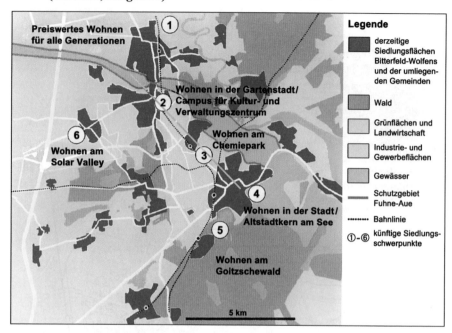

Eigene Darstellung und Zusammenstellung nach: http://www.iba-stadtumbau.de/index.php? bitterfeld-wolfen-2010-de (Zugriff 06. 07. 2010); http://www.iba-stadtumbau.de/index.php?dokumente-bitterfeld-wolfen-1 (Zugriff 29. 08. 2011)

M 3 Der Galapagos-Archipel
(LK 2012, Aufgabe 2)

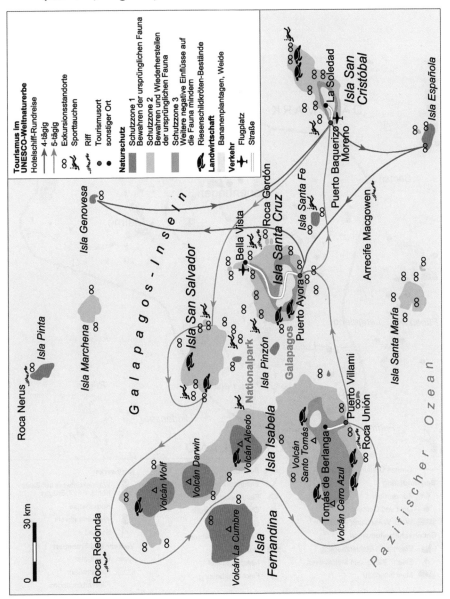

Quelle: © cartomedia, Karlsruhe

M 2 Wirtschaft Öresund-Region 1991
(LK 2012, Aufgabe 3)

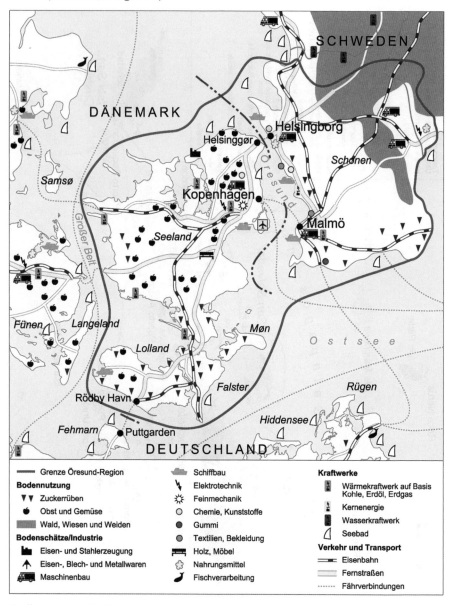

— Grenze Öresund-Region	🛥 Schiffbau	**Kraftwerke**
Bodennutzung	⚡ Elektrotechnik	🔲 Wärmekraftwerk auf Basis Kohle, Erdöl, Erdgas
▼ ▼ Zuckerrüben	☼ Feinmechanik	🔲 Kernenergie
🍎 Obst und Gemüse	○ Chemie, Kunststoffe	🔲 Wasserkraftwerk
▨ Wald, Wiesen und Weiden	● Gummi	◁ Seebad
Bodenschätze/Industrie	● Textilien, Bekleidung	**Verkehr und Transport**
🏭 Eisen- und Stahlerzeugung	▭ Holz, Möbel	▦ Eisenbahn
🗲 Eisen-, Blech- und Metallwaren	✿ Nahrungsmittel	▭ Fernstraßen
🚐 Maschinenbau	🐟 Fischverarbeitung	⋯⋯ Fährverbindungen

Quelle: © cartomedia, Karlsruhe

M 5 Daten und Fakten zur Öresund-Verbindung
(LK 2012, Aufgabe 3)

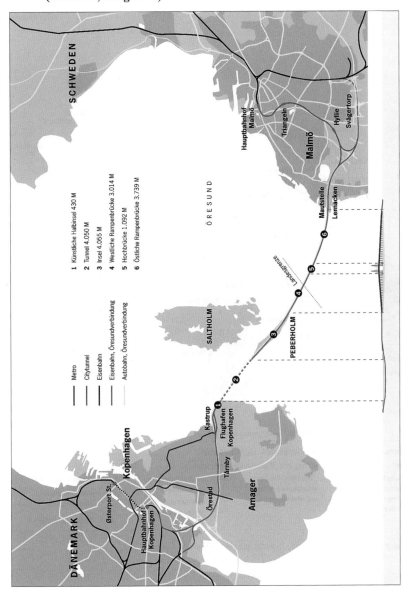

Eigene Darstellung und Zusammenstellung nach: ØRESUNDSBRO KONSORTIET 2010
(Hrsg.): 10 Jahre. Die Öresundbrücke und ihre Region, S. 7 unter http://de.oresundsbron.com/
page/26 (Zugriff 15. 09. 2011); http://de.oresundsbron.com/page/2867 (Zugriff 15. 09. 2011)

M 10 Konzept europäischer Raumentwicklung (LK 2012, Aufgabe 3)

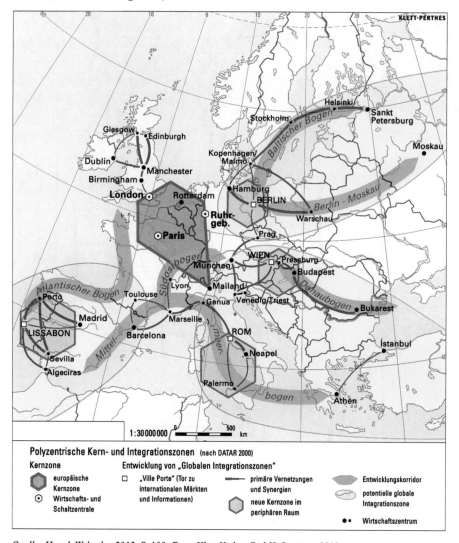

Quelle: Haack Weltatlas 2012, S. 109; Ernst Klett Verlag GmbH, Stuttgart 2012

M 4 Wohlstand in Deutschland
(GK 2013, Aufgabe 1)

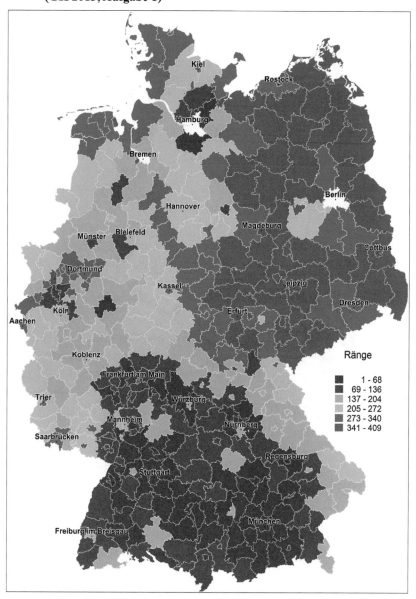

Untersucht und nach dem erreichten Rang geordnet wurden die 409 kreisfreien Städte und Kreise
Deutschlands (ohne die drei Stadtstaaten) im Hinblick auf 39 ökonomische und strukturelle Indikatoren.

Quelle: IW Consult GmbH

M 4 Touristische Aktivitäten auf Grönland (Auswahl)
(GK 2013, Aufgabe 2)

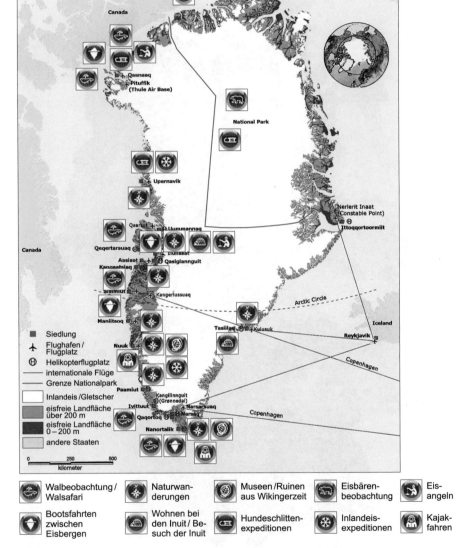

Quellen (verändet):Basiskarte: www.nationsonline.org/oneworld/map/greenland_map2.htm (Zugriff 12. 07. 2012);Touristische Aktivitäten – Barth, Sabine: Grönland. Ostfildern: DuMont Reiseverlag 2012; Diebold, Alfred: Nordmeerkreuzfahrten und Hurtigruten. Berlin: Trescher Verlag 2011, S. 221– 285; Lindner, Paul: Exklusive Einsamkeit. In; Praxis Geographie 41 (2011) H. 10, S. 48

M 5 Tasiilaq – ein typischer Touristenort auf Grönland
(GK 2013, Aufgabe 2)

Ortschaft Tasiilaq mit Pensionen und Ferienwohnungen

Das einzige Hotel in Tasiilaq

Kreuzfahrtschiff im Hafen von Tasiilaq

M 8   Bodenbedeckung und Eisschmelze in Grönland
(GK 2013, Aufgabe 2)

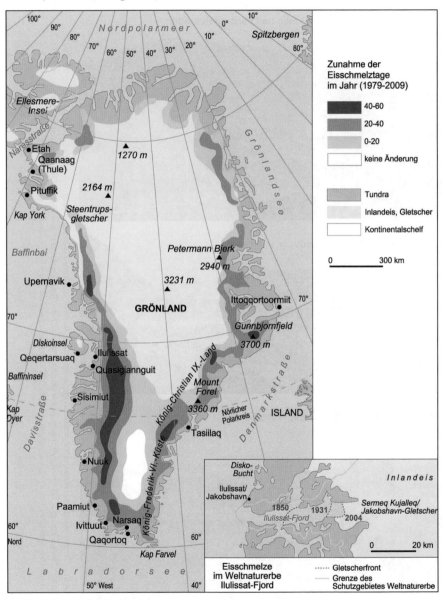

Quelle: © cartomedia, Karlsruhe

M 4 Landnutzung Kambodscha 1997
(GK 2013, Aufgabe 2)

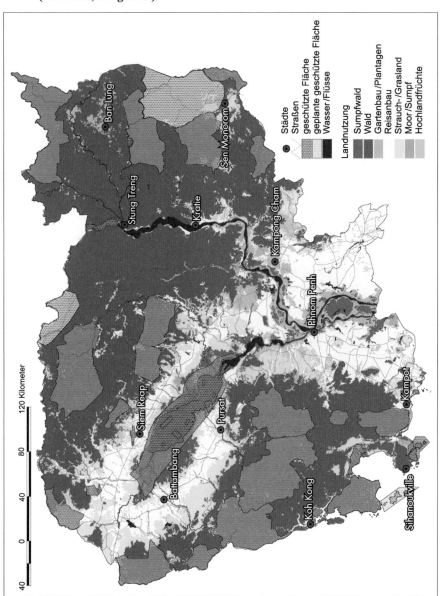

Quelle (verändert): http://www.icem.com.au/maps/biodiversity/pad/cambodia/landuse.gif
(Zugriff 02. 05. 2012)

M 7 Landkonzessionen in Kambodscha
(GK 2013, Aufgabe 2)

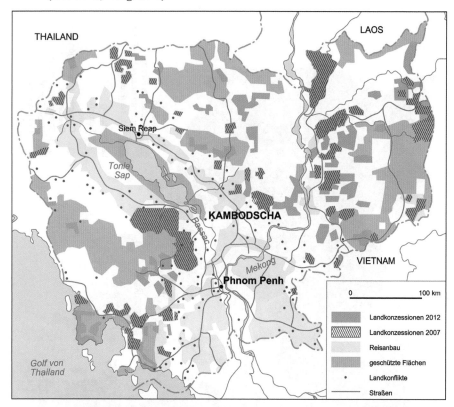

Anmerkung: Unter Landkonzessionen versteht man die Vergabe von zeitlich begrenzten Nutzungsrechten durch staatliche Behörden gegen Zahlung einer jährlichen Pacht.

Quelle: © cartomedia, Karlsruhe

M 2 Äthiopien physisch
(LK 2013, Aufgabe 1)

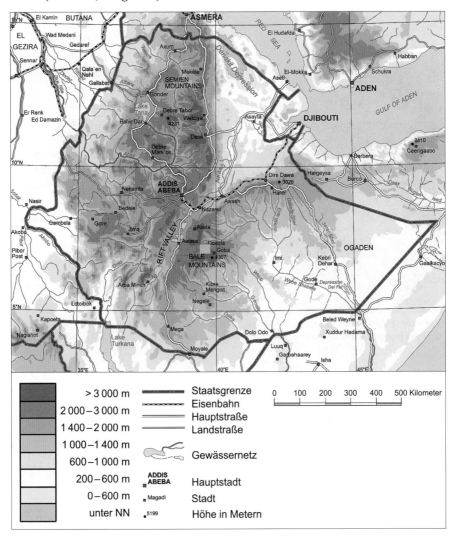

> 3 000 m		Staatsgrenze	0 100 200 300 400 500 Kilometer
2 000 – 3 000 m		Eisenbahn	
1 400 – 2 000 m		Hauptstraße	
1 000 – 1 400 m		Landstraße	
600 – 1 000 m		Gewässernetz	
200 – 600 m	**ADDIS ABEBA**	Hauptstadt	
0 – 600 m	Magadi	Stadt	
unter NN	5199	Höhe in Metern	

Quelle (übersetzt): Prepared by Georesearch at TFH Berlin, Daniel Hansmann, supervised by Immelyn Domnick, TFH / University of Applied Sciences, Berlin 2002

M 4 Äthiopien: Eignung für den Regenfeldbau
(LK 2013, Aufgabe 1)

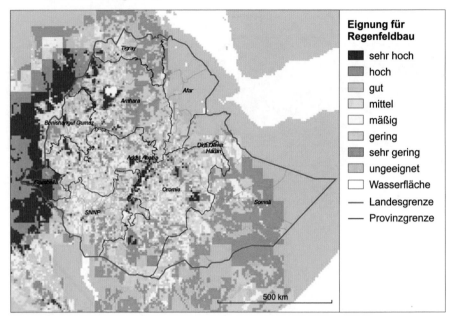

Eignung für Regenfeldbau

- sehr hoch
- hoch
- gut
- mittel
- mäßig
- gering
- sehr gering
- ungeeignet
- Wasserfläche
- — Landesgrenze
- — Provinzgrenze

Quelle (verändert): Cotula, Lorenzo; Vermeulen, Sonja u. a.: Land grab or development opportunity? Agricultural investment and international land deals in Africa. London /Rom: FAO /IIED /IFAD 2009, S. 44

M 3 Das Dreiländereck Österreich/Slowakei/Ungarn 2010 (LK 2013, Aufgabe 2)

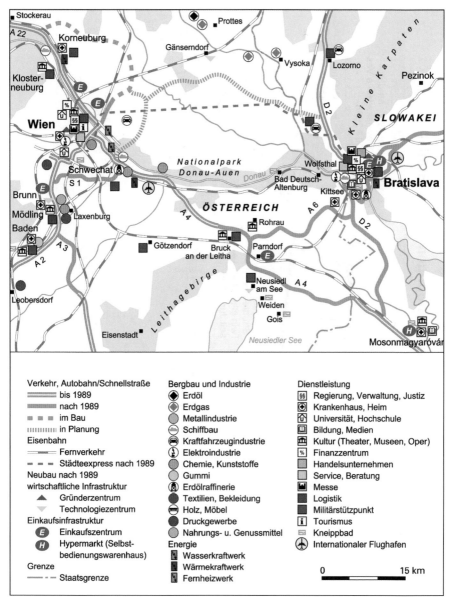

Verkehr, Autobahn/Schnellstraße
▬▬▬ bis 1989
▬▬▬ nach 1989
■ ■ ■ im Bau
IIIIIIIIII in Planung
Eisenbahn
═══ Fernverkehr
─ ─ ─ Städteexpress nach 1989
Neubau nach 1989
wirtschaftliche Infrastruktur
▲ Gründerzentrum
▼ Technologiezentrum
Einkaufsinfrastruktur
E Einkaufszentrum
H Hypermarkt (Selbstbedienungswarenhaus)
Grenze
─ ─ ─ Staatsgrenze

Bergbau und Industrie
◆ Erdöl
◉ Erdgas
● Metallindustrie
● Schiffbau
● Kraftfahrzeugindustrie
● Elektroindustrie
● Chemie, Kunststoffe
● Gummi
● Erdölraffinerie
● Textilien, Bekleidung
● Holz, Möbel
● Druckgewerbe
● Nahrungs- u. Genussmittel
Energie
▮ Wasserkraftwerk
▮ Wärmekraftwerk
▮ Fernheizwerk

Dienstleistung
§§ Regierung, Verwaltung, Justiz
⊕ Krankenhaus, Heim
⌂ Universität, Hochschule
▣ Bildung, Medien
▥ Kultur (Theater, Museen, Oper)
% Finanzzentrum
▢ Handelsunternehmen
▢ Service, Beratung
▰ Messe
▮ Logistik
▮ Militärstützpunkt
i Tourismus
▱ Kneippbad
✈ Internationaler Flughafen

0 ──── 15 km

Quelle: © cartomedia, Karlsruhe

F-25

M 10 Twin City" Wien – Bratislava
(LK 2013, Aufgabe 2)

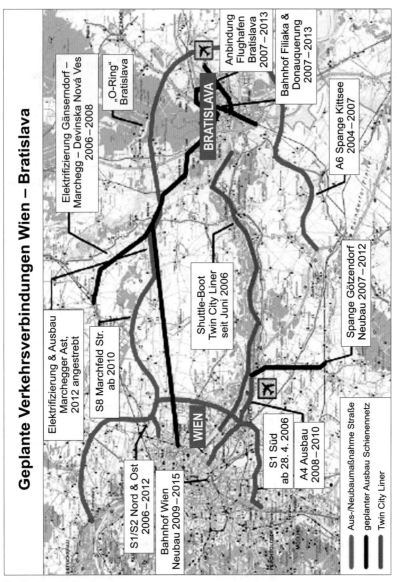

Geplante Verkehrsverbindungen Wien – Bratislava

BRATISLAVA

WIEN

Elektrifizierung Gänserndorf – Marchegg – Devinska Nová Ves 2006–2008

„O-Ring" Bratislava

Anbindung Flughafen Bratislava 2007–2013

Bahnhof Filiaka & Donauquerung 2007–2013

A6 Spange Kittsee 2004–2007

Elektrifizierung & Ausbau Marchegger Ast, 2012 angestrebt

S8 Marchfeld Str. ab 2010

Shuttle-Boot Twin City Liner seit Juni 2006

Spange Götzendorf Neubau 2007–2012

S1/S2 Nord & Ost 2006–2012

Bahnhof Wien Neubau 2009–2015

S1 Süd ab 28. 4. 2006

A4 Ausbau 2008–2010

Aus-/Neubaumaßnahme Straße

geplanter Ausbau Schienennetz

Twin City Liner

Quelle: BMVIT, Der Standard

M 4 Wulfen-Barkenberg: Ausbaustand Ende 1980er-Jahre (LK 2013, Aufgabe 3)

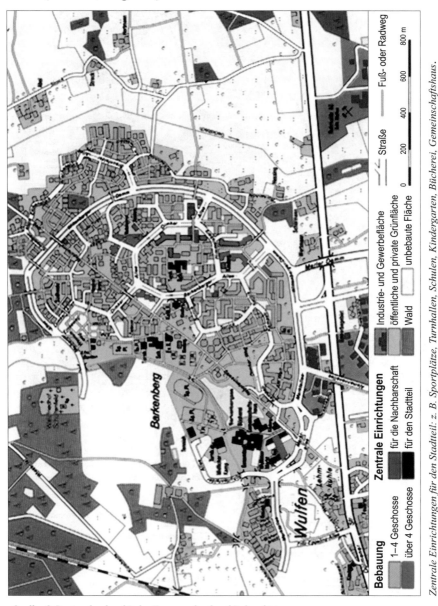

Quelle: © Regionalverband Ruhr, Kommunalverband Ruhrgebiet

M 8 Umbaumaßnahmen Wulfen-Barkenberg seit 2007
(LK 2013, Aufgabe 3)

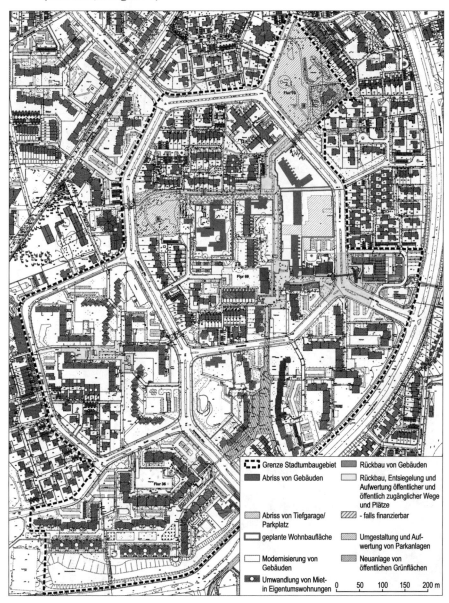

Grenze Stadtumbaugebiet

Abriss von Gebäuden

Abriss von Tiefgarage/
Parkplatz

geplante Wohnbaufläche

Modernisierung von
Gebäuden

Umwandlung von Miet-
in Eigentumswohnungen

Rückbau von Gebäuden

Rückbau, Entsiegelung und
Aufwertung öffentlicher und
öffentlich zugänglicher Wege
und Plätze

- falls finanzierbar

Umgestaltung und Auf-
wertung von Parkanlagen

Neuanlage von
öffentlichen Grünflächen

0   50   100   150   200 m

Quelle (verändert):© Stadt Dorsten
(Plan nicht auf dem aktuellen Stand > www.stadtumbau-barkenberg.de)

F-28

Sicher durch das Abitur!

Klare Fakten, systematische Methoden, prägnante Beispiele sowie Übungs-
aufgaben mit schülergerechten, kommentierten Lösungen zur Selbstkontrolle.

Mathematik

Physik

Biologie

Chemie

Erdkunde

Sport

Erziehungswissenschaft/Psychologie

Kunst

Alle so gekennzeichneten Titel sind auch als eBook
über **www.stark-verlag.de** erhältlich.

(Bitte blättern Sie um)